战略思想丛书②

历史与战略(新版)

从十六则历史实例看见战略的艺术与智慧

钮先钟 著

文汇出版社

PREFACE | 总　序

大时代,需要大战略

工业革命200年,人类创造了过去所有时代所创造的一切财富总和;今天,人类已经进入工业革命4.0时代,已经进入到互联网时代、物联网时代、天权时代……未来,不可思议,不可限量。

这是一个开放的时代,贸易全球化和世界经济一体化,互联网技术与资本市场快速发展,新技术发展和相互依存的经济,使得整个世界紧密相连,地球越来越像一个"村"。

地球是圆的,世界是平的。

时代变了——大时代,需要全球战略大格局。

中国,从来没有像今天这样,与世界紧密地联系在一起。

中国,更是面临着五千年未有之变局。

大时代,您,准备好了吗?

三千年未来有之变局。

自1840年以来,中国"自我为中心之国"发生动摇,晚清重臣李鸿章喊出了"三千年未有之大变局",洋务运动,师夷长技;然后,晚清政权相对和平转移到前中华民国,晚清皇族得以自保,这是在华夏三千年王朝更替史上极为罕见的,可谓奇迹!

军阀混战,到蒋介石先生北伐成功以后的中华民国,十四年抗战,再到1949年以后中华人民共和国成立。

"城头变幻大王旗"①,目不暇给。

一百年未有之变局。

1978年开始"改革开放"战略,"拨乱反正","以经济建设为中心",加入WTO,中国开始由封闭走向开放,由自然经济的农工劳作走向工业化,由自给自足自成一体大中国走向全球化并融入到全球经济之中,中国开始真正迈向现代化。

2008年以来,全球性"经济危机",中国从"物资短缺"到"产能过剩",中国人从饿肚子向"吃饱了撑的"、营养过剩、三高增加,新常态、顶层设计……中国面临五千年来未有之变局。

眼花缭乱,雾里看花,怎样借得一双慧眼呢。

"眼看他起朱楼,眼看他宴宾客,眼看他楼塌了。"②

"机关算尽太聪明,反算了卿卿性命。……忽喇喇似大厦倾,昏惨惨似灯将尽。"③

得势时,气吞万里如虎,何其雄哉!

失势时,业败身死,又何其悲哉!

多少大败局,败在时势不顺,败在战略无知,令人不胜唏嘘,不胜惋惜。

---

① 鲁迅·《七律·无题》。
② 清·孔尚任·《桃花扇》。
③ 清·曹雪芹·《红楼梦》第五回"十二曲——聪明累"。

早在 2500 年前,中国战略大师孙子就说过:必以全争于天下①。

如果那些曾经的大官大商显贵达人能够早点知道或理解这句话,或将少去很多人类人间悲剧。

"秦人无暇自哀而后人哀之,后人哀之而不鉴之,亦使后人复哀后人也。"②

大到国家民族生死存亡,小到个人家庭企业兴衰发展,其命运都与大时代紧密相关,一不小心就容易被大时代的洪流所裹挟,祸福相生,成王败寇,机会挑战并存,欲成大业者,欲自保(而求全胜)者,必谨察之。

李嘉诚先生少小逃离家园,香港创业成长发达,改革开放大举投资中国内地,成为一代华人首富,2012 年后进行资产大腾挪,下出一步步让外人眼花缭乱的棋……创业六十余年,虽历经多次经济危机,但没有一年亏损。

"等到危机来的时候,他就已经做好了准备",是谓战略高手!

他每天 90% 的时间,都在考虑未来的事情。他是一个危机感很强的人,他总是时刻在内心创造公司的逆境(如何首先立于不败之地),不停地给自己提问,然后想出解决问题的方式。

李嘉诚先生曾经对其对手一代贼王张子强说:"你拿了这么多钱,下辈子也够花了,趁现在远走高飞,洗心革面,做个好人;如果

---

① 春秋·孙武·《孙子兵法·谋攻篇》。
② 唐·杜牧·《阿房宫赋》。

再弄错的时候,就没有人可以再帮到你了。"

张子强没有听取,更遑论战略思考、战略布局,一代贼王,赌完玩完,下场可悲,可惜可叹。

既深谙中国发展趋势,又居香港得全球资源整合之利,更洞察人性命运,李嘉诚先生可谓战略眼光独到、战略境界高远,战略布局了得。

顺应时代潮流游刃有余地发展搏得"立德、立功、立言"站在历史的枝头微笑,还是退而求其次至少还能立于不败之地得以"福、禄、寿"保全有余,还是错估时代潮流为逆势所裹挟不进则退、功败垂成、身陷囹圄甚至被早早地扫进历史的垃圾堆?

无论大官大商显贵达人,还是市井百姓屌丝小民,必谨察之。

世界怎么样,我们怎么办?
怎么办,怎么办,事到如今好为难?
在大时代的洪流里,更要有清醒的认识。
快速反应,观察世界,定位自己。
顺天应时,因势利导,走一步看三步。
因地制宜,因时制宜,因势制宜,与时俱进。
领先半步是先进,领先一步是先烈。
如何把握其中的平衡,这是一种科学,也是一门艺术。
只有变是不变的,但——万变不离其宗。

仰望星空,脚踏实地。
大时代,需要大战略。

总　序

需要有战略思维。

需要提升战略修养。

中国是大国,有五千年历史,战略经验教训智慧丰富。

开放社会,放眼全球,师夷长技,融会贯通,战略智慧资源充沛。

有鉴于此,我们推出"战略思想丛书"系列,希望给读者诸君提供一些独到的、有益的参考和启发,"知其然","知其所以然"。

我们相信:在这些优秀人物的大智慧、大思想的启发和指引下,将会有助于您的战略修养的提升,有助于您的智慧与人生成长。

大时代,需要大战略。

大时代,运用大战略。

必以全争于天下!

是为总序。

王立中

2019 年 6 月于战略家书苑

FOREWORD 前 言

战略研究必须以历史经验为基础,尤其是历史中有关战争的部分。这是古今战略家的共同意见,从克劳塞维茨(Carl von Clausewitz,1780—1831)到李德·哈特(B. H. Liddell Hart,1895—1970),可以说是几无例外。诚如李德·哈特所云:"**历史是世界的经验,比任何个人的经验都更长久,更广泛,更复杂多变。**"因此,他用一个问句来作为其一本书的书名:《为何不向历史学习?》(Why Don't We Learn from History?)。

45年来,我一直在从事战略的研究,在此过程中,我也经常感觉到战略与历史的研究之间存在着一种既可分而又不可分的微妙关系。历史学家虽不一定即为战略学家,但战略学家却似乎必然是一位业余的历史学家。若把我个人的写作和译述加以分类,即可发现其中有关战争史的部分远多于战略理论的探讨。事实上,克劳塞维茨和李德·哈特也是如此,所以,这也可以说是一种正常现象。

这些年,我写的和译的战争史著作的确不少,除专著外还有很多的短文,那大致都是刊载在期刊上,其数量甚至连我本人也无法计算。随着时间的推移,这些论文有一部分也许已经丧失其原有的价值,但还有某些文章到今天仍可供参考。不过,令人遗憾的是,这些文章有很多已经很难找到,而且是分别发表在不同的刊物上,就连想阅读和引用的人也会感到非常不便,这样也就导致我产生了选择若干旧作编一本论文集的意愿。

这本论文集完全以对战争史的分析和检讨为内容,所收论文共为16篇,分为两部分。前者所论为中国史,后者所论为西方史,又分别各为8篇。后者论及第一次世界大战为止,至于第二次世界大战因时代较近,问题更多,已另编成集,即为已出版的《第二次世界大战的回顾与省思》。

我对战争史的研究导源于战略的研究,其写作的范围自然比较偏重西方与近代。因此,对于中国和古代的部分,过去投入的心力也比较有限。近年来,由于年事较高,所见遂又比过去较为深入,于是逐渐认识有向古代史尤其是我国古代史寻根溯源之必要。

我能在战略与战争史领域中小有成就,得益于已故老上级萧毅肃上将①的启迪指导。萧公对我国古史极有研究,尤其是对"秦

---

① 萧毅肃(1898—1975年),四川蓬州万和乡人,国民革命军陆军二级上将。1920年毕业于云南讲武学校,即任职川军,先后任连长、营长、团长、旅长。1934年入陆军大学特别班第二期。次年任陆军第四十三军参谋长。1936年被国民政府授陆军少将衔。1938年升任第四十三军副军长;后调任参谋总长办公室高级参谋,翊赞参谋总长何应钦上将,**提出"避免决战,以空间换取时间,并建立第二线兵力,培养国军之可持续战力"** 等重要概念性策略,对全国抗日作战战略指导多所献议。1940年兼任中央党政军联合秘书处秘书长。1941年任军事委员会驻滇参谋团参谋。1943年任远征军司令长官部参谋长。1944年底任中国战区陆军总司令部参谋长。1945年1月1日,以将军在"**滇西怒江战役,运筹决策,独具卓见,使作战指导毫无遗憾,致达成重大之胜利。**"获青天白日勋章。同年2月20日,晋升为陆军中将。1945年8月15日,日本宣布投降后,将军主持芷江洽降;襄助何应钦处理日军受降事宜,9月9日,参加中国(转下页)

楚之际"、"韩信用兵"见解之卓越更是令人佩服。我所写的两篇论文大体都是以其当年的议论为基础。萧公逝世多年,每每念至仍令我无限地怀念和追思。

李德·哈特晚年曾指出,历史是其最感兴趣的学术领域,我今天似乎有此同感。历史的教训是如此深远,但人类从历史教训中所学得的东西又是何等浅薄,这难道不是一个值得我们深思的问题?

钮先钟
写于1997年

(接上页)战区受降仪式。1946年起先后任重庆行营参谋长、重庆行辕副主任兼参谋长、重庆警备司令、国防部次长、参谋次长、重庆绥靖公署参谋长、西南军政长官公署参谋长等职。1949年去台湾。1951年任台湾当局"国防部"参谋本部副参谋总长。此外还担任"国防动员计划局"局长、"国家总动员委员会"副主任委员、"国家建设计划委员会"委员等职。1975年7月31日病逝于台北。——编者注

CONTENTS | 目 录 |

总　　序 …………………………………………………………… 1
前　　言 …………………………………………………………… 1

第 一 章　论晋楚城濮之战 ……………………………………… 1
第 二 章　从战略观点看战国时代 ……………………………… 27
第 三 章　楚汉相争的战略分析 ………………………………… 49
第 四 章　论韩信用兵 …………………………………………… 75
第 五 章　从战略观点看三国时代 ……………………………… 89
第 六 章　北宋为何积弱不振 …………………………………… 119
第 七 章　明末三大战略思想家 ………………………………… 137
第 八 章　孙中山先生的外籍军事顾问：荷马·李 ………… 157
第 九 章　修昔底德与伯罗奔尼撒战争史 …………………… 177
第 十 章　论坎尼模式 …………………………………………… 197
第十一章　亚历山大的将道 …………………………………… 219
第十二章　腓特烈大帝与其将道 ……………………………… 241

第十三章	论拿破仑的成败	259
第十四章	第一次世界大战的缘起	277
第十五章	从史里芬计划说到马恩河会战	297
第十六章	兴登堡与坦能堡会战	325

第一章
论晋楚城濮之战

引言　　　城濮之战

春秋时代　会战分析

晋楚争霸　结论

引　言

中国历史对研究战争的人而言,是一座尚未开发的宝库。有太多资料值得研究,但从事此种研究的人并不多,而已有的成就也很有限。要想写一部完整的中国战争史真是谈何容易。不过,若能从历史中抽出若干片段,加以精密分析,则仍不失为一种奠基的工作,尤其可以引起年轻的一代对我国战争史研究的兴趣。

对于史料的选择应有两项标准:(1)在史籍中能找到足够的记载以作精密分析的素材。这一点很重要,因为我国史书对战争的记载往往失之过简。所以,有很多事实虽明知其重要,但无法作认真的分析。历史研究是一门科学,绝不容许凭空臆断。(2)战争本身有足够重要性,也就是说这次会战对于历史的演进是一关键,亦即所谓"决定性会战"(Decisive Battle)。在此有一点应附带说明,古代战争大致都很短暂,往往仅以一次会战为核心。所以,战争与会战在意义上几不可分,甚至也无区分之必要。

所谓"精密分析"(critical analysis)的观念发源于克劳塞维茨(Carl von Clausewitz)。他说精密分析是沟通理论与实践的桥梁,其目的是要帮助克服二者之间的差距。其内容包括三点:(1)可疑事实的发现和解释;(2)从效果回溯原因;(3)吸取历史教训,包括褒贬批评在内。

本章所选择的主题为春秋时代晋楚城濮之战。为何作此选择？其理由是它符合上述的标准：(1)《左传》和《国语》对这次会战都有相当良好的记载。尤其应指出的是，从战争研究的观点来看，《左传》的价值是远超后世其他史书。(2)这一会战从战争史家眼中看来，要算是名副其实的决定性会战，可以作为范例，并且在战略领域中也能提供若干有意义的教训，所以值得深入分析。

春 秋 时 代

自西周灭亡(前771年)平王东迁起，中国历史进入东周时代。从此时开始到秦始皇统一中国(前221年)为止，中间为长达550年的战乱时代。史家又将其分成两段，前段为春秋，后段为战国。"春秋"之定名系取自孔子所修鲁史，其起点为周平王四十九年(前722年)，终点为周敬王三十九年(前481年)，前后共242年，但与西周之覆亡，战国之开始，两头都不衔接。所以，若把春秋时代的起点定为周平王元年(前770年)，终点定为威烈王二十三年(前403年)，则不仅时间可以衔接，而且也比较方便合理。照这样计算，春秋时代全长应为368年。战国时代起点通常都认定为三家分晋，那是在公元前453年。但周室给予其合法承认则在公元前403年，所以以此为正式起点是有合理根据的。

平王东迁后，虽名义上仍维持中央政府(王室)，但实际上对地方政权(诸侯)已丧失控制能力。所谓中原(黄河中下游)已成权力真空，大小诸侯互相兼并，形成无政府状态。内忧必然导致外患，中原的混乱衰弱引起四周"野蛮"民族(戎狄荆蛮)觊觎之心。当他们乘机入侵时，内忧外患又结为一体，使战争日益扩大，战祸日益蔓延。

第一章 论晋楚城濮之战

从周平王东迁到齐桓公称霸(前770—前679年),其间90年可算是黑暗时期。中原诸国不仅互相攻伐,而国内也不断发生内乱,戎狄与荆楚两大"野蛮"势力分别从南北两面入侵,真乃危急存亡之秋。但很侥幸,齐桓公获管仲之助,奋起领导中原诸国,实施"尊王攘夷"政策,遂终能化险为夷,转危为安。齐桓公开始称霸是周釐王三年(前679年),到他于周襄王九年(前634年)逝世时为止,共37年,可称为齐桓霸政时期,也是所谓"五霸"的开始,就整个中国而言,可称是小康之局。

春秋初期,最严重的外患是戎狄交侵,所以中原的注意力是放在北面,而在南方又有一个更强大的敌人正在兴起,那就是楚国。比较起来,楚国是一个远较严重的威胁,因为北方"野蛮"民族缺乏统一组织,也无长远战略,而楚国则不然。它不仅文化水准较高,早已是个统一国家,并且采取长远的扩张战略。自周夷王时(前894—前879年)楚君即已自称为王(其原有的封爵是子),换言之,即已脱离周室而独立。由于其周围都是小国和野蛮部落,楚国的扩张也就相当容易,不过数十年即已控制整个汉水流域和长江中游,成为南方惟一强国。

齐桓公称霸之前,楚国即已灭了申、息、邓等国,并攻入蔡国,其势力已骎骎北上①,对中原开始构成重大威胁。所以,从战略观点来看,齐桓公是处于两面作战的不利形势。管仲所采取的似乎是一种先北后南的战略,直到齐桓公二十三年,即周惠王二十一年

---

① 骎骎(qīn qīn),骎,马行疾也。《说文》 骎骎,疾也。《广雅》(1)马跑得很快。例:驾彼四骆,载骤骎骎。《诗·小雅·四牡》 皋兰被径路,青骊逝骎骎。(三国魏·阮籍《咏怀八十二首》)(2)马快跑的样子。(3)迅疾。例:然后由欧洲新文明进而复我三皇五帝旧文明,骎骎进于大同之世矣。《老残游记》——编者注

（前656年），在北面威胁已暂时解除后，始兴兵伐楚。但齐国并无彻底击败楚国的实力和决心，其真正意图不过是以战迫和。

楚成王看到七国（齐、鲁、宋、陈、卫、曹、许）联军声势浩大，遂一面发兵北上迎敌，一面遣使（屈原）去和齐国谈判。结果双方在召陵会盟，结束了这次危机。楚国承认齐国的霸权，不再向北扩张，但不幸只是暂时而已。

齐桓公死后，情况立即改变。中原诸侯缺乏有力领导，不再能联合对抗外侮。而在此时，楚国以子文①为令尹（宰相），修明政治，发展经济，整军经武，国势大振。子文为春秋时代伟大政治家之一，孔子对他颇有好评。他对楚国的强盛有极大贡献，但可惜他

---

① 子文，又名斗谷于菟（生卒年待考），是楚国历史上著名的令尹之一，对楚国的强大和北上争霸，作出了突出的贡献。他的身世，史籍《左传·宣公四年》有详细的记载，说："初，若敖娶于䢵，生斗伯比。若敖卒，以其母畜于䢵，淫于䢵子之女，生子文焉。䢵夫人使弃诸梦中。虎乳之。䢵子田，见之，惧而归。夫人以告，遂使收之。楚人谓乳谷，谓虎於菟，故命之曰斗谷于菟。以其女妻伯比。实为令尹子文。"

据此说法，斗子文系楚国君若敖熊仪之后，或熊仪之子别封斗邑，为斗氏之祖，亦号称若敖。班固称"班氏之先，与楚同姓，令尹子文之后也"。可见斗射师、斗班、斗谷于菟等均属若敖氏之族，对平定楚子元内乱，起了重要作用。正因此，斗谷于菟才被任命为令尹这一要职的。

斗谷于菟任令尹时，正值楚国统治集团内争和子元内乱之后，困难重重，谷于菟能从国家和民族利益出发，毫不犹豫地"自毁其家"，尽力相助效劳，使楚国迅速渡过难关。因此，斗氏之族从稳定楚国政局，到解决国计民生困难，均作出了巨大贡献。斗谷于菟协助楚成王大力整顿楚国内政，率军灭了弦国、黄国、英国，压抑了蔡国、随国、徐国、江国等诸侯国，使楚国在长江流域成为无以抗衡的霸主，并有足够的力量对抗晋、齐、宋、秦等中原大国。

从有明确记载看，斗谷于菟从楚成王八年任令尹后至楚成王二十五年让位子玉，长达二十七年之久。在这二十七年中，他曾"三仕"、"三已"。这一方面说明其地位之重要，楚成王曾三次请他出任令尹；而另一方面，所谓"三已"、"三舍"则是子文主动请求的，具有荐贤、任贤的意思。如他让位于子玉，就是在子玉攻陈、取焦、夷，城顿立有大功的情况下提出的。当吕臣反对时，斗子文理直气壮地说："吾以靖国也。夫有大功而无贵仕，其人能靖者与有几？"可见斗谷于菟的让位，是为了荐贤，是从国家利益出发的，并不计较个人得失。——编者注

第一章 论晋楚城濮之战

推荐子玉①为其继承人却是一大败笔,并终于使楚国受到一次严重的挫败(详见下文)。

中原方面也有一人想接替齐桓公的霸业,那就是不自量力的宋襄公。虽然他不乏堂吉诃德(Don Quixele)式的勇气,但他的失败却是必然的。其原因有三点:(1)宋是殷商后代,不是周室宗亲,根本缺乏政治号召力;(2)宋,小国也,权力基础薄弱,不是楚国的对手;(3)他本人头脑顽固,不识时务。结果在泓(水)之战(前638年)宋军为楚军所击败,他本人也身负重伤,从此一蹶不振。把他列入"五霸"名单只可以说是历史的讽刺。

宋襄公称霸不成,局势遂成一面倒。楚国北进几乎已无阻力。若非晋文公兴起,则周室之亡实指日可待。由于晋国不仅能继承齐国的霸业,而且还能维持较长久的时间,于是此后将近90年的历史遂以晋楚争霸为焦点。

---

① 子玉,楚令尹——成得臣(? —前632年),芈姓,成氏,名得臣,字子玉,斗伯比之子,子文之弟。若敖氏后裔。春秋时楚令尹。楚成王三十五年(前637年),因战功被子文推荐为令尹。成王三十八年,率楚军灭夔(今秭归境),又北征背楚亲晋的宋国。次年冬,再围宋,与救宋之晋、齐、秦联军战于城濮(今山东鄄城临濮集),楚军溃败。引咎自杀于归途中。

子玉是一位使敌人敬畏的将才,治军颇业,但苟于枝节而忽于根本。公元前637年(成王三十九年)秋,为了伐宋,成王先派前任令尹子阅兵于睽,又派现职令尹子玉阅兵于芫。子文阅兵,只用了一个早晨,没有惩罚一个士卒。子玉阅兵,用了一整天,用鞭子责打了7个士卒,用长箭刺穿了3个士卒耳朵。一些老臣向子文道贺,说他荐举子玉为令尹是知人善任。子文也高兴,向子玉敬酒。一同观看阅兵大典的芫贾不仅不向子玉道贺,还说子玉既不适合治民,也不善于用兵,如带兵超过300乘(每乘战车配车上甲士和车后的徒卒75人),非打败仗不可。偌大一个楚国的令尹,充其量只能指挥这个数目的军队,国人道忧尚恐不及,何遑道贺?初生之犊的芫贾对子玉的评论不幸而言中。是年冬,楚成王以楚、陈、蔡、郑、许5国联军包围宋都,由此引发了晋楚城濮之战。

晋 楚 争 霸

西周初期推行封建制度时,似乎有一原则:与王室关系比较密切的宗亲会被安置在较好的地区,而关系较疏远的臣仆(多为异姓)则分得较偏远的地区。这也是自然之理,但后者反而因祸得福。因为在边区有较大的发展空间,所以他们的封地后来都变成春秋时代的大国。而那些当初最受优待的国家却始终挤在一起,很难强大起来。不过,晋国要算是例外。晋国的始祖是周成王的幼弟,他受封的时间已经很晚。那时中原土地可能早已分封完毕,所以,他获得的是一块接近戎狄的边区,即大致为今天的山西省。换言之,这块地在当时并不太好,但却有发展之余地。这也正是晋国以后能够称霸的基本原因之一。

晋国从周惠王、襄王时代(前676—前617年)开始,即已逐渐发展成为中原北部大国。其领土已经不仅限于今山西省南部,而更向北延伸,同时也向南进占今晋、陕、豫之间的重要三角地带。所以,在战略形势上是进可攻而退可守。晋国土壤肥沃,水利良好,人口适度,在经济方面有很大的潜力。简言之,这个国家有足够称霸的物质基础。

晋文公的父亲献公本来很发愤图强,后来因宠骊姬之故,废杀世子申生,因而导致晋国内乱长达15年之久。晋文公名为重耳,为献公次子,于周惠王二十二年(前655年)逃亡出国,在外流亡19年,到周襄王十六年(前636年)始由秦穆公派兵护送返国接管政权。

晋文公返国即位后,励精图治,其成就的确非常惊人。仅花了4年的时间,即能在城濮之战中击败楚军,大振国威,建立霸业,真

可谓历史的奇迹。其成功主因是由于这 4 年内晋国进步神速,《国语》对此成就曾作详尽的描述:

> 公属百官,赋职任功。弃责薄敛,施舍分寡。救乏振滞,匡困资无。轻关易道,通商宽农。懋穑劝分,省用足财。利器明德,以厚民性。举善援能,官方定物,正名育类。昭旧族,爱亲戚,明贤良,尊贵宠,赏功劳,事耇老,礼宾旅,友故旧。胥、籍、狐、箕、栾、郤、柏、先、羊舌、董、韩,寔掌近官。诸姬之良,掌其中官。异姓之能,掌其远官。公食贡,大夫食邑,士食田,庶人食力,工商食官,皂隶食职,官宰食加。政平民阜,财用不匮。(《国语·晋语四》)

简言之,文公不仅重视经济发展,而且也重视社会福利。他建立了一套有效的贵族官僚体系,对财富也作公平合理的分配,所以,始能"政平民阜",奠立富强的基础。

在整顿内政的同时,晋国也已开始其外交活动。所采取的第一项步骤是在文公即位次年(前 635 年)出兵讨伐王子带,把周襄王送回其都城(洛邑),借以结好王室,这也是"尊王攘夷"政策的第一次尝试。这一行动出于狐偃(子犯)的建议,《左传》和《国语》都有记载,但内容略有不同,现在分别引述如下以作比较:

> 秦伯师于河上,将纳王,狐偃言于晋侯曰:"求诸侯,莫如勤王,诸侯信之,且大义也。继父之业而宣信于诸侯,今可为矣。"(《左传·僖公二十五年》)
>
> 冬,襄王避昭叔之难,居于郑地氾。使来告难,亦使告于

秦。子犯曰："民亲而不知义也,君盍纳王以教之义。若不纳,秦将纳之,则失周矣,何以求诸侯?不能修身而又不能宗人,人将焉依?继文之业,定武之功,启土安疆,于此乎在矣!君其务之。"(《国语·晋语四》)

把两种记录加以综合观察,可知这一行动具有多方面战略意义:**不仅能够宣信于诸侯和教民以义,而且抢先下手不让秦国获得勤王之功。**

接着为表示修好,同年秋,晋又出兵助秦攻鄀(国名),并袭取楚之商密。这是一石二鸟的战略。一方面帮助秦国打通出武关和荆紫关的路线,以导致秦国向南发展,而不在中原方面成为晋国的竞争者。另一方面利用秦的南进来牵制楚国,并减轻其向中原北进的压力。

同年冬季,晋又出兵围原(小国),这又是一次炫耀武力的外交行动。文公命持三日之粮,到时原不降遂命去之。谍报人员说:"原将降矣!"军吏请待之。文公曰:"信,国之宝也,民之所庇也,得原失信,何以庇?所亡滋多。"于是退一舍(一宿的距离)而原降。

上述三次行动都可算是晋国争取霸权之前的热身运动,其主要是完成心理准备。《左传》对此有相当精辟的解释,现在引述如下:

晋侯始入而教其民,二年,欲用之,子犯曰:"民未知义,未安其居。"于是出定襄王,入务利民,民怀生矣。将用之,子犯曰:"民未知信,未宣其用。"于是乎伐原以示其信。民易资者不求其丰焉,明征其辞。公曰:"可矣乎?"子犯曰:"民未知礼,未生其共。"于是乎大搜以示知礼,作执秩以正其官,民听不惑而后用之。出毂戍,释宋围,一战而霸,文之教也。(《左传·僖公二十八年》)

诚如许多西方战略大师之共识,**战争的准备要比战争的进行更重要**。而在战争准备中,精神似乎又重于物质。人民必须知义、知信、知礼,然后始可一战。

战争涉及两方面问题,所以在说完了晋国方面之后,必须转而讨论楚国的情况。当晋国正在发愤图强之际,楚国也已经如日中天,盛极一时。周襄王二十年(前 632 年)楚将围宋,使子文治兵(演习)于睽(他此时已经不做令尹),终朝而毕,不戮一人。不久子玉(时任令尹)复治兵于蒍①,终日而异,鞭七人贯三人耳。国老皆贺子文(认为他举荐得人)。子文饮之酒,子蒍贾②尚幼,后至不贺。子文问之,对曰:"不知所贺。子之传政于子玉曰以靖国也。靖诸内而败之外,所获几何? 子玉之败,子之举也。举以败国,将何贺焉? 子玉刚而无礼,不可以治民,过三百乘不能入矣(战败不能回国),苟人而贺,何后之有?"他是第一位预测子玉必败的人,真可谓有先见之明。

自宋襄公图霸不成后,宋即与楚结盟,事实上,已成其附庸。但在周襄王十八年(前 634 年),宋成公又叛楚通晋,所以,楚成王遂决定次年兴兵伐宋。这一行动又引起一连串连锁反应,终于触发春秋时代的第一次决定性会战——城濮之战(城濮在今山东鄄

---

① 睽(kuí):楚地,今地不详。蒍(wěi):楚地,今地不详。——编者注
② 蒍贾:字伯嬴,孙叔敖之父。——编者注

城县临濮镇)。

城 濮 之 战

宋成公叛楚通晋,自然给晋国以莫大的鼓舞,而对楚国则为一次重大外交失败。楚成王为维持其作为盟主的威信,遂在周襄王十九年冬季亲率楚、陈、蔡、郑、许五国联军围攻宋都,以讨其背盟通敌之罪。宋成公即遣公孙固如晋告急。此时,先轸①遂向晋文公建议:"报施救患,取威定霸,于是乎在矣。"文公采纳其意见,决定出兵救宋。但晋军若直接救宋,则必须经过曹卫两国,而这两国

---

① 先轸(?—前627年),曲沃(今山西闻喜)人,春秋时期晋国名将、军事家。因采邑在原(今河南济源西北),故又称原轸。先轸曾辅佐晋文公、晋襄公两位霸主,屡出奇策,并以中军主将身份指挥城濮之战、崤之战,打败强大的楚国和秦国,成为**中国历史上第一位同时拥有元帅头衔和元帅战绩的军事统帅**。

先轸一生的军事活动主要是指挥了城濮之战和崤之战两次战役。在城濮之战中,先轸帮助犹豫不决的文公下定争霸决心,并用他的谋略为此战铺平道路,最终终于指挥晋军与楚军进行了有名的城濮之战,大败楚军,为晋文公建立霸权奠定了牢固的基础。文公去世后,其子继位为襄公,先轸又率军与秦军进行了崤之战,伏击并全歼秦军,俘其三将,创造了中国军事史上第一个干净漂亮的歼灭战战例。

先轸善于接受前人经验并加以创新,能够运用多样化谋略,从而丰富了中国古代战略战术,对军事学的发展作出了贡献。

将外交因素纳入战略范畴,并开了"兵者诡道"的先河。城濮之战前,先轸所采用的外交手段,具有极浓的诡诈性、欺骗性,与传统思想指导下的战争外交迥然不同。先轸所指导的城濮之战,是中国古代军事思想发展的一个转折点,是军事发展道路上的一块里程碑。

以"诡道"思想指导战斗,丰富和发展了中国古代的战术。城濮之战中,先轸运用诡诈和突然两个因素,力争战场上的优势和主动,增大了胜利的概率。他根据战斗编组把它看作三部分,根据其各自的特点分别采取不同的战术,最终左、右两军被各个击破,最强的中军也成为了弱军、孤军,不得不退。这样的指挥艺术,在先轸之前和同时代,是绝无仅有的。

此外,崤之战虽然不是理论指导下的自觉产物,但对后世歼灭战思想理论的确立,有一定的启迪意义。——编者注

都是楚的同盟国,势必会构成障碍。于是狐偃①遂又建议:"楚始得曹而新昏于卫,若伐曹、卫,楚必救之,则齐宋免矣。"(前年楚使申叔侯戍以逼齐。)这也是很高明的计谋,有反客为主之妙,也正是20世纪前期英国战略大师李德·哈特所提倡的"间接路线"(indirect approach)。假使晋军越过曹卫而救宋,则不仅要顾虑交通线的安全,而且更是劳师伐远,反之,楚军则可以逸待劳。若先攻曹卫迫使楚军北上,则不仅可解宋围而更能使主客易势。所以,文公欣然采纳此项建议。

于是晋国立即动员(搜于被卢),决定战斗序列(作三军),选择指挥官(谋元帅)。在战斗序列上分为上、中、下三军,以中军为主力,所以,中军将也兼全军总司令(元帅)。每军都有一将一佐,但从以后战斗情况来看,他们似乎是各自指挥一部分兵力,而非共同指挥一个部队。也许可以说晋军的编组颇有弹性,其兵力可以分合使用。对于指挥人选的选定,《左传》与《国语》记载大致相同,但后者较佳,现在引述如下:

> 文公问元帅于赵衰,对曰:"郤縠可,行年五十矣,守学弥惇。夫先王之法志,德义之府也。夫德义,生民之本也。能惇笃者,不忘百姓也。请使郤縠。"《国语·晋语四》

《左传》对赵衰之语是这样记载:

---

① 狐偃(约前715—前629年),姬姓,狐氏,字子犯。又称舅犯、咎犯、臼犯、狐子,春秋时晋国国卿。晋文公重耳之舅,故又称舅氏,有"文公心腹"之称。其父狐突,为大戎狐氏(今山西乡宁县人)。随重耳逃亡在外19年,为文公之心腹。官至上军佐。帮助晋文公改革内政,以"尊王"相号召,平定王子带之乱,在城濮(今山东省鄄城西南)战胜楚军,使晋文公当上了霸主。——编者注

> "郤縠可,臣亟闻其言矣:说礼乐而敦《诗》《书》。《诗》《书》,义之府也;礼、乐,德之则也。德、义,利之本也。《夏书》曰:'赋纳以言,明试以功,车服以庸。'君其试之。"(《左传·僖公二十七年》)

似乎不如《国语》的简要。

蒋百里先生曾说:"《左传》到现在还是世界上最好的一部模范战争史。"他认为赵衰之言颇有深意,因为当时的贵族(武士)会打仗并不稀奇,但"说礼乐,敦《诗》、《书》"的人却极少,所以应该请他出任元帅(见《从历史上解释国防经济学之基本原则》)。

至于其他将领又是如何选择的,还是看《国语》的记载:

> 公使赵衰为卿(将),辞曰:"栾枝贞慎,先轸有谋,胥臣多闻,皆可以为辅佐,臣弗若也。"乃使栾枝将下军,先轸佐之。……公使原季(赵衰)为卿,辞曰:"夫三德者,偃之出也。以德纪民,其章大矣,不可废也。"使狐偃为卿,辞曰:"毛之智贤于臣,其齿又长,毛也不在位,不敢闻命。"乃使狐毛将上军,狐偃佐之。(《国语·晋语四》)

从这些记录上可以获得两项印象:(1)晋国当时的贵族政治是相当"民主化",臣下都勇于发言,而君王也能察纳雅言;(2)那些精英分子都有谦谦君子之风,尤其是赵衰和狐偃均为文公最亲信的人,在流亡期间曾共患难,而能如此谦让,把重要位置让给那些过去不曾追随文公的人,更是难能可贵。这对于晋国内部团结应有重大增强作用。

最后决定的战斗序列如下:

上军 狐毛（将）狐偃（佐）
中军 郤縠（将）郤溱（佐）
下军 栾枝（将）先轸（佐）

次年一月，郤縠在军中逝世，人事遂又调整。先轸以下军佐跃升中军主将，《左传》的评语是"上德也"，他的遗缺由胥臣接任。此后直到城濮会战时均无改变。

周襄王二十年（前632年）农历正月，晋军开始出动，以曹卫二国为攻击目标。卫国内部发生政变，晋军顺利进入该国。曹国则作了相当顽强的抵抗，到第三日才完全攻占。晋军进攻曹卫的目的本是引诱楚军北上，但楚军不为所动，仍继续围攻宋。于是后者遂又遣使来寻求紧急援助。文公本欲立即前进，但由于同盟国（齐、秦）不同意而受到牵制，所以感到左右为难，于是先轸献计如下（以下的引述均出自《左传》）。

> 公曰："宋人告急，舍之则绝，告楚不许。我欲战矣，齐秦未可，若之何？"先轸曰："使宋舍我而赂齐秦，藉之告楚。我执曹君而分曹卫之田以赐宋人。楚爱曹卫，必不许也。喜赂怒顽，能无战乎？"

这段话比较复杂，所以要略加解释。先轸建议一方面让宋向齐秦行贿，请他们代向楚国求情解围；另一方面，晋军却拘禁曹君并把曹卫之田分赐宋人，以激怒楚国使其必然拒绝齐秦的请求。于是二国既喜宋之贿赂，又怒楚之顽固，就一定会同意晋国进军。从这件事上可以看出，在国际关系中，同盟有时是一种包袱。

关于晋国方面暂时说到这里为止,现在再谈楚国方面的情形。楚成王一向都很敬佩晋文公,当其流亡过楚时,曾给予其礼遇,并且拒绝子玉想杀他的建议。他们之间还留下一段"退避三舍"的佳话,可以说彼此惺惺相惜。当晋军破曹时,楚成王即决定撤兵回国,不与晋军冲突,这是一个相当明智的决策。他本人首先回国(入居于申),并令申叔去谷,子玉去宋,而且还特别告诫子玉曰:

> 无从晋师。晋侯在外十九年矣,而果得晋国。险阻艰难,备尝之矣;民之情伪,尽知之矣。天假之年,而除其害。天之所置,岂可废乎?《军志》曰:"允当则归。"又曰:"知难而退。"又曰:"有德不可敌。"此三志者,晋之谓矣。

子玉冥顽不灵,反而使伯棼向成王请战。他说:"非敢必有功也,愿以间执谗慝之口。"成王很不高兴但无可奈何,只好给他少量增援,包括"西广、东宫与若敖之六卒"在内。于是子玉派宛春为使向晋文公说:"请复卫侯而封曹,臣亦解宋之围。"子犯认为:"子玉无礼哉,君取一臣取二,不可失(机)矣。"先轸却有较高明的见解,他说:

> 子与之。定人之谓礼,楚一言而定三国,我一言而亡之,我则无礼,何以战乎?不许楚言,是弃宋也。救而弃之,谓诸侯何?楚有三施,我有三怨,怨仇已多,将何以战?不如私许复曹卫以携之,执宛春以怒楚,既战而后图之。

先轸这段话分析得非常清楚,也提供一项重要启示:**战略的主旨就是斗智,必须在智慧上超越对方始能获胜**。文公乃拘禁楚使,并私下对曹卫两国许下复国的承诺。这两国遂宣布与楚绝交。子玉大怒,开始求战(从晋师)。晋师退避。军吏曰:"以君辟臣,辱也,且楚师老矣,何故退?"子犯立即作了合理的解释:

> 师直为壮,曲为老,岂在久乎?微楚之惠不及此,退三舍辟之,所以报也。背惠食言,以亢其仇,我曲楚直,其众素饱,不可谓老。我退而楚还,我将何求?若其不还,君退臣犯,曲在彼矣。

晋师退了三舍,楚方全军都认为应适可而止,但子玉不肯,于是春秋时代的决定性会战遂无可避免。

夏四月,戊辰日,也就是会战前夕,晋侯(他的正式封爵)、宋公、齐(大夫)国归父及崔夭、秦(大夫)小子憖次于城濮。楚师背酅(丘陵地名)而舍,因为楚人居高临下,文公遂颇感忧虑。以后又听到舆人之诵更使他感到疑惑。简言之,即令到此时,他还下不了决心。子犯遂替他打气说:"**战也!战而捷必得诸侯,若其不捷,表里山河必无害也。**"这就是说胜则为天下盟主,败也还可自保,所以不必患得患失。晋文公又问:"若楚惠何?"栾枝遂晓以大义说:"汉阳诸姬楚实尽之,思小惠而忘大耻,不如战也!"夜间文公做了一个噩梦,子犯又设法解释才使他情绪恢复稳定。从这些记录中,即可了解决策者的心情是如何沉重,而只有读历史的人始能感觉到此种心情。

子玉使斗勃请战,这是一种礼节,但所说的话则非常轻浮无礼:"请与君之士戏,君冯(凭)轼而观之,得臣(子玉名)与寓目焉。"文公派栾枝去回答,措辞非常庄重得体,不愧为大国霸主风度:"寡居闻命矣。楚君之惠未之敢忘,是以在此为大夫退,其敢当君乎?既不获命矣,敢烦大夫谓二三子,戒尔车乘,敬尔君事,诘朝将见。"

于是晋军作战前的最后一次演习,足以证明其准备的认真。晋军七百乘,鞻(背甲)、靷(胸甲)、鞅(腹甲)、鞌(后甲)(装备齐全)①,文公登有莘之墟(今山东曹县西北)对全军作了一次校阅,然后讲评说:"少长有礼,其可用也。"直到此时,他似乎总算是放心了,接着就砍伐当地的树木用来作为补充武器。

会 战 分 析

对于这次会战,《左传》有完整记录,现在先把它全部抄下,然后再根据原文和战略理论来加以精密分析,以期能解释若干疑问,并吸取有价值的教训。

己巳,晋师陈(阵)于莘北,胥臣以下军之佐当陈、蔡。子玉以若敖之六卒将中军,曰:"今日必无晋矣!"子西将左,子上将右。胥臣蒙马以虎皮,先犯陈、蔡。陈、蔡奔,楚右师溃。狐毛设二旆而退之,栾枝使舆曳柴而伪遁,楚师驰之,原(先)轸、郤溱以中军公族横击之,狐毛、狐偃以上军夹攻子西,楚左师溃。楚师败绩。子玉收其卒而止,故不败。晋师三日馆谷,及癸酉而还。

上述记载似乎很简短,而且也好像有漏洞和疑问,并且在后世引起若干争论。事实上,若与其他史书比较,《左传》的记载要算是相当详尽扼要,蒋百里先生的评语并不过分。后人的意见有些是

---

① 鞻(xiǎn)、靷(yǐn)、鞅(yāng)、鞌(bàn),均为装备于马身的皮革,鞻在马腋下,靷在马胸前,鞅在马颈,鞌在马足。四字此处用作动词,意指装备好了鞻、靷、鞅、鞌,做好了作战准备。——编者注

不曾经过认真分析的,以致引起误解,并非《左传》本身的过错。为方便起见,现在将我个人的看法逐条列举如下:

1. 首先要提出的问题就是双方的兵力,这也是研究古代战争时的最大难题。这个问题又可分成三个小问题:(1)齐秦宋三国兵力是否参加战斗;(2)晋军的兵力;(3)楚军的兵力。

(1)《春秋》经文的记载为:"夏四月己巳,晋侯、齐师、宋师、秦师及楚人战于城濮。"但《左传》在对会战经过的叙述中完全不曾提到同盟军。照战略理论来判断,则三国之师既不可能参加会战,而且也无此必要。为什么不可能?因为同盟兵力联合作战是一件很困难的事情,必须事先有很好的协调,否则根本无法行动,古今中外都是一样。晋国与那些国家的同盟关系刚刚建立(秦国可能例外),其意义是外交多于军事,他们之间并无统一指挥组织,所以不能够联合作战。为什么无必要?同盟国即令派遣兵力,也只是象征性的。晋军已经很强大,根本无须他们协助。所以,少数的同盟军可能只作"壁上观",并未投入战斗。这在古代也是常见的现象,不足为怪。孔老夫子认为他们"战于城濮"也没有错,因为参加战争并不一定就要投入会战。

(2)晋军到底有多少兵力?《左传》告诉我们的惟一数字就是"七百乘",一乘兵车配合多少人员,在当时应该是人尽皆知的常识,所以左氏也自然不必再作说明,但这种省略却给后人带来极大的困难。虽然一乘兵车配置多少步(徒)兵已有多种不同的考据和计算,但哪种完全正确则很难断言。照我个人想象,一乘兵车可能最多配兵员一百人,包括车士和步兵在内。如果是这样,则晋军投入会战的人数最高可达七万之多。这在古代已经是一个很大的数字。

晋军共有三个军,似可假定上下两军各为两万人、中军为三万人,因为中军还包括"公族"(即保护君主的禁军)在内,人数较多也是合理的。兵车的分配可能也是照此比例。此外,晋国的各军似乎又分成两个战斗集团,由其将、佐分别指挥,这是根据会战的理则来分析,并无具体的证据。果真如此,晋军每一个战斗集团兵力应为官兵一万人、车一百乘,依理那是一个可由一个人来指挥的有效单位。(七万人的估计也许还是太高,比较保守的估计可能应为五万到七万之间。)

(3) 楚军的兵力则更难估计,其原因有三：① 《左传》没有任何记载；② 楚军单位名称与中原诸国不尽相同,对其组织也缺乏资料；③ 楚军中有同盟(附庸)兵力混合在一起,真正的楚军有多少,谁都不知道。概括言之,楚国在当时是天下莫强焉,其兵力的雄厚应无疑问。不过,城濮之战,严格说来,不是楚王所想打的。楚国事先也无计划,并未准备倾全力来与晋国争霸,所以,所用的兵力只是其全部的一部分而已。

子玉率领前往围宋的是一支同盟兵力,包括五国的部队,其中楚军所占比例自不会太高,宋国是一个弱国,用这样杂牌部队去围攻它也绰绰有余,所以,楚国自不必动用其主力。等到子玉请战时,楚王只勉强地给以少量增援,不过其中也包括若干精兵在内。尤其是所谓"若敖之六卒"一定是享誉国际的精锐部队,否则《左传》不会那样一再提到它。但城濮之战,楚方究竟投入多少兵力还是无从估计,而只能推断。

楚军(包括陈蔡)总数一定不会少于晋军,甚至可能略占优势,否则子玉不会那样狂妄,自信"今日必无晋矣"！再说到素质,楚军本身绝对不会比晋军差,但其同盟兵力则必然较差,这也就构成楚方的致命伤。在此应附带说明为何楚方能利用同盟兵力的理由,那是因为后者早已整合在楚军指挥体系之内,不会产生协调上的困难。楚军在这一战中有多少兵车,我们也不知道,但大致应与晋军相等。在步兵方面,楚军可能较多,而且素质也不差。此外,还有一个重要事实应说明:在春秋时代还没有编成战斗单位的骑兵。骑兵的出现是在战国时代,到那时兵车遂开始被淘汰。

2. 在分析兵力数量之后,就应进一步研究双方的兵力部署。概括地说,双方都是分为三军,彼此对峙。但实际上还是有两个问题值得检讨:(1)晋军下军将栾枝所部布置在何处?(2)楚方右军(师)除陈蔡以外,是否还有楚国部队?这两个问题之间又有连带关系,所以,似乎应该合并讨论。

照传统想法,下军是一整体,栾枝当然应该在晋军左翼方面,面对着楚方右军。但《左传》只特别强调"胥臣以下军之佐当陈蔡",对栾枝的位置则未做任何说明,而且在"楚右师溃"之前也不曾提到栾枝,以后才说到"栾枝……伪遁,楚师驰之"。假使栾枝位置在左翼,则楚右师已溃,他又何必伪遁,而哪里又有楚师来驰(追)之?显然是不合理。从另一方面来看,假使楚军右翼除陈蔡以外还有楚国部队,则陈蔡奔后楚师也就不可能立即崩溃。因此,可以断定正因为楚右师是完全由陈蔡兵力所组成,素质低劣,所以晋方才敢只用下军的一半兵力来当它。也许有人要问:既然没有楚国兵力,为什么"子上将右"?这实在一点都不奇怪,同盟兵力由盟主国家将领指挥是常见的现象。

至于栾枝的正确位置在何处,只要细读《左传》原文即可知他是在晋军右翼方面。因此,我们又必须作进一步的推断,那就是晋军所采取的并非传统式的部署。若以半个军为单位来计算:左翼只有一个单位(胥臣),右翼有三个单位(狐毛、狐偃、栾枝);中央为两个单位(先轸、郤溱),不过,还包括"公族"在内,它大概也相当于一个单位，也许人数略少一点。这可能是一种大胆而创新的部署，并且也构成胜利的主因(图1)。

```
┌────┐  ┌────┐
│狐偃│  │公族│
└────┘  └────┘

┌────┐  ┌────┐
│狐毛│  │先轸│
└────┘  └────┘

┌────┐  ┌────┐  ┌────┐
│栾枝│  │郤溱│  │胥臣│
└────┘  └────┘  └────┘

┌────┐  ┌────┐  ┌────┐
│子西│  │子玉│  │子上│
└────┘  └────┘  └────┘
```

图 1　会战初期

楚军方面的部署，《左传》的记载更不完全。可以推断的只有下述几点：其右翼兵力(陈蔡)最弱，不过并不一定表示人数最少。其主力可能集中在左翼上，但子玉是一个很自私的人，所以，中军也控制了不少精兵，结果遂不免顾此失彼，尤其是中军兵力似乎根本不曾投入战斗。

3. 现在就到了研究的焦点，即会战的过程。《左传》的记载实在很清楚，假使后人还不懂，则只能怪自己而不能怪古人。《左传》将全部过程分为三个阶段：

(1) 胥臣首先发动攻击，马蒙虎皮产生奇袭作用，素质低劣的陈蔡部队立即奔散，迅速结束了晋军左翼方面的战斗(楚右师溃)。

(2) 在晋军右翼方面，狐毛"设二旆而退之"，即移动军旗的位置，表示部队已在撤退。他可能是把兵力向侧面移动(包括狐偃在内)。栾枝则扮演比较戏剧化的角色，用车曳柴伪遁(扬起大量尘土)，使敌人误信晋军已全面退却。于是子西率领楚左军发动追击(驰之)，深入晋方阵地，自投罗网。接着晋军就从两侧发动夹击，把楚师击溃。

(3) 到此时楚军已经败定了(楚师败绩)。不过，子玉仍能收回其所控制的中军兵力,停止前进(收其卒而止)。所以,这一部分兵力尚能保持不败(故不败)。

《左传》的惟一缺点是对晋军战斗序列的正确位置不曾说明。照理说,那样多的人不可能都摆在一条横线上。所以,晋军各单位可能采取梯次配置,也许栾枝在第一线,二狐分别占第二及第三线,因此,上军必须先移动,然后栾枝才能向后伪遁。这样在正面上就会呈现缺口,不怕楚军不钻进来(图2及图3)。

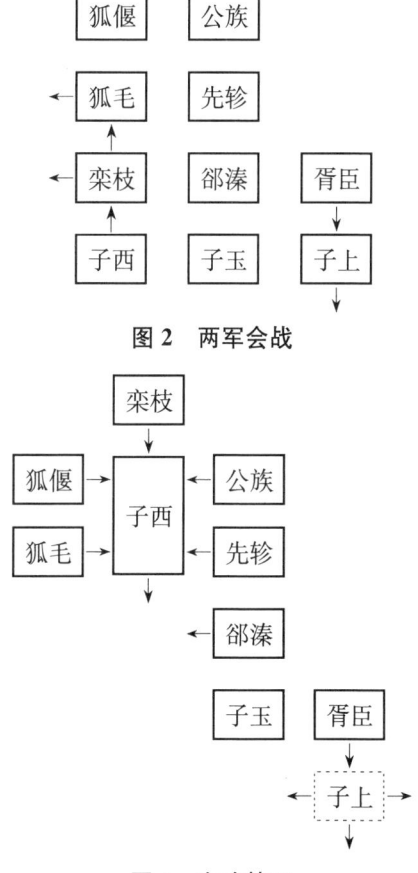

图 2 两军会战

图 3 击败楚军

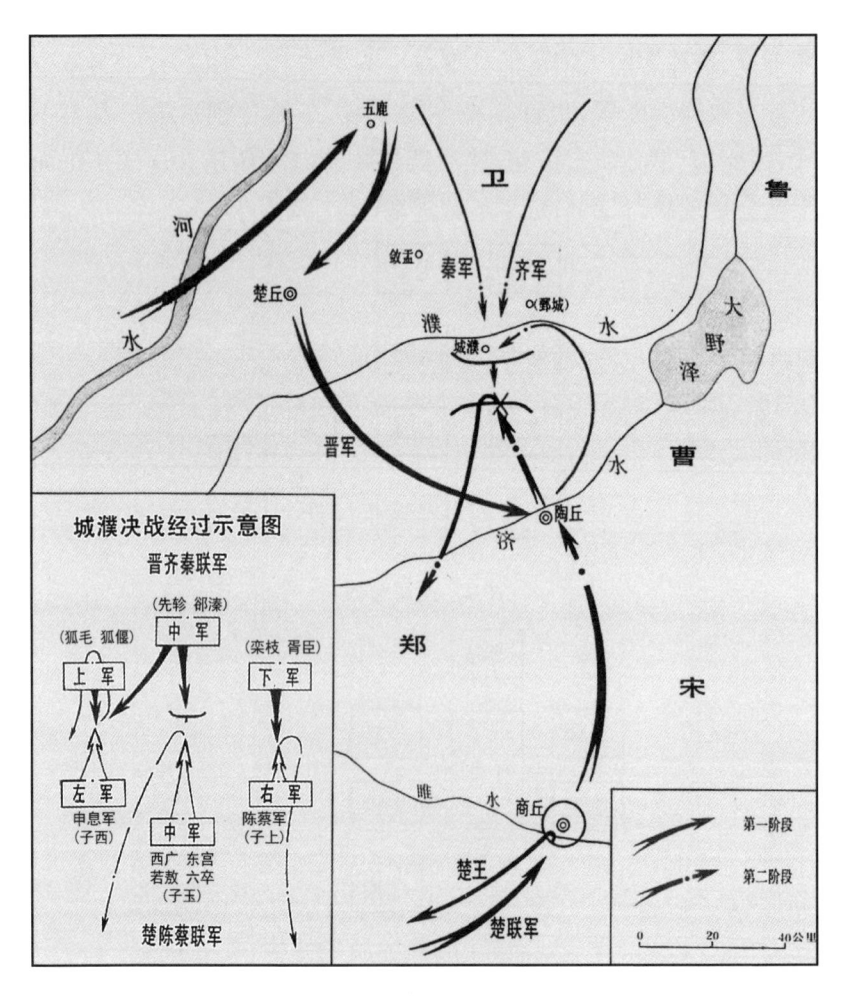

图 3　城濮之战要图

结　　论

晋军的胜利绝非侥幸,他们应该胜的理由实在太多,诚如孙子所云:"胜兵先胜而后求战。"现在只把最重要的几点列举如下:

1. 晋国对战争有充分准备,志在必胜;而楚王则根本不想打这一仗,也无意倾全力来与晋争霸。

2. 晋方领导层的合作可叹观止,尤其是人才辈出,令人羡慕。

3. 战争永远有两面,楚方的败因即为晋方的胜因。子玉刚而无礼是导致晋国胜利主因之一。其实他不应求战(将不可愠而致战);他甚至视战争为"戏",简直岂有此理。

4. 会战前,晋国的大战略(外交政策)运用相当成功,增加了会战胜算。

5. 晋军对于会战有周密计划,对于奇袭、欺敌、集中等战争原则都能作果敢的使用,就当时的军事学术水准来看,应该算是超时代的成就。

6. 最后还有一点也许是过去论者所不曾注意的。晋方对楚方情况似乎知道得很清楚,是以能谋而后动。因此,晋军应有极佳情报来源。《左传》对此并无记载,但我却在《国语》上找到一个证据,相当有趣,现在引述如下:

> 昔令尹子元之难,或谮王孙启于成王,王弗是,王孙启奔晋,晋人用之。及城濮之役,晋将遁矣。王孙启与于军事,谓先轸曰:"是师也,唯子玉欲之,与王心违,故唯东宫与西广寔来。诸侯之从者,叛者半矣,若敖氏离矣,楚师必败,何故去

之?"先轸从之,大败楚师,则王孙启之为也。(《国语·楚语上》)

这是令尹子木在论"楚材晋用"时所说的话,应该信而有征。由此看来,孙子的话真不错:"先知者……必取于人,知敌之情者也。"因为能先知,所以战略才会成功,这也许是城濮之战的最重要教训。

城濮之战为真正的决定性会战,虽然楚军损失并不太大,对楚国国力的减弱也很有限,但精神的效果远超过物质。在此之前,楚国的国际威望可说无与伦比,楚军几乎从未战败,以齐桓公之强都不敢撄其锋。齐桓公死后,宋襄公称霸不成,楚国的扩张遂不再受任何围堵。鲁、卫、郑、曹、陈、蔡、许、宋等国都已成其附庸。中原大部分都已成其势力范围。正当中原命运不绝如缕之际,城濮之战带来了空前未有的转机。

晋军击败楚军在当时造成的心理震撼之大实不难想象。一方面,楚军常胜的神话被击破了;另一方面,中原诸国团结御侮的信心又再度复活。以后晋楚虽继续争霸,但中原同盟在晋国领导之下始终能够抵抗外侮,稳定局势近百年之久。华夏文化能发扬光大,都应归功于城濮的胜利。简言之,这一战决定了历史潮流的走向,称之为决定性会战,实至为允当。

第二章
从战略观点看战国时代

引言　　　　远交近攻
战国四阶段　统一的完成
变法与图强　结论
合纵连横

引　言

我国历史上有某些阶段对于战略的研究能提供非常宝贵的例证和教训,战国时代即为其中之一。所谓战国时代,就是从春秋时代结束之后到秦始皇统一中国之时为止的这一段历史时期,大致是200多年。钱宾四(穆)先生在其所著《国史大纲》中认为,从周贞定王二年(前467年)到秦始皇二十六年(前221年)统一告成时,其间246年为战国时代。但一般史学家多认为战国时代应以三家分晋为起点,那是在公元前453年,照这样算,战国时代的长度就只有232年。如果照法律的观点来看,周威烈王正式承认韩、魏、赵三家(大夫)为诸侯是公元前403年,则战国时期的长度应仅为182年。以上这一点小考据并无太大重要性,概括地说,我们可以把三家分晋作为起点,把始皇统一为终点,而把中间大约200余年的阶段作为战国时代。

当周武王伐纣之前誓师于孟津时,据说与会诸侯有八百之多;周既灭殷,新封的诸侯至少有130个。以后这些国家互相兼并,于是数量日益减少而领土则日益扩大。在《春秋》上有记载的国家约50余个,加上《左传》所记载的,共约170个,但真正具有重要性的到春秋末期已经不过10余个了。

班固在《汉书·地理志》中说:"周室既衰,礼乐征伐自诸侯出,转相吞灭,数百年间,列国耗尽;至春秋时尚有数十国,五伯迭兴,总其盟会;陵夷至于战国,天下分而为七……"所谓"七"者就是战国七雄,即魏、赵、韩、燕、齐、楚、秦。事实上,至少在战国初期,除七雄以外还有若干小国存在,例如宋、卫、中山和泗上十二诸侯等。但那些国家不仅在当时的国际关系中已不能发生任何作用,而且也都逐渐被大国吞食。所以整个战国时代的历史是以七雄为重心。在此更应特别指出,这个时代是一个名副其实的"战国"(Wardom)时代。据英国已故战争史大师富勒(J. F. C. Fuller)将军解释,所谓"战国"就是说在那个时代中战争支配了人类的其他一切活动。所以,凡是研究战争和战略的人对于这一时代的历史定不可不特别重视。

战 国 四 阶 段

为什么说战国时代的历史应以三家分晋为起点?因为假使晋国不分裂成为三个国家,则七雄并立的局势也就不会形成。在春秋时代的大部分时间当中,所谓霸业者都是靠晋国来维持。由于有晋国这样一个超级强国的存在(梁惠王说"晋国天下莫强焉"),所以北面可以阻止狄人的南侵,南面可以阻止楚人的北上,而西面也可以阻止秦人的东进(在那个时代秦经常是晋的同盟国而且只能以"遂霸西戎"为满足)。

自从晋国内部发生政变而分裂成为三个国家之后,天下形势(权力平衡)遂开始发生重大的改变。除狄患已经大致被控制外,秦、楚、齐,遂分别从西、南、东三个方向窥伺中原,想要填补晋国分裂后所留下来的权力真空,而晋国的继承者魏、赵、韩三国,则处于内线的地位(中央位置)以对抗三面的压力。当然这只是概括之论,实际的演变是远较复杂。若是引用现代国际关系学者所使用的名词,战国时代的国际关系属于一种"多元权力系统"(multipolar power system)的典型。国与国之间的利害关系相当微妙而复杂,彼此之间有竞争也有合作(燕国在地理位置上比较偏在北面,在七雄中它是最不重要的)。

这七个国家互相斗争,其经过是相当的复杂,我们无法详述,但大致说来,似乎可以分成四个阶段:1.魏齐争霸;2.齐秦争霸;3.赵抗强秦;4.秦灭六国。现在就分别简述如下:

1. 魏齐争霸

三家分晋之后,魏所分得的地区也许是最好的。面积虽然没有赵国大,但是赵国比较偏向北面,有夷狄之患,而魏国所占的却是旧晋国的精华地区。至于韩国不仅面积最小,而且最易受攻击(韩非说"应天下四击")。所以在"三晋"中只有魏国最有承袭晋国传统的资格。魏国开国之君文侯及其子武侯,前后统治了76年,励精图治,国势日强。其最大的成功是能够任用人才。第一位值得一提的是文侯用的李克(悝),他是我国首著《法经》(法律教科书)的学者,可以说是法家的开山大师。以后商鞅[1]在秦国所采取的政策也是以他为模范,其次就是武侯所用的吴起,他后来又把改

---

[1] 商鞅(约前395—前338年),战国时期政治家、改革家、思想家、法家代表人物,卫国(今河南安阳黄县梁庄镇)人,卫国国君的后裔,姬姓公孙氏,故又称卫鞅、公孙鞅。后因在河西之战中立功获封商于十五邑,号为商君,故称之为商鞅。

商鞅通过变法使秦国成为富裕强大的国家,史称"商鞅变法"。政治上,商鞅改革了秦国户籍、军功爵位、土地制度、行政区划、税收、度量衡以及民风民俗,并制定了严酷的法律;经济上商鞅主张重农抑商、奖励耕织,军事上商鞅作为统帅率领秦军收复了河西。

公元前338年,秦孝公逝世,其子秦惠文王继位。秦孝公去世的同年,商鞅因为被公子虔诬陷谋反,战败死于彤地,其尸身被带回咸阳,处以车裂后示众。——编者注

革的思想带到了楚国。

武侯之子自称为王,就是孟子所见的梁惠王(因为迁都大梁,所以魏国也就常被称为梁国)。梁惠王企图恢复旧晋国的雄风,他所采取的战略是首先统一三晋,但是当他伐赵伐韩的时候,每次都由齐乘其后而功败垂成。这也由此发生了历史上有名的"桂陵之战"和"马陵之战"(孙膑在马陵之战中曾有杰出的表现)。魏国争霸不成,齐国的阻力最大,但秦楚两国也曾趁火打劫,所以梁惠王亲口对孟子说:"东败于齐,长子死焉,西丧地于秦七百里,南辱于楚。"由此也就可以发现多元权力系统的一项特点,即任何国家若欲破坏现有的权力平衡,则必然会遭到其他国家的联合反对。最后,魏终于与齐妥协,彼此相王(即双方承认对方的"王国"地位),而结束了这第一阶段,前后共37年(依照钱氏的计算)。

2. 齐秦争霸

齐国自田和篡位称侯,传两世到威王,两次击败魏国,其子宣王继位,国势大盛。此时,秦国也日益强大(关于秦国的发展在下文中另行详论)。秦惠王派张仪①去离间魏楚两国与齐国的关系,而使后者处于孤立的态势。于是也就形成了齐秦之间的权力平衡。

到此时,齐国突然犯了一个极大的战略错误,它不集中全力来与秦争天下,反而分散资源去贪图近利,北进侵燕,南进侵宋以自

---

① 张仪(?—前309年),魏国安邑(今山西万荣)张仪村人,魏国贵族后裔,战国时期著名的纵横家、外交家和谋略家。张仪首创连横的外交策略,游说入秦。秦惠王封张仪为相,后来张仪出使游说各诸侯国,以"横"破"纵",使各国纷纷由合纵抗秦转变为连横亲秦。张仪也因此被秦王封为武信君。秦惠王死后,因为即位的秦武王在当太子时候就不喜欢张仪,张仪出逃魏国,并出任魏相,一年后去世。——编者注

广(扩大权力基础)。这样也就引起了国际间的不安和谴责。于是燕将乐毅①联合燕、秦、魏、韩、赵五国的兵力伐齐,齐湣王走死②,国势遂一蹶不振,而秦国则坐享渔人之利。这第二个阶段共达48年。

3. 赵抗强秦

当魏齐两国的争霸先后失败之后,秦国即将要获得独霸的地位。此时幸有赵国崛起,始能勉强地拖延了一段时间。赵国强盛的主因是由于武灵王胡服骑射(武灵王元年为公元前325年),换言之,**他把一种新的兵种(骑兵)引入了战斗序列,遂产生了战术优势**。此外,赵国在这个阶段名将辈出,例如廉颇、赵奢、李牧等。

到了这个阶段,东方诸国尚有能力抗秦者也就首推赵国,所以六国合纵常以赵为盟主。秦赵之间的战争是以"长平之战"(前260年)为决定性会战。在这一战中秦将白起击败赵将赵括(赵奢之子),坑降卒45万(这一数字不免夸大),其为战国时代最伟大和最惨烈的会战。从此赵国无能为力。这个阶段大约长29年。

4. 秦灭六国

长平之战以后,秦国统一天下的趋势已经形成,其最后成功不过是时间迟早的问题而已。孔子的六世孙、曾相魏九月因"陈大计

---

① 乐毅,生卒年不详,子姓,乐氏,名毅,字永霸。中山灵寿(今河北灵寿西北)人,战国后期杰出的军事家,魏将乐羊后裔,拜燕上将军,受封昌国君,辅佐燕昭王振兴燕国。公元前284年,他统帅燕国等五国联军攻打齐国,连下70余城,创造了中国古代战争史上以弱胜强的著名战例,报了强齐伐燕之仇。后因受燕惠王猜忌,投奔赵国,被封于观津,号为望诸君。慷慨写有著名的《报燕惠王书》。——编者注
② 走死,逃亡他乡而死。——编者注

辄不用"而喟然自叹的子顺,在公元前259年(即始皇统一天下前38年)感慨地预言说:"当今山东之国敝而不振,三晋割地以求安,二周折而入秦,燕、齐、楚已屈服矣。以此观之,不出二十年,天下其尽为秦乎?"(见《资治通鉴》)

子顺所预言的时间虽然比实际较短,但秦国统一大业之所以延迟了十多年才完成,那是由于内部的问题,而不是受到外来阻力。因为一代名将白起受猜忌而死,继秦昭王的两位君王都享国日浅,等秦王政冲龄践祚①时,政权又暂时落入母后和相国(吕不韦)之手,所以才会如此,否则子顺所预言的20年也许还会太长。这个最后阶段,照钱氏②的算法为36年,其起点是邯郸解围(前257年),即历史上有名的信陵君(无忌)③救赵之战,其终点为秦始皇二十六年(前221年)自上皇帝尊号。

秦之统一六国,从战略的观点上来看是一个标准的"长期斗争"典型。 从秦孝公用商鞅变法算起,到秦始皇统一天下为止,前后经过六个朝代,所以贾谊说他是"奋六世之余烈"(见《过秦沦》)。以时间而论,长达140年(秦孝公元年为公元前361年)。**此种战略的运用经验及其成功的理由,的确是一种极有价值的战略教材,值得深入分析。**

---

① 冲龄践祚,年纪轻轻就登上了帝王之位。冲龄,chōng líng,幼年,指帝王幼年即位;践,踩,登上;祚 zuò 是皇位的意思;践祚,〈书〉继位,登基。——编者注

② 钱氏,这里指钱宾四(穆)先生。——编者注

③ 魏无忌(?—前243年),魏昭王少子,安釐王的异母弟,战国时期魏国著名的军事家、政治家。因安釐王元年(前276年)被封于信陵(今河南省宁陵县),所以后世皆称其为信陵君,与春申君黄歇、孟尝君田文、平原君赵胜并称战国四君子。魏无忌处于魏国走向衰落之时,他效仿孟尝君田文、平原君赵胜的辅政方法,延揽食客,养士数千,自成势力。他礼贤下士、急人之困,曾在军事上两度击败秦军,分别挽救了赵国和魏国危局。但屡遭魏安釐王猜忌而未能予以重任。公元前243年信陵君因伤于酒色而死,十八年后魏国被秦所灭。——编者注

第二章　从战略观点看战国时代

变　法　与　图　强

所谓变法者用近代术语来表示就是改革,在战国时代变法很多,不止是商鞅一人,而商鞅也不是第一人,但商鞅变法在历史上却有其特殊的地位和重要性。因为他的变法不仅成功而且还能持久,尤其是更替秦帝国建立了深厚的基础。在中国历史中所有的变法运动最具有决定性影响者莫过于商鞅的变法。

当时的秦国仍不脱戎狄之俗,民风强悍而质朴,此种客观条件为文化水准较高的中原诸国所未有,实大有助于商君的改革,因为在这样的社会环境中变法不仅易于推行而且也不会受到强大的阻力。尽管如此,商鞅的成功也还是有其内在原因,据萨孟武先生[1]的分析,可以归纳为下述三点。(1)他有一贯的思想,即法家思想。认法而不认人,不仅赏罚严明,而且刑自大官始,赏自细民始。(2)他有一贯的(战略)观念,各种政策均以此观念为主轴。此观念即为"农战",人民居则尽力务农,出则勇于作战,如此始能富国强兵。(3)他的法令至为简单,概括地说只有三方面:① 奖励军功;② 提

---

[1] 萨孟武(1897—1984年),名本炎,字孟武,福建福州人,政治学家。对中国传统政治思想、制度、理论的研究,能不落俗套,深入浅出,贯通中西,对中国政治学的形成影响很大。中学时代留学日本。1921年入京都帝国大学法学部政治系,后获得法学士学位。1924年回国,在上海以译书、撰文为生。1930年,在南京中央政治学校行政系任教授。1946年,任中山大学法学院院长。1949年后,曾任台湾大学法学院院长。著有《中国社会政治史》《中国政治思想史》《〈红楼梦〉与中国旧家庭》《〈西游记〉与中国古代政治》《〈水浒传〉与中国古代社会》等。出于本土情怀,萨孟武熟谙中国历史,同时又留洋受过严格的西方学术训练,自能思接千载、视通万里,即便是一部回忆录也写得开阔而毫不拘囿,并常在一笔带过的叙述中别具识见。抗战胜利后,美国希望国共和谈成功并组织联合政府,萨孟武认识到此事之不可能,反驳一美国人道:"你们美国南北战争之时,为什么不讲和谈,而必以干戈相见。"日后,形势的发展印证了萨的判断。——编者注

倡农业；③ 加强基层组织。（见萨孟武所著《中国社会政治史》）

商鞅执政不过24年，但值得惊奇的是他死后并未"人亡政息"（那本是我国政治史上的通例）。在他死后秦国仍能奉行没有商鞅的商鞅政策，换言之，他的思想能够制度化，这的确算是一种奇迹。其原因安在，似乎很难解释，可能与当时秦国的民情风气和政治背景有关。

秦自孝公以来"战未尝屈"，这不能不归功于商鞅农战政策所奠定的基础。事实上，无论从哪一方面看，秦国都比山东诸国要高一等，其终于统一天下似乎应该说是理所当然。荀卿对于秦国的国情有一段非常生动的描写："入境，观其风俗，其百姓朴……其畏有司而顺……其百吏肃然……入其国，观其士大夫，出于其门，入于公门，出于公门，归于其家，无有私事也……观其朝廷，其间听决，百事不留，恬然如无治者，古之朝也。故四世有胜，非幸也，数也。"（见《荀子·强国篇》）

秦国不仅政治清明，而经济也保持高度的增长，在这一方面值得一提的是商鞅利用外来劳力的政策。杜佑①在《通典》中这样说："鞅以三晋地狭人贫……秦地广人众，故草不尽垦，地利不尽出；于是诱三晋之人，利其田宅，复三代无知兵事而务本于内，而使秦人应敌于外……数年之间，国富兵强，天下无敌。"关于这一点，荀卿也有类似而更详细的评述，足以证明其为事实。此种政策与

---

① 杜佑（735—812年），字君卿，京兆万年（今陕西西安）人，唐代政治家、史学家。出身于京兆杜氏，历任济南参军、剡县县丞、润州司法参军、主客员外郎、抚州刺史、容管经略使、江淮水陆转运使、户部侍郎、饶州刺史、岭南节度使、淮南节度使等职。贞元十九年（803年），升任司空、同平章事。后又进拜司徒、度支盐铁使，封岐国公。元和七年（812年），以太保之职致仕，不久病逝，追赠太傅，谥号安简。曾用三十六年撰成二百卷《通典》，创立史书编纂的新体裁，开创中国史学史的先河。——编者注

第二章 从战略观点看战国时代

普鲁士腓特烈大帝①所采取者恰好相反（他是尽量让普鲁士人在国内务农而宁愿雇佣异国人去打仗），但其战略意义却是一样。

最后，秦国政府在决策过程中也有特点值得称述，《战国策》中的《司马错论伐蜀》一文可以作为最佳的例证。当时张仪与司马错争论于秦惠王前，前者主伐韩而后者主伐蜀，各陈利害，激烈辩论，极尽国家战略检讨之能事。最后，秦王终于采取了司马错的意见。在此有两点应该指出：（1）张仪当时为秦相，其地位显然在司马错之上，但秦王仍采纳司马错的观点；（2）司马错所陈述的理由可以说是无懈可击，诚如李树正先生②所云，那是研究国家战略的一篇好教材，足以证明秦国的确有高水准的战略家而且受到政府的尊

---

① 腓特烈大帝（1712年1月24日—1786年8月17日），普鲁士国王（1740年5月31日—1786年8月17日在位），军事家、政治家、作家、作曲家。

生于柏林。少年时就长于吹笛，1740年即位。曾两次发动西里西亚战争。1756年发动对法兰西王国、俄罗斯帝国和奥地利帝国等国的七年战争。1772年同俄罗斯帝国、奥地利帝国乘波兰内政危机第一次瓜分波兰领土，获得西普鲁士。1785年组建由15个德意志联邦国组成的诸侯联盟。1786年在波茨坦去世。

腓特烈大帝是欧洲"开明专制"君主的代表人物，在政治、经济、哲学、法律，甚至音乐诸多方面都颇有建树，为启蒙运动一大重要人物。在其铁腕统治下，普鲁士的国力迅速上升，在很短时间内便跃居欧洲列强之列。——编者注

② 李树正（1914—1991年）字清源，甘肃白银人，国民革命军陆军中将，著名爱国将领。1930年从军，先后就读于陆军军官学校、陆军大学、国防大学。后到国防研究院从事研究工作多年。1942年任杜聿明部工兵团长，后在滇缅远征军第五军任职，抗战时参加桂柳会战、湘西会战、鄂西会战、远征缅甸战役。1944年在湘西柳州战役中重创日军。抗战结束随徐永昌团长以盟军中华民国代表身份去东京湾参加日本密苏里舰受降仪式。1947年任南京"国防部"三厅处长、部长办公室主任。1948年9月22日晋升陆军少将。1949年2月晋升陆军中将，又担任青年军第80军（以他的嫡系部队青年军201师为骨干组建一支美式机械化王牌军）副军长，军长等职，不久去台湾，历任陆军总部参谋长、台湾"国家安全委员会"委员、"国防部"研究院军事组首席讲座，并任《三军联合月刊》社总编辑。1953年李树正和夫人叶芳娜因同情台湾省主席吴国桢而受到牵连，1955年又因曾和孙立人将军谈论时政被贬职，在军界长期得不到重用，一直在军报和国防大学任职，1971年以陆军中将军衔退伍，1991年病故于台湾，时年77岁。——编者注

重(读者可参阅李树正先生所著《国家战略遂行问题之研究》)。

合 纵 连 横

战国时代最为人称道的外交活动就是"合纵连横"。究竟"合纵连横"的意义是什么,其效果如何,都很值得检讨,尤其是有些事实也不无可疑。首先应说明合纵与连横的含义(目的)。韩非说:"纵者合众弱以攻一强,横者事一强以攻众弱。"事实上,他的说法并不完全正确,因为合纵连横都不含有攻势的意义在内,所以不如改为"纵者合众弱以抗一强,横者分众弱以事一强"。"一强"即秦,而"众弱"就是山东诸国。这是两种不同的同盟模式,前者的目的在于威慑,或最多限于防御,即使"秦甲不敢出于函谷"。虽然也有诸国共攻函谷的记录,但那可能只是一种姿态而已。后者是秦国的一种外交战略,目的是分化(离间)六国,使其个别与秦国建立双边友好关系(签订互不侵略协定)。连横是出于秦国的主动,此项政策的主要代表人就是张仪,其时代大致相当于上述的第二阶段。那时秦国国力还不算太强,而且正在与齐国争霸,所以才企图用外交手段来争取与国[①]和削弱敌人。

历史对于合纵连横的发展,记载是相当混乱和矛盾。尤其应该注意的是所谓"纵横家"并无一定的立场,他们把纵横之说当作升官发财的手段。战国时代的知识分子并无民族观念,他们的态

---

① 与国,盟国;友邦。《管子·八观》:"与国不恃其亲,而敌国不畏其彊。"《史记·项羽本纪》:"项梁曰:'田假为与国之王,穷来从我,不忍杀之。'"裴骃集解引如淳曰:"相与交善为与国,党与也。"《资治通鉴·魏元帝景元四年》:"汉主使羣臣会议,或以蜀之与吴,本为与国,宜可奔吴。"邹韬奋《国际形势与中国抗战》:"他们终不能认清敌与友的区分,把任何国家都看作'与国',结果是得不到一个'与国'!"——编者注

度是"不问用我者为何国,而只问何国能用我",所以苏秦、张仪都曾先后改变其立场。尽管苏秦、张仪经常为人所并称,但苏秦的故事却颇有疑问。照常理来分析,苏秦既与张仪同时(或稍早),由于他那个时代的第一强国是齐,诸国若欲合纵则所对抗者应为齐而非秦,事实上,以后乐毅将五国联军攻齐时,秦国也曾经出兵参加[钱宾四(穆)先生所持的看法与此类似]。

如果连横是秦国在与齐国争霸时所用的外交战略,则这种战略存在的时间应该很短,换言之,自齐国已经衰颓而秦国又更加强大之后,也就无连横之必要(取而代之的是"远交近攻",详细分析见下文)。反而言之,重要的合纵活动不应在连横之前或同时,而应在其后,即在第三阶段。其理由很简单,必须秦国已经真正强大积极向东侵略时,山东诸国才会感到有合纵的需要。由于秦国的攻击矛头首先指向赵国,以后又转向魏国(及韩国),当时的魏公子无忌(信陵君)很有能力,所以合纵的工作似乎是由他来主持。他曾两度率领联军击退秦军。

概括言之,合纵连横的思想和活动,其存在应无疑问(并非伪造),但其实际重要性却远不如某些古书中所说的那样巨大。连横只能算是一种过渡政策,而合纵则因为受到许多先天的限制,事实上很难成功。这些限制可以略举如下:(1)山东诸国之间彼此都有世仇宿怨,而且也时常有利害冲突;(2)地理环境不一样,对于秦国威胁的感受程度也不相同;(3)同盟缺乏中心领导力量,虽然也有所谓"纵约长",但有名无实,各国力量大致相若,不愿接受他国的领导;(4)组织非常松懈,缺乏常设机构,对于会员的权利义务都无明文规定,而且随时都可退出,对于违约行动也无强制的处罚。

远交近攻

在张仪的时代,秦国虽有其主动的外交战略(连横),但其军事战略却不能与之配合,有时甚至背道而驰。在商鞅变法之前,秦国由于文化水准较低,常为其他国家所轻视,所以强盛之后,为了扬眉吐气遂常向外用兵以显国威。同时,商鞅以奖励军功为主要政策,若不战又何来军功,这也是古今黩武主义所必然面临的问题。从商鞅变法到范雎①谋用之间(前359—前268年)的91年内,秦国一共与魏国交战32次、韩国17次、赵国15次、楚国13次、齐国6次、燕国2次,共计85次,几乎是每年一次,不仅次数频繁,而且目标分散,有时除了炫耀兵威以外,似乎更无其他意义。这样好战不仅浪费国力,而且还可能产生不利的政治反应,加强六国合纵的决心,若套用李德·哈特所常说的话就是:秦国是赢得了战争但可能输掉了和平。

---

① 范雎(?—前255年),字叔,战国时期魏国人,著名政治家、军事谋略家,秦国宰相,因封地在应城,所以又称为"应侯"。

范雎本是魏国中大夫须贾门客,因被怀疑通齐卖魏,差点被魏国相国魏齐鞭笞致死,后在郑安平的帮助下,易名张禄,潜随秦国使者王稽入秦。

范雎见秦昭王之后,提出了远交近攻的策略,抨击穰侯魏冉越过韩国和魏国而进攻齐国的做法。他主张将韩、魏作为秦国兼并的主要目标,同时应与齐国等保持良好关系。范遂被拜为客卿,之后,他又提醒昭王,秦国的王权太弱,需要加强王权。秦昭王遂于前266年废太后,并将国内四大贵族赶出函谷关外,拜范雎为相。

范雎为人睚眦必报,掌权后先羞辱魏使须贾,之后又迫使魏齐自尽。又举荐郑安平出任秦国大将,王稽出任河东守,以报其恩。

前262年,长平之战爆发,两军对垒三年后,范雎以反间计使赵国启用无实战能力的赵括代廉颇为将,使得白起大破赵军。长平战后,范雎妒忌白起的军功,借秦昭王之命迫使白起自杀。

后秦军遭诸侯援军所破,郑安平降赵。前255年,王稽因通敌之罪被诛。范雎因此失去秦昭王的宠信,推举蔡泽代替自己的位置,辞归封地,不久病死。——编者注

第二章　从战略观点看战国时代

自从范雎说服了秦昭襄王采取"远交近攻"的观念之后,秦国才有外交军事整合为一的国家战略,于是其统一大业又迈进一步。范雎提出此种战略观念的近因是反对穰侯①越韩魏而(远)攻齐纲寿②。但难能可贵者是他不仅指出穰侯所谋非计,而更能乘机提出一套有完整体系的新战略构想。他说:"王不如远交而近攻,得寸则王之寸也,得尺则王之尺也,今释此而远攻,不亦缪乎?"于是秦王用其谋,范雎遂代穰侯为相(前266年),负责执行远交近攻的大战略。

在连横时代(即大致相当于第三阶段),秦国的外交和军事战备不仅不能互相配合,而且还有一个极大的弱点,那就是在目标上缺乏合理的选择。在外交方面,秦国几乎是愿与所有其他国家建立双边合作关系;在军事方面,秦国又曾经攻击所有那些国家。所以这种杂乱无章的行动不仅浪费国力而且适足以"借贼兵赍盗

---

①　魏冉,亦作魏厓、魏焻,因食邑在穰,号曰穰侯。战国时秦国大臣。宣太后异父同母的长弟,秦昭襄王之舅。从惠王时起,就任职用事。秦武王23岁因举鼎而死,没有儿子,各兄弟争位。魏冉实力较大,拥立了秦昭王,亦帮秦昭王清除了争位的对手。
之后魏冉凭着他与昭王的特殊关系在秦国独揽大权,一生四任秦相,党羽众多,深受宣太后宠信。
他曾保举白起为将,东向攻城略地,击败"三晋"和强楚,战绩卓著,威震诸侯,"苞河山,围大梁,使诸侯敛手而事秦"。
前288年10月,秦昭王派穰侯魏冉去齐国,约齐湣王与秦昭王同时称帝,秦为西帝,齐为东帝,准备联合五国攻赵,并三分赵国。但秦国这一连横策略没有成功,被苏秦的合纵破坏。
前284年,秦、韩、赵、魏、燕五国,合纵破齐,他假秦国武力专注于攻齐,夺取陶邑,为己加封,扩大自己的势力。由于他权势赫赫,导致人心不附,对秦王政权构成了严重威胁。前266年,被秦王罢免,迁到关外封邑,由范雎代相,最后"身折势夺而以忧死"于陶邑。——编者注
②　纲寿,纲,又作"刚",故刚城在兖州龚丘县界。寿,郓州之县。

粮"①。范雎遂主张坚持"目标"的原则,把敌国分为远近两大类,远者交之而近者攻之,外交与军事的行动配合得丝丝入扣,于是不仅事半功倍,而且动则有成。

王应麟②在《困学纪闻》一书中对于此种战略的成功曾有非常中肯的评论:"六国卒并于秦出于范雎远交近攻之策,取韩魏以执天下之枢。其远交也,二十年不加兵于楚,四十年不加兵于齐。其近攻也,今年伐韩,明年伐魏,更出迭入无宁岁。韩、魏折而入于秦,四国所以相继而亡也。秦取六国,谓之蚕食,盖蚕之食叶自近

---

① 赍盗粮借贼兵,【解释】赍:以物送人;兵:兵器,武器。送给盗贼粮食,借给盗贼武器。比喻帮助敌人或坏人。【出处】战国·赵 荀况《荀子·大略》:"非其人而教之,赍盗粮,借贼兵。"——编者注

② 王应麟(1223—1296年),字伯厚,号深宁居士,进士出身,是南宋著名的学者、教育家、政治家。祖籍河南开封,后迁居庆元府鄞县(今浙江鄞县)人,历事南宋理宗、度宗、恭帝三朝,位至吏部尚书。王应麟博学多才,对经史子集、天文地理都有研究。南宋灭亡以后,他隐居乡里,闭门谢客,著书立说。明代著名诗人、王应麟的同乡黄润玉在《先贤赞》中称颂王应麟:"春秋绝笔,瑞应在麟。宋诈讫录,瑞应在人,尼父泣麟,先生自泣。出匪其时,呼嗟何及。"

王应麟的父亲王㧑是吕祖谦学生楼昉的学生,曾任温州知州。应麟从小受其培养教育,19岁就中进士,21岁在衢州任主簿。他在成为进士后受到程朱学派的王埜和真德秀等人影响,任官同时勤读经史,34岁时因其文章的优昌和学问的广博,考上博学宏词科(在宋代是很少人能够考上的困难科目)后官至礼部尚书。当时宋代外有蒙古入侵,内有权臣丁大全、贾似道等主政,他曾上书论边防和批判当时政治。宋亡后(1276年)在家乡隐居讲述经史二十年。隐居二十载,所有著作,只写甲子不写年号,以示不向元朝称臣。

他一生著作甚丰,有《困学纪闻》《玉海》《诗考》《诗地理考》《汉艺文志考证》《玉堂类稿》《深宁集》《三字经》等六百多卷。

其著作学甚多且学术价值甚高,到清朝时才开始较为人所重视,其中《玉海》为百科全书式的著作,为其准备博学宏词考试时所整理的;《汉制考》为历史著作;《通鉴地理通释》是历史地理学著作。

《困学纪闻》一书博涉经史子集,展示了其精湛的考据学功力,确立了该书在我国古文献学史上的卓越地位,与《容斋随笔》《梦溪笔谈》并称宋代考据笔记三大家。

晚年,他为教育本族子弟读书,编写了一本融会中国文化精粹儿童启蒙读物"三字歌诀"——《三字经》。他是通古博今的大儒,举重若轻的大家手笔写出这部"三字歌诀",当然是非同凡响。千百年来,家喻户晓,这可能是他做梦也想不到的。——编者注

及远。"

从统计数字上更可获明证:自范雎谋用(前268年)到李斯[①]用事(前237年)之间31年内,秦国共对外用兵33次,其中对韩11次、对魏10次、对赵10次、对楚2次,对燕齐则从未用兵。由此可知远交近攻的战略是执行得相当彻底。此处还有一点应补充说明,由于远交,燕齐等国得以苟安,于是在这种情况之下反而鼓励他们互相残杀,燕齐、燕赵、齐赵之间都曾发生过战争,这对于秦国可以算是双重获利:一方面消耗那些国家的国力,另一方面帮助其近攻的成功。

统一的完成

秦国在战略(政策)方面有一别国不可及的最大优点,那就是

---

① 李斯(约前284—前208年),李氏,名斯,字通古。战国末期楚国上蔡(今河南上蔡)人。秦代著名政治家、文学家和书法家。

李斯早年为郡小吏,后从荀子学帝王之术,学成入秦。初被吕不韦任以为郎。后劝说秦王政灭诸侯、成帝业,被任为长史。秦王采纳其计谋,遣谋士持金玉游说关东六国,离间各国君臣,后又任其为客卿。据《史记·李斯列传》记载,秦王政十年(前237年),韩国派水工郑国游说秦王嬴政,倡言凿渠溉田,企图耗费秦国人力而不能攻韩,以实施"疲秦计划"。事被发觉,秦王嬴政听信宗室大臣的进言,认为来秦的客卿大抵都想游间于秦,下令驱逐客卿。李斯也在被驱逐之列,尽管惶恐不安,但他在临行前主动上书劝说秦王不要逐客,被秦王所采纳,不久官为廷尉。在秦王嬴政灭六国的过程中起了较大作用。

秦统一天下后,李斯与王绾、冯劫议定尊秦王政为皇帝,并制定有关的礼仪制度。被任为丞相。他建议拆除郡县城墙,销毁民间的兵器;反对分封制,坚持郡县制;又主张焚烧民间收藏的《诗》《书》等百家语,禁止私学,以加强中央集权的统治。参与制定了法律,统一车轨、文字、度量衡制度。李斯的政治主张的实施对中国和世界产生了深远的影响,奠定了中国两千多年政治制度的基本格局。

秦始皇死后,李斯与赵高合谋,伪造遗诏,迫使皇长子扶苏自杀,立少子胡亥为二世皇帝。后为赵高所忌,于秦二世二年(前208年)被腰斩于咸阳闹市,并被夷灭三族。——编者注

持续性和一贯性。从商鞅、张仪、范雎,直到李斯,都可以发现他们的思想和行动大致都是指向同一目标。当然他们是代表不同的阶段,在实际战略行动上自应有所不同,但这并不影响其思想的一致。李斯是替秦国完成统一大业的最后一位"客卿",到他那个时代,秦已占有绝对优势,成功已不成问题,问题不过是如何加速努力而已。李斯注意到六国内部的腐化情况,所以他主张采取一种内外夹攻的战略来加速敌人的崩溃,这也正是博弗尔(André Beaufre)所提倡的"内部动作"(interior manoeuvre)与"外部动作"(exterior manoeuvre)交相为用的道理。

李斯主张:"阴遣谋士赍持金玉以游说诸侯。诸侯名士可下以财者,厚遗结之;不肯者,利剑刺之。离其君臣之计,乃使良将随其后。"尉缭[①]所说的话则更为露骨:"愿大王毋爱财物,赂其豪臣,以

---

① 尉缭,著名军事家,生卒年不详,战国兵家人物。魏国大梁(今河南开封)人。原姓魏,名缭,秦王政十年(前237年)入秦游说,被任为国尉,改称尉缭。所著《尉缭子》一书,在古代就被列入军事学名著,受到历代兵家推崇,与《孙子》《吴子》《司马法》等在宋代并称为《武经七书》。

尉缭是秦王政十年(前237年)来到秦国的,此时秦王政已亲秉朝纲,国内形势稳定,秦王正准备全力以赴开展对东方六国的最后一击。但是,当时秦国有一个非常严峻的问题,就是战将如云,猛将成群,而真正谙熟军事理论的军事家却没有。靠谁去指挥这些只善拼杀的战将? 如何在战略上把握全局、制订出整体的进攻计划些? 这是秦王非常关心的问题。

尉缭一到秦国,就向秦王献上一计,他说:"以秦国的强大,诸侯好比是郡县之君,我所担心的就是诸侯'合纵',他们联合起来出其不意,这就是智伯(春秋晋国的权臣,后被韩、赵、魏三家大夫攻灭)、夫差(春秋末吴王,后为越王勾践所杀)、闵王(战国齐王,后因燕、赵、魏、秦等联合破齐而亡)之所以灭亡的原因。希望大王不要爱惜财物,用它们去贿赂各国的权臣,以扰乱他们的谋略,这样不过损失三十万金,而诸侯可以尽数消灭了。"一番话正好说到秦最担心的问题上,秦王觉得此人不一般,正是自己千方百计寻求的人,于是对他言听计从。不仅如此,为了显示恩宠,秦王还让尉缭享受同自己一样的衣服饮食,每次见到他,总是表现得很谦卑。

相传尉缭懂得面相占卜,在被秦王赏识之初曾经认定秦王的面相刚烈,有求于人时可以虚心诚恳,一旦被冒犯时却会变得极之残暴,对敌人毫不手软。他认为这样的秦王欠缺照顾天下百姓的仁德之心,多次尝试逃离秦王为他安排的住处。　　(转下页)

第二章 从战略观点看战国时代

乱其谋。不过亡三十万金,则诸侯可尽。"总而言之,就是使用威胁、利诱、收买、离间、暗杀等不光明的手段来"软化"敌人和配合军事攻击。

秦国使用这种手段又非始于李斯,他不过是更较积极而已。从历史记录上来看,秦国至少在这一方面曾获三次成功。(1) 在长平之战以前,赵军本由老将廉颇指挥,秦国在赵国散布谣言,说秦国害怕的是赵奢之子赵括(青年才俊),于是赵王为这种心理攻势所惑,用赵括代廉颇(他遂前往楚国),终于造成长平的悲剧。(2) 在邯郸解围之后,六国中惟一能对抗强秦的人才就是魏国的信陵君,于是秦国又设法离间魏王和信陵君的关系(本为兄弟),散布谣言说他想取而代之。于是信陵君遂以醇酒妇人自毁,从此再也无人能率五国兵击退秦军了。(3) 在始皇时代惟一尚能抵抗秦军的人是赵将李牧,于是秦又用反间计使赵杀李牧(前229年),自坏其长城。

在此种硬软兼施、内外夹攻之下,六国遂迅速崩溃:秦国首先灭韩(前230年),其次灭魏(前225年),然后灭楚(前223年),再于次年(前222年)灭赵燕两国,最后(前221年)灭齐完成统一。其顺序是先从中央突破,再向右(南),然后再向左(北)巩固两翼,再从南北两面向中央(东)包围而完成最后一击。此种战略计划的

(接上页)尉缭对当时战争总的看法是:存在着两种不同性质的战争,反对杀人越货的非正义战争,支持"诛暴乱、禁不义"的正义战争。明确指出:"凡兵,不攻无过之城,不杀无罪之人。夫杀人之父兄,利人之货财,臣妾人之子女,此皆盗也。"

关于进行战争的战略战术,尉缭强调对战争要有全面的认识,指出有道、威胜、力胜等三种不同而又相互联系的取胜策略。认为懂得了这三种所以取胜的办法,就全面地掌握了战争的主动权。

他为秦王嬴政统一六国立下汗马功劳,主张"并兼广大,以一其制度"。——编者注

宏伟气度和周密安排，真可谓历史上的杰作。

结　　论

基于以上的简略分析，从战略家的观点来看，战国时代的历史至少可以提供下列五点教训：

第一，好的战略并不一定能保证成功，但坏的战略却几乎必然导致失败。因为世事都具有相对性，而尤以战争为然。观乎魏齐争霸不成的事实即可明了。魏企图首先统一三晋，在构想上无可厚非，但忽视与齐国的外交关系实乃不可恕之大错。齐在与秦争霸之同时，分兵侵略燕宋，终于自蹈覆亡而使秦人坐收渔人之利，均可为殷鉴。是以当国者对于战略必须作慎重的选择。

第二，成大业必须有充分时间，秦国长期斗争战略的成功可为明证。孔子说"毋欲速毋见小利"，这对于战略家实为最宝贵的箴言。在长期斗争中最重要的一点就是国家战略必须能维持其连续性和一贯性。一切政策（战略）的执行必须贯彻始终，不可虎头蛇尾、见异思迁。

第三，人才是一切战略成功的关键。秦国本身人才很少，但能信用客卿，中原诸国有人才而不能用，听任其外流，这种对比很令人感慨。当然，古今情势不尽相同，但就原则而言大致还是一样。晏子曾经告诉齐景公说："国有三不祥：有贤而不知，一不祥；知而不用，二不祥；用而不任，三不祥。"秦国政府知人善任是成功的最大原因。

第四，国家内部的团结安定实为立国的基础，也许可以说外患并不足惧，而内忧则为心腹之患。杜牧曾经说过，"灭六国者六国也,非秦也"。一般说来,六国的内部情况均远不如秦国那样安定团结,所以才给秦国以活动的余地。

第五,同盟战略有其内在弱点,实乃古今一理,值得警惕。从数量来说,六国加在一起实远占优势。"以天下之地图案"之,诸侯之地五倍于秦,料度诸侯之卒十倍于秦(见《史记》)。所以若真能合纵则抗秦应无问题。所以孙子说:"夫霸王之兵,伐大国,则其众不得聚;威加于敌,则其交不得合。是故不争天下之交,不养天下之权,信己之私,威加于敌,故其城可拔,其国可隳。"国无分大小强弱,必须"信己之私"而不可妄想依赖同盟以保生存。

第三章
楚汉相争的战略分析

引言　　　明修栈道
秦之灭亡　彭城之战
刘邦入关　荥阳相持
汉初三杰　最后阶段
还定三秦

引　言

　　研究战略必读历史,诚如克劳塞维茨所云:"战争史不是一本模范书,但能扩大学者的眼界和增强其判断能力。"换言之,历史给我们的不是知识而是智慧。从这个观点来看,即令是很古老的历史,对于我们当前的问题研究也还是能够有很大的贡献。我国历史长达五千年之久,其中充满了智慧,对于研究战略的学者来说,真大有取之不尽、用之不竭之感。值得研究的史实和可以吸取的教训不胜枚举,只看你自己会不会用心而已。诚然,古代历史也许记载比较简略,有时不免会有矛盾和错误,但对于战略的研究并无太大的妨碍;尤其我们所重视的是总体而非细节,所以更是如此。

　　从战略研究的观点来看,我国历史上有两个阶段可以算是"黄金时代",也就是在这两个时代中战略家可谓人才辈出,有极杰出的表现,不仅值得欣赏,而且也可供式法。这两个时代是:(1)秦楚之际;(2)三国初期。它们之间又有一个显著差异:前者是人才集中,所以终于形成统一之局;后者是人才分散,所以结果遂为三国鼎立。本章拟就总体战略的观点来分析楚汉相争的经过,并替"为什么刘邦能击败项羽?"这个问题提供答案。作者不是史学家,也无意做考据的工作,只是想利用这一段故事来作为战略研究的例证而已。

秦 之 灭 亡

所谓"秦楚之际",照太史公的解释就是从秦之灭亡到汉之统一之间的阶段。秦的灭亡为公元前207年。楚汉元年是公元前206年,垓下之战在楚汉五年(前202年),到此这个阶段即告结束。在谈到楚汉相争的经过之前,应先说明此种局势形成的原因,因此必须从秦之灭亡说起。

秦始皇在二十六年(前221年)统一天下,他立即采取各种措施来巩固其大帝国的统治,但是统治远比征服困难。尤其是古代,由于交通工具的缺乏,要想有效地统治一个大帝国更是非常不易,往往是离心力大于向心力,只要中央政权一减弱,分裂之势马上就会形成。秦始皇死于三十七年(前210年),一共只有10年的时间供他使用,所以不管他有如何的雄才大略,在其有生之年,还是不能完成安内攘外的伟业。他死之后,由李斯、赵高拥立其12岁的次子胡亥为二世皇帝,很显然是不足以继续控制局势,于是革命的时机遂开始出现,只等有人来点火即可燎原。

几乎已成历史的通例,最初点燃革命火种的人往往是小人物,而其行动往往出于偶然,陈胜、吴广不过是一个例子而已。秦二世元年(前209年),一群被征发戍边的壮丁大约900人,行宿在靳县(今安徽宿州)大泽乡,由于天下雨路不通而误期,照秦朝的法律都要被斩首,于是在陈胜、吴广(他们的屯长)领导之下,死里求生而发动叛变。这可以说是一个纯粹的偶然事件,但是革命之火一触即发,蔓延得极快。许多地区都分别发生抗秦复国运动。这些领导革命的初期人物,背景非常复杂,但他们有一共同目标,那就是推翻暴秦的统治。

在革命军中有一支比较坚强的部队,那就是由项氏领导的楚军。项家在楚国是一个军人世家(项氏世代为楚将),陈胜起事时曾以楚将项燕为号召,可以证明项家有相当的威望和势力。项梁是项燕之弟,项羽(藉)是项燕之子,他们叔侄率领的八千子弟兵似乎可以算是一支劲旅。项梁颇有领袖之才,项羽虽然是大少爷出身,但才气纵横,天赋很高,尤其是武艺超群。在这里要特别说明一点:在古代的会战中,主将的武艺和勇气是一个极端重要的因素,项羽之所以能七十二战,战无不胜,这是主要原因。不过他的大少爷气质是一个很大的弱点,也构成其失败的主因。

另外还有一支较小型的兵力也很特殊,那就是刘邦的部队,他所率领的也是子弟兵,因刘邦来自沛县所以自称沛公。他的特点是一起兵就有很好的助手。萧何、曹参、樊哙是最初追随他的人,不久又获得张良的协助。张良是韩国的世族,社会地位很高,但他对刘邦不仅效忠而且佩服,**他和其他的人讨论战略,那些人都不懂,只有刘邦一听就懂,非常投机,所以他说"沛公殆天授"**。刘邦是真正的平民出身,不受传统贵族思想的影响,这也是他的特长之一。

秦二世二年(前208年),秦将章邯先后击败了陈胜、吴广以及齐魏两国的兵力,但遭遇到从南方北伐的楚军后却三战三败,这足以证明楚军实力的坚强,与其他乌合之众大不相同。但当项梁进围定陶时,因骄轻敌,遂为章邯所袭杀,秦军势力复盛。章邯以楚不足虑,乃还军击赵,围张耳与赵王歇于巨鹿,这样就导致了项羽所指挥的第一次大会战,即所谓"巨鹿之战"。

在此以前,项梁因听从范增之计,立楚怀王孙心为王,也号称楚怀王(换言之,祖孙用同一王号),以此作为一种政治号召。因为项氏世代为楚将,采取这种措施也是非常自然。过去有人批评作为政治号召,似乎应立周室之后才对,这种说法是完全不明历史,因为到战国时,楚早已成为独立国家,楚人根本不承认周室主权。以后,诸侯又奉楚怀王为共主,不过事实上,军权还是抓在项梁手中,前者不过是一个傀儡而已。等到项梁败死,楚怀王遂想乘机掌握实权,于是派了一位文人战略家宋义为上将军,并赐以尊号叫做"卿子冠军",去北上救赵,项羽继续统率的项梁旧部也都由他指挥,此外又派刘邦西略秦地以为呼应。为了激励士气,又约定诸将有先入关中者即为关中王(先入关者王之)。

不幸宋义只是徒负虚名,他到了安阳就踌躇不进,天天置酒高会达46日之久。于是项羽一怒之下,遂杀宋义夺其军。此时项羽表现出惊人的神勇,命令部队破釜沉舟,有进无退。楚军莫不以一当十,大败秦军。巨鹿一战奠定了项羽作为"西楚霸王"的心理基础。**但是,这一战虽为战术上的杰作,却未能发挥战略上的作用**。项羽在战胜后,不迅速进入关中,却花了6个月的时间去围困章邯于棘原以迫使其投降,结果遂坐令刘邦首先进入关中,并在公元前207年冬10月接受秦王子婴的投降。秦帝国正式灭亡,接着就展开楚汉相争的序幕。

刘 邦 入 关

刘邦能够赶在项羽的前面首先进入关中,对于楚汉相争的成败是一个关键性的因素。假使不是如此,则结果如何就很难断言。当项羽降章邯之后,始知刘邦已用张良之谋,从武关攻入关中,并已在蓝田与秦军交战。同时赵高也已杀秦二世,另立孺子婴(也是始皇之子)为王,并取消帝号,正式向起义军求和。项羽以为刘邦兵不满万,必不能攻入咸阳,必须等他的大军来到,始能完成亡秦大功。所以他还是一点都不紧张,不料天下事往往出人意料,秦王子婴突然杀了赵高并向刘邦投降。

刘邦兵不血刃地进入咸阳,见宫室之美便很想留居下来大大地享受一番。幸有张良和樊哙力谏,他才封存秦重宝财物府库,退出咸阳,还军灞上以等待诸侯联军的到达。萧何则乘机先收秦丞相府的各种资料,这一行动对于尔后的战争有非常重大的关系。萧何因此而掌握全国各地地略形势、户口和物资数量等资料,于是也就能够有效地动员各种资源以支援消耗战,遂使汉军终能愈战愈强而获得最后胜利。

刘邦还立即采取措施来争取人心。他人关之后就公开宣布:"父老苦秦苛法久矣……吾与诸侯约,先入关者王之,吾当王关中。与父老约法三章耳:杀人者死,伤人及盗抵罪……吾所以来为父兄除害,非有所侵暴,无恐。且吾所以还军灞上,待诸侯至而定约束耳。"他又使人与秦吏到各县邑安抚人民,于是秦民大悦。

这一文告措辞非常得体,可以当作政治战的范例。其重点有三:(1)说明他是预定的关中王,并向人民宣布其合法地位;(2)尊重人民的愿望,因为父老苦秦苛法久矣,所以他将采取最简单的统治方式;(3)说明他还军灞上的理由,并声明无所侵暴,以表示其清白。换言之,透过这一文告,刘邦也就与关中人民建立了一种合法的统治关系,这对以后战争的发展具有相当大的影响。刘邦之所以能如此从容部署,全出于项羽之所赐,假使项羽在巨鹿之战以后,即迅速挥军西进,则刘邦根本不可能有"吾当王关中"的机会。

当项羽将王诸侯兵力西入关中时,以秦降卒众多恐其为变,乃密令诸军在新安夜袭秦降卒营,坑其众20万人,只留下秦降将章邯、司马欣、董翳三人。大军进入函谷关之后就驻在鸿门,与刘邦军相隔40里。接着就是"鸿门宴"这一段高度戏剧化的插曲。因为张良与项氏家族有深厚关系(尤其与项伯关系密切),同时对于项羽的心理有微妙的了解,所以才能化险为夷,平安渡过这次危机。

项羽完全是以征服者的姿态进入咸阳,与刘邦的解放者姿态恰好成一强烈对比,所以在人民的眼中也就产生了非常恶劣的印象。他屠杀无辜的人民,杀秦降王子婴,烧阿房宫,火三月不熄,他还将所有的宝货宫女都收为己有。接着他又故意违背楚怀王的约言,把关中之地分给三降将——雍王章邯、塞王司马欣、翟王董翳,这也就是所谓"三秦"——而把汉中之地分配给刘邦,称其为汉王,并且勉强地解释汉中也是关中的一部分。同时又大封天下诸侯,但这种分配也有欠公平,与他有关系的人都分得较好的地区,而那些六国旧部则只分得较差的地区。项羽本人自称西楚霸王,占据一块相当大的地盘,以彭城(徐州)为都,并尊楚怀王为义帝但又把他徙置江南(最后还是把他杀掉)。

从上述的事实看来,项羽几乎完全不懂战略,他的行为无一不违反战略的原则。他给人的印象是一位完全不讲理的大少爷,一切都照自己的好恶来安排而不考虑后果。所以,大封诸侯的结果是天怒人怨,许多人都感到不满意,只是慑于他的淫威而不敢表示反对,只要一有机会马上就会群起而攻之。项羽对于政治更是完全外行,他对于秦朝遗留下来的帝国应如何统治,不但没有计划,而且也根本没有考虑。**他的头脑还是停留在战国时代,他只想恢复过去的旧观,而不知时代已经改变。**

汉初三杰

所谓"汉初三杰"就是萧何、张良、韩信。尽管帮助汉高祖得天下的功臣人数很多,但这三人却是最杰出的。诚如刘邦本人所作的评判:"**夫运筹帷幄之中,决胜千里之外,吾不如子房;镇国家,抚百姓,给饷馈,不绝粮道,吾不如萧何;连百万之众,战必胜,攻必取,吾不如韩信。三人皆人杰,吾能用之,此吾所以取天下者也。**"

《史记》说萧何是"刀笔之吏"出身,碌碌无奇似乎是一个很平凡的人,实际上,他是大智若愚。这个人有高度的智慧和远见,而且论功行赏他也应居第一位。萧何一入关就去搜集秦政府的一切统计资料(已见前述),在当时可算是代表超人的智慧,同时也奠定了最后胜利的基础。

当项羽决定把汉中分配给刘邦时,因为汉中是放逐罪囚的恶地,所以刘邦抑制不住怒火,要与项羽一拼生死。萧何却能保持冷静,极力劝阻。他说:"虽王汉中恶地,不犹愈于死乎?今众(数量)弗如,百战百败,不死何为?……且汉中古称天汉,周所兴也。愿大王王汉中,养其民以致贤人,收用巴蜀,还定三秦,天下可图也。"刘邦遂终于恢复理智,接受汉王的封号,同意前往汉中。

上面这段话具有非常重要的战略含义,现在就略加分析如下。(1)国家大事必须诉之于理智而绝不可诉之于感情。尤其是在劣势之下,绝对不可轻举妄动。孙子的明训"主不可以怒而兴师,将不可愠而致战"是永远正确的。(2) 战略的考虑应该是纯理智的,但人却是感情的动物,即令是最理智的人有时也会感情冲动,尤其是所谓"当局者迷",因此就必须依赖"旁观者清"。**刘邦的最大长处就是他的心灵极有弹性,能够察纳雅言而不固执己见**。(3) 退守汉中并非消极无为,萧何这样简单的几句话已经把所应采取的步骤完全勾画出来,即首先利用汉中的资源尤其是要网罗人才,其次利用巴蜀的资源以扩大权力基础,最后还定三秦以争天下。这种大计划的确曾付诸实行,而主持其事的人也就是萧何。

其次就要谈到张良。这个人的确有一点神秘,他是韩国的贵族,与项家有深厚的友谊,但却效忠刘邦。反而言之,刘邦对他也极为尊敬,只要看上面引述的那一段话,就可以知道刘邦做了皇帝之后还很客气地称他为"子房",而不像对萧何、韩信那样直呼其名。另一方面,项羽对他所说的话似乎也非常相信(其事见后),尤其是他往来于汉楚之间非常自由,好像闲云野鹤一样,真令人有莫测高深之感。

秦二世二年六月,项梁立韩成为韩王①,以张良为司徒(内政部长),但张良却一直以这个身份追随刘邦,所以也就始终居于客卿的地位。楚汉元年(前206年)四月刘邦前往汉中就职,张良也随行。张良同时建议在进入汉中之后即烧绝栈道以示无东还之意。本来项羽还不太放心,曾使卒3万从之(即派了这样大的兵力监视刘邦的撤退),现在便解除疑虑而开始疏于防范。

---

① 韩成(? —前206年),韩国宗室。秦朝末年,汉高祖刘邦占据沛县起义,韩成在去投靠项梁途中,遇到张良,他们一起去投靠项梁。后来,五世相韩的张良,请求项梁立一位韩国宗室后裔,令韩国复国,选韩成为王,都阳翟。前206年正月,项羽分封诸侯,仍把韩成封为韩王,仍都阳翟。前206年7月,项羽因张良跟随刘邦,将韩成斩首,改立大夫郑昌为韩王。——编者注

张良到汉中之后,又辞别刘邦返回到韩国。此处必须说明,项梁虽立韩成为韩王,但项羽却始终把他羁留在彭城不让他就职。因此张良归韩实际上是前往彭城并留在那里(也许韩国还有一个流亡政府,不过韩成最终还是被项羽所杀,张良可能因此才与项氏完全绝交)。张良的归韩对于刘邦而言无异于是派遣一位极有地位而智慧又最高的内线驻在敌人的统帅部中。这真是完全符合孙子所说的"**以上智为间**"的原则。张良初抵彭城即说项羽"汉王烧绝栈道,无还心矣",因为此话出于张良之口,也就使项羽深信不疑(关于张良的故事暂时说到这里为止,以后还要再提到他)。

三杰中的最后一位是韩信,其出身与际遇又完全不同。他可能也是贵族世家(漂母曾称他为王孙),但早已降为平民。他最初加入项梁的部队,以后在项羽军中当一名中级军官(郎中),数进奇策而羽不听,遂转投刘邦并随赴汉中。因偶然的机会得与萧何谈话,结果萧何大为赏识,称许他是"国士无双"。

萧何向刘邦推荐,但刘邦并未接纳(可能是因为初到汉中,一切都乱糟糟的,无暇考虑及此),于是韩信决定离开汉中另谋出路。萧何知道之后立即亲自去追赶,终于把韩信留住,这就是评剧中"萧何月下追韩信"的本事。因萧何追韩信时来不及报告汉王,于是有人去告诉刘邦说萧何逃走了,后者大惊如失左右手。一两天后萧何回谒汉王言往追信。汉王骂曰:"诸将逃者以十数,公无所追,独追韩信,诈也。"萧何回答说:"诸将易得耳,韩信国士无双。必欲长王汉中,无所事信,必欲争天下,非信无所与计者,顾王策安决耳?王计必欲东,能用信,信即留,不能用,信终逃去耳。"刘邦说:"吾为公以为将。"萧何说:"虽为将,信必不留。"刘邦说:"以为大将。"萧何说:"幸甚!"接着,他又要求设坛拜将以示郑重并增强韩信的威望,刘邦都同意照办。于是"胯下王孙"才一跃而为汉军的总司令。

上面这段故事假使不是历史上有记载则我们简直不敢相信它是真的。萧何推荐韩信要比鲍叔推荐管仲、罗恩推荐俾斯麦更为难能可贵。因为鲍叔与管仲、罗恩与俾斯麦都是旧交,相知已深,**而萧何与韩信不过是萍水相逢,仅凭一次接触就断定其国士无双,而敢于负责推荐他担负如此重大的任务,足以证明萧何的胆识真是古今独步。同样地,刘邦的度量也是人不可及,他仅由于萧何的坚持就决定用韩信为大将,而他本人甚至还未与韩信交谈,这种魄力也是少见的**。这些故事都有传奇的味道,但历史却的确如此,**历史上有许多事情似乎都是出于偶然,而且很难解释,甚至只好归之于天意**。

韩信出任大将之后,第一项工作就是要对当前的情况作一个全面的评估,这是他上台后的第一炮,他能否真正获得刘邦的信任也在此一举。他这篇文章做得相当精彩,可以供后世参谋总长当作范例。他首先向刘邦提出一个问题,要他自己说他与项羽比较谁的本领高强。刘邦感到很狼狈,默然良久才回答说:"不如也。"韩信这一着非常重要,他首先要破除刘邦的心理障碍,使他能接受真正客观的分析。韩信对于刘邦的回答非常满意,遂拜贺曰"惟信亦以为大王不如也",这完成了"知己"的方面,现在就要进到"知彼"的部分。

韩信首先根据他个人的观察(臣尝事之),指出项羽在性格上的两大弱点:(1)匹夫之勇;(2)妇人之仁。他虽然勇敌千人但不能任属贤将;他虽然恭敬慈爱,但对有功者不肯给予适当的奖赏。

这的确是项羽的致命伤。其次他又列举项羽在政策上的错误：(1) 不居关中而都彭城；(2) 不尊重义帝；(3) 对于诸侯封地分配不公平；(4) 所过无不残灭，天下多怨。根据以上的分析，韩信遂作结论说："其强易弱。"

现在就要进一步，提出我方的战略构想。韩信首先说明总原则，即"反其道"而行，然后再大概分为三点：(1) 任天下武勇，何所不诛？(2) 以天下城邑封天下功臣，何所不服？(3) 以义兵从东归之士，何所不散？换言之，就是多方面利用政治、经济、心理因素来瓦解楚军使其自动崩溃。

以上所云是大战略也是远程计划，紧接着韩信遂更进一步说到近期计划，也就是"还定三秦"的作战，来作为其评估的总结。他肯定地指出对汉王有利的因素：(1) 三秦王都是秦将，秦人子弟牺牲惨重（尤其在安阳被坑杀 20 万人），所以父老对他们恨入骨髓；(2) 汉王入关时所采取的措施与项羽形成强烈对比，而且其应王关中又有合法的根据，所以人民都希望他回去。根据这两点来判断，韩信遂认为"今大王举兵而东，三秦可传檄而定"。

刘邦有了韩信如虎添翼，于是他开始积极准备发动还定三秦的作战，根据历史的评述，我们至少可以认清一点，就是"知"的重要，孙子在其书中对此曾一再强调。为什么会成功，主因是知；为什么会失败，主因是无知。汉初三杰的最大贡献都可以用一个"知"字来说明。萧何抢到了秦朝的全部资料，所以能知天下事；他推荐韩信，更表示有知人之明。张良与韩信都是"知敌之情者"，尤其是他们对项羽的个性有深切的了解。孙子说："知彼知己，胜乃不殆；知天知地，胜乃可全。"萧何、张良、韩信三个人加在一起，使刘邦方面几乎达到这样的标准。

还 定 三 秦

楚汉元年(前206年)二月,项羽自立为西楚霸王并同时大封天下诸侯,建立亡秦之后的第一轮国际秩序。刘邦被封为汉王,以汉中为其领土,而照法理说应属于他的关中却分给三位秦降将,即雍王章邯,都废丘(今兴平市),塞王司马欣,都栎阳(今临潼区东北),翟王董翳,都高奴(今延安市),他们合称为关中三王,其领土也总称为三秦。汉王都南郑,其辖区从汉中到巴蜀(四川),但实际上,后者还只是一个半开发的地区,所以其权力中心是在汉中,换言之,也是在陕西省内,与三秦(关中)之间隔着渭河与秦岭。秦岭是一道绵长而险峻的山脉,形成双方之间的一道主要障碍物。

四月间,诸侯都分途赴国,项羽本人也东归彭城(徐州),刘邦接受萧何的忠告,忍忿启程前往汉中,但心里却早已立下待机还定三秦、再出关与项羽争天下的决心。不过,以全盘形势而论,楚强汉弱实乃不争之事实,如何能转弱为强,并最终能获得胜利,则主要是有赖于战略的运用。所以,刘邦以后亲口向项羽所说的话,"吾宁斗智不斗力",也正是这场战争中决定胜负的总关键。概括地说,刘邦之所以终能击败项羽,那完全是战略的胜利(本章对于"战略"采取广义的解释并非仅限于作战)。

刘邦进入汉中之初,就采取了两项措施:(1)烧绝栈道以示无东还之意;(2)送张良归韩,实际上是前往项羽的都城(彭城)。这两项措施都是战略运用,是属于心理战和政治战的范畴,主要目的是要使项羽相信刘邦对于他的霸权已经不再构成威胁,至少在可以想见的将来是如此。张良与项家有很深厚的世交,尤其是项羽对他很信服,他一到彭城就对项羽说:"汉王烧绝栈道,无还心矣。"由此即可明了这两项措施的配合及其效果。

刘邦到汉中之后,最大的一项收获就是获得韩信这样的将才。韩信在作战战略方面真可以说是旷代奇才,和古今中外任何名将相比都绝不逊色。他的作战与李德·哈特所说的"间接路线"是若合符节,汉高祖之所以能得天下,韩信之功不亚于萧何和张良,后人称之为"汉初三杰"是一点没有过誉。(本章分析以大战略为主,对于作战细节不拟详述,下章再专论韩信的作战战略。我国古代史书对于战争的作战方面记载每嫌简略,但太史公对于韩信却似乎是一个例外。仅凭《史记》的记载,我们还是可以领略到淮阴侯的将道精华。)

在萧何与韩信的辅佐之下,刘邦在汉中积极准备发动还定三秦的作战,到八月间就开始出兵;假定他是四月才到汉中,其间相隔不过四五个月,其行动真可以说是相当迅速。当时,汉王所采取的部署大致有如下述:

1. 丞相萧何留守汉中,镇抚百姓,并收巴蜀租税,以供军食。这项工作非常重要,若无萧何这样经国之才,则刘邦绝对不可能劳师伐远。后方的安定和持续的补给为长期消耗战中制胜的主要因素。

2. 将军曹参,率郎中樊哙等为前锋,兵力约数万人。精确数字不可考,但可能为 3 万人左右,其中一部分应为骑兵,而樊哙则为汉军中的勇将。

3. 大将韩信,率将军周勃、太仆夏侯婴、中谒者灌婴、右骑将傅宽、骑都尉靳歙等,统兵约 10 万,为本队。汉王在本队与韩信同行。

从以上的记载看来，可以知道古今用兵之道是大致相似，同时也知道刘邦的兵力是相当有限，总数可能不超过 15 万人，如果不是依赖卓越的战略，实在很难有获胜的机会。

明 修 栈 道

还定三秦的作战是以传统的"明修栈道，暗度陈仓"为起点。这两句成语几乎是人尽皆知，甚至有时也被引喻失义。但历史上并无"明修栈道"的记载，所以最多只能说是想当然耳。当时所谓"栈道"共有三条，都是由汉中越过秦岭而达渭河河谷的险路，其中有些部分是利用木材搭成的陆桥，那也就是可以烧绝（断）的部分。从东向西数，这三条栈道分别是"子午道"、"傥骆道"和"褒斜道"，都是根据所通过的山谷而定名，即为子午谷、骆谷和斜谷。刘邦进入汉中时所采取的路线是第一条，这条栈道已被烧断。张良返韩时所走的是第三条，也已被他烧断。留下的第二条（傥骆道）可能是最难走的一条，因为骆谷长 420 里，比那两个谷都短，但其中"路屈曲八十里，九十四盘"。因此，对大部队的行军似乎是不适用。

基于以上的分析，可以知道照常理来判断，汉军若欲进入关中，势必要先行修复栈道。但修复栈道的工程相当巨大，需要相当时间而且也无法隐瞒。换言之，这会给敌人以警告。因此，韩信既然想要采取奇袭的手段，则他似乎不必去"打草惊蛇"，就这种观点来看，"明修栈道"可能仅为一种传说，历史没有记载可以作为证明。

但也可以从另外一种观点来分析。10 余万大军的行动可能根本无法完全保密，所以韩信不可能期望敌人会受到完全的奇袭，因此他才会用"明修栈道"为手段来欺骗敌人,使他们产生两种错觉:(1)以为修复栈道的工程需要相当时间,所以在心理上也就不感到紧张,而不积极迅速地采取防御措施;(2)相信汉军会从某一栈道中突出,于是把注意力集中在这一点上,因而忽视汉军的真正进攻方向。(假使真正有明修栈道的事实,我们还是不知道所修的是哪一条,照理来判断,应该是"子午道",因为这条和汉军所取的进路距离最远。)

假使事实的确如此,则"明修栈道"也就完全符合孙子所说"近而示之远,远而示之近"的原则。不过史无记载,所以我们还是不敢断言其真。尤其是太史公对韩信的故事记载得很详细,为什么会遗漏这样重大的关键问题,便似乎很难解释。

不管有无"明修栈道",但"暗度陈仓"却是有历史记载的事实。汉军进入关中时所采取的是一条大迂回路线:先从南郑向西走,一直进入现在的甘肃境内,达到白水,然后折向东北,出大散关,在陈仓(今宝鸡县)附近渡过渭水而进袭雍城(今凤翔县南)。雍城为关中西部最重要的战略据点,若汉军攻占此城,则咸阳也就唾手可得。汉军系秘密兼程前进,暗度陈仓之后,突然出现于雍城附近。(这里所谓的"暗"不一定是在黑夜而只是乘敌不备之意。)这一着完全出乎章邯(雍王)意料,他仓皇领兵迎击,被汉军迅速击败,结果自动放弃雍城而退守废丘。

在此后一个月之内,汉军扫荡关中,势如破竹,关中三秦先后被各个击破,塞王和翟王投降,而被围在废丘的章邯虽然苦撑了较长久的时间最后仍被消灭。整个关中遂落入刘邦的手中,并与汉中巴蜀连成一体,在萧何的治理下,变成了一个强大而稳固的权力基础,足以支持刘邦去安心地进行中原争夺战。

刘邦在项羽大军离开关中返回彭城之后,即乘关中三王基础未固、民心不附之际,立即反攻,并善用欺敌之计,充分发挥奇袭效果,其成功实乃理所当然。不过,汉之大敌还是楚,若当汉军进取三秦之际,楚军即迅速赴援,则胜负之数也就很难断言。甚至在三秦抵定之后,项羽若亲率大军来攻,则刘邦也未必抵挡得住。所以项羽的反应迟缓实为坐令刘邦成功的最大原因。

彭 城 之 战

项羽为什么会坐视刘邦还定三秦呢?这是由于其受到东面情况发展的影响。自田荣重建齐国之后,其声势相当浩大,开始准备反楚。楚汉元年八月间,田荣首先发动战争,时间比刘邦开始进攻关中还较早一点。项羽因为已受张良的影响,此时还无忧汉之心,就立即发兵击齐。他是一个性情易于冲动的人,一作决定马上就要动手而不再思考。等到刘邦已经袭取三秦,张良又遗书(写信)项羽曰:"汉王失职,欲得关中,如约即止,不敢复东。"项羽此时还是相信张良的话,遂决心仍继续进攻齐国而置真正大敌刘邦于不顾。这真是一个致命的决定,在东西两面战火初燃时,项羽是居于内线作战的地位,他的兵力可西可东。假使他决定先行解决野心最大、心计极深的刘邦,则历史可能就要改写。

当项羽作此决定时,刘邦所采取的行动却非常迅速果断,完全出乎他的意料,而且也恰好形成一种强烈对比。刘邦不待三秦完全平定,章邯残部消灭,就立即乘项羽东征齐国时,领兵出关进入中原。楚汉二年三月,刘邦已定河内(今河南省黄河以北部分,属殷王司马卬),并降殷王。于是渡河到洛阳新城,准备东袭项羽的都城

（彭城）。此时他采纳三老①董公的建议,至洛阳即为义帝发丧。他"祖而大哭,哀临三日",并发使告诸侯曰:"天下共立义帝,北面而事之。今项羽放杀义帝江南,残暴无道。寡人亲为发丧,兵皆缟素,悉发关中兵,收三河士,南浮江汉以下,愿从诸侯王,击楚之杀义帝者。"这是义正词严的政治号召,能充分发挥心理战的效果。凭这样的号召,也使伐楚之战成为"义战",并奠定刘邦取得领袖地位的合法基础。

楚汉二年四月,刘邦统率所谓五诸侯兵(代王、翟王、塞王、魏王、殷王),共计56万人(数字不一定可靠),向彭城进发并攻占该城。这是刘邦对楚作战的第一次大胜。可惜好景不长,同月,项羽已经得知消息,他亲率精兵2万赶回彭城,与诸侯军战于城外,结果刘邦大败,全部兵力被歼灭者约20余万,这可以证明项羽的善战确为事实。

刘邦在彭城会战中惨遭击败,溃不成军,诸侯相继背叛。陈余（代王）首先背汉与楚约,田横（齐相国）亦与楚盟,彭越尽弃其所占领的魏地,撤兵北上,保存实力。殷王卬战死。翟王和塞王又叛汉降楚。西魏王豹也借故回国,渡河后即断绝河津（封锁渡口）,叛汉附楚。当此之时,刘邦的情况可以说是非常危急。

四月下旬,刘邦率领残部向荥阳撤退,当他到达下邑时,甫下马即据鞍而问张良曰:"吾欲捐关以东等弃之（譬如丢掉了）,谁可与共功者?"张良曰:"九江王英布,楚之枭将,与项王有隙;彭越与齐王田荣反梁地,此二人可急使;而汉之将,独韩信可属大事,当一面,即欲捐之,捐之此三人,楚可破也。"

刘邦立即采取张良的建议,开始采取新的战略部署,结果遂得

---

① 三老是乡里掌管教化的小官。——编者注

转危为安,并终于反败为胜。在此必须强调指出,诚如克劳塞维茨所云:"任何大规模战略计划的主要路线大部分都是政治性的……不可能对重大战略问题作纯军事的研究判断,也不可能用纯军事计划去求解。"即令是在古代比较简单的环境中,此项原理也仍然不变。刘邦之所以胜,项羽之所以败,其决定因素绝非纯军事的,甚至可以说非军事因素远比军事因素更为重要。

荥 阳 相 持

汉王的大战略计划可以分为下述三方面:

1. 巩固以荥阳、成皋为中心的战略防线,一方面屏障河南西部,以求确保关中的安全;另一方面以关中(加上汉中和巴蜀)作为大后方,有效地运用其人力和物力,以支持前线作战,并尽量用持久战来消耗和困扰敌人。

2. 为争取战略部署的时间,急派遣使者去说服九江王英布叛楚和劝诱彭越再度南下,以牵制楚军。(在当时的境况中,这也是最优先的工作;因为项羽的大军正在穷追不舍,如不迅速予以牵制,则荥阳之线可能被突破,以致全面崩溃。)

3. 在局势稍为稳定之后,即开始用军事和外交双管齐下的手段,来争夺魏赵齐等国,以求孤立楚军,并形成大迂回的战略态势。

楚汉二年四月底,刘邦派随何[①]出使九江(不是现在的江西省

[①] 随何,西汉初年人,汉高祖军中的谒者(主管传达禀报的人),被派去说服九江王英布降汉。他为英布分析了天下的形势,并在楚国使者来时说英布已降汉,使英布投降。灭楚后,汉高祖贬低他的功劳,他用分析推理手段为自己的功劳辩护。后官至护军中尉。——编者注

九江市,而是在淮水流域寿县附近),五月初随何到达那里。随何用威胁利诱的手段,终于说服英布出兵攻击楚军的后方。此时,项羽正在亲自指挥攻击下邑,遂不得不分遣项声和龙且二将去对付英布。英布本是楚之大将,战斗力很强,所以相战数月,到楚汉三年十一月,英布才被击败。这样使得刘邦获得了7个月的喘息时间,不致为项羽所彻底击毁。这对楚汉相争的最后胜负具有非常重要的关系。

当刘邦退守荥阳,情况危急之时,萧何立即动员关中的老弱和未傅(20岁以下)者,让尚在围攻废丘的韩信率领着赶紧去赴援,与刘邦的残部会合于荥阳。此时楚军已有一部分到达荥阳以东地区,正拟进攻该城,但在京城与索城(均在荥阳附近)之间为韩信所击退,于是楚军的锐利攻势开始顿挫,因而不能西越荥阳。汉军才得以乘机巩固这一战略重镇,奠定持久防御态势的基础。

当情势略为缓和时,刘邦即开始着手执行其大战略计划的第三部分,也就是攻势部分。他在楚汉二年八月命韩信去进攻西魏,因为就地理位置而言,西魏居于汉军的左侧背上,足以威胁汉军的主要交通线。韩信以相当少的兵力展开其攻势,采取逐步跃进的方式,到楚汉三年十月,即已顺利地完成破魏、破代、破赵、下燕的目标,前后不到三个月,真可谓神速。(当时历法以十月为岁首,所以楚汉二年八月到楚汉三年十月实际上只有三个月。)

韩信的作战成功,遂使汉对楚的全面战略形势略见好转,但楚汉三年十一月,英布的反楚军被击退,于是十二月,项羽开始大举进攻荥阳,数度切断汉军的粮道,给予汉军严重威胁。刘邦一方面竭力苦撑,另一方面仍尽量利用谋略(非军事因素)来平衡项羽的军事优势。

陈平在汉营是一位仅次于张良的谋臣,他深悉楚之内情,于是遂献离间之计(政治战)曰:"彼项王骨鲠之臣,亚父(范增)、钟离昧①、龙且、周殷之属,不过数人耳。大王诚能捐出数万斤金,行反间,间其君臣以疑其心;项王为人,意忌信谗,必内相诛,汉因举兵而攻之,破楚必矣。"刘邦立即采纳并给黄金 4 万斤与陈平,要他自由运用,不计出入。于是陈平就用大量黄金,利用其在楚方的人事关系,进行分化活动,并发动谣言攻势以造成楚君臣之间的疑忌,破坏其内部团结。此种工作虽不一定马上生效,但其长远效果却非常巨大。结果是范增离楚,周殷叛变,其他楚国重要将领也都各怀异心而不忠贞效命。

同年五月,项羽猛攻荥阳,刘邦使纪信②伪装汉王夜出东门,扬言"城中食尽,汉王出降",楚军欢呼遂放松了戒备并群往城东观看,于是刘邦乘机出西门逃往成皋。以后项羽又追至成皋并攻克该城,不过刘邦又已逃回关中并收集兵力准备再战。刘邦这次可以算是死里逃生,而汉将周苛、枞公③仍然能够坚守荥阳,使汉方的整个战略部署并未瓦解,而且还继续保留着卷土重来的机会。

从楚汉三年冬十一月至翌年秋九月之间的 11 个月中,楚汉相争的焦点是在荥阳、成皋这两个地区之内。到此时遂已接近尾声。

---

① 钟离昧(? —前 200 年),姓钟离,名昧。朐县伊芦乡(今江苏省连云港市灌云县伊芦乡)人。楚汉之际项羽麾下名将,多次在与刘邦正面对峙时给刘邦以沉重打击。汉朝初年,被韩信逼迫而自杀。——编者注

② 纪信(? —前 204 年,《汉书·高帝本纪》作纪成),楚汉相争时汉军将军,赵人。曾参与鸿门宴,随刘邦起兵抗秦。由于身形及样貌恰似刘邦,在荥阳城危时假装刘邦的样貌,向西楚诈降,被俘。项羽见纪忠心,有意招降,但纪信拒绝。终被项羽用火刑处决,多年后被郑州人民奉为城隍。——编者注

③ 刘邦逃出荥阳后,枞公负责和御史大夫周苛、魏豹留守荥阳。枞公怕魏豹投降,于是密谋周苛杀死了魏豹。项羽发兵猛攻荥阳,枞公、周苛抵挡不住,荥阳终被攻陷,枞公被杀。——编者注

从表面上看是楚胜汉败,但实际上,汉虽失成皋,却仍能守住荥阳,严格说来,仍然是一个相持的局面。

最 后 阶 段

到此时,项羽又作了一个错误的战略决定,他不继续集中全力去攻击荥阳,而移师去东击彭越等魏地,这使刘邦获得喘息的机会并能采取反攻的行动。甚至在情势极为险恶时,刘邦都不曾放弃其攻势思想,早在七月间,他即已命令韩信独当一面去发动袭取齐国的作战。韩信用兵如神,再加上政治作战的运用,所以齐国遂迅速崩溃。正当项羽大军离开荥阳、成皋地区去进攻彭越时,韩信在齐国大捷的消息也已传来。项羽得知韩信破齐并拟南下攻击,于是遂不得不分兵救齐。这支兵力号称 20 万人,由大将军龙且率领,因此项羽的兵力自然受到相当的减弱。

楚汉四年冬十月,刘邦知道项羽大军已经东移,只留下大司马曹咎据守成皋,于是决定乘机重整荥阳、成皋之间的战略防线。汉军渡河向楚军挑战并大败楚军,曹咎和司马欣自杀,刘邦遂收复成皋,守广武,利用敖仓之粟补给军食,并进围楚将钟离昧于荥阳东。于是汉军威重振,以荥阳、成皋、广武三角形为核心,而据有进可攻退可守的有利态势。

项羽既已分兵援齐,现在又获知曹咎败亡的消息,于是在未能彻底消灭彭越之前,又急自引兵西向救钟离昧。在此应特别指出项羽虽然在会战时几乎无战不胜,但他在作战时总是未能竟其全功而留下一个尾巴,这是他在军事方面失败的主因。刘邦正在围攻钟离昧,听到项羽军至,急撤围退守险阻,于是项刘二军遂在广武形成对峙之势。

从楚汉四年十月到同年八月（照现在的历法来说应该是次年八月），双方一直都在广武对峙，共历11个月之久。这不仅表示楚军已大不如前，同时整个形势也日益变得对楚不利。最主要的因素是韩信不仅已经征服整个齐国，并且还把龙且的20万大军歼灭在潍水之上。

在这样的情况下，双方开始和谈，最终决定以鸿沟为界，结束长达四年的战争。和约告成之后，项羽即引军东撤，而刘邦也想西归，此时张良、陈平前进计曰："今汉有天下大半而诸侯皆附；楚兵疲食尽，此天亡之时，不因其机而遂取之，所谓养虎自遗患也。"于是刘邦决定背约追击项羽。同时遣使至齐魏约韩信和彭越会师击楚。

楚汉五年冬十月，刘邦追击项羽至固陵（今淮阳县西北），韩信及彭越军均未至，项羽挥军反击，大败追兵。于是刘邦复入壁，深堑固守。他问张良："诸侯不从约，为之奈何？"良答曰："楚兵且破，信、越未有分地，其不至固宜。君王能与共天下，今可立致也。齐王信之立，非君王意，信亦不自坚，彭越本定梁地，始君王以魏豹故，拜越为相国，今豹死越亦望王，而君王不早定。今能自睢阳以北至谷城皆以王彭越；从陈以东傅海与齐王信，信家在楚，其意欲复故邑。能捐此地以许两人，使各自为战，则楚易败也。"刘邦立即听从，遣使往封信、越。于是他们也立报曰："请今进兵。"

到十一月，诸侯之兵大集，在数量上居于绝对优势。于是垓下一战，项羽遂终于败亡。假使信、越的兵力不动，则刘邦不可能击败项羽，于是中国将可能回到战国群雄割据的局面。刘邦最多做一盟主而帝业则可能终成泡影。

第三章 楚汉相争的战略分析

综合以上的叙述和分析,我们可以知道刘邦是胜在战略方面。概括地说,刘邦的大战略计划可分下述四项:(1)巩固关中及蜀汉;(2)保持以荥阳为核心的战略要地;(3)用政治战来争取友人和分化敌人;(4)使韩信行大迂回作战,直抵项羽的背面。在最后决战之际,分封信、越,乃战胜关键所在。刘邦一方面能坚持原则,另一方面又能充分发挥弹性。尤其是他能知人善任、察纳雅言,这更是项羽所无法比拟的。所以刘邦击败项羽,正如荀子所云:"**非幸也,数也**。"

第四章
论韩信用兵

引言　　潍水之战
初期战役　垓下之战
井陉之战

引　言

　　从战略研究的观点来看,我国历史上的"秦楚之际"可算是一个黄金时代,因为在这个时代中出现了许多战略家,其表现都极为杰出,值得赞赏和学习。就大战略而言,也许应该首推张良,但就作战(野战战略)而言,则似乎无人可及韩信。韩信用兵的确令人佩服,若用近代的眼光来评论,我们可以说他是精通李德·哈特所提倡的"间接路线"观念。李德·哈特在其所著《战略论》中曾引述西方古今名将的事迹,以作为其战略思想的依据和解释。但很可惜的是,大概因为他不懂中文所以不曾研究中国的历史,以至于对中国古代的名将毫无认识,在他的整本书中只曾非常简略地提到成吉思汗和速布台①而已。假使李德·哈特曾经读过《史记》和《汉书》,则他对于韩信就一定会佩服得五体投地,甚至会替他写一本专著也说不定。

　　我们常说我国古代历史的记载比较简略,所以细节的研究也就比较困难。不过对于韩信而言,却似乎算是一个侥幸的例外。

---

　　①　速布台(1176—1248年),蒙古兀良哈部人,蒙元帝国名将,成吉思汗的"四獒"之一。早年辅佐成吉思汗统一诸部,常任先锋,以骁勇善战著称,享有"巴特尔"(勇士)称号。蒙古建国时,封千户长,为十大功臣之一。曾经参与第一次、第二次西征,令大蒙古国版图扩展至俄罗斯一带。其征战范围所及东至高丽,西达波兰、匈牙利,北到西伯利亚,南抵开封,是古代世界征战范围最广的将领之一。死后追封为河南王,谥忠定。——编者注

因为有关其用兵（作战）的记载，就中国史书的标准而言，应该算是相当详细。这也许是因为在当时，他的故事已经传遍天下，所以写历史的人自然不免多说几句。不管怎样解释，至少我们今天根据历史的记载对于韩信用兵的经过，尤其是他指挥的三次重要会战，仍然可以获得一个概括的了解。这就是本章准备分析的主题。

初 期 战 役

楚汉元年（前206年），韩信才因萧何的推荐，成为汉军的大将，负责指挥还定三秦的作战。关于这次作战虽无详细的记载，但从韩信所选择的前进路线上看，即可以充分显示出其"间接路线"的战略观念。他作了一个大迂回，由汉中向西进入现在的甘肃境内，达到白水，然后折向东北，沿白水的上游而上，出大散关、渡渭水、越陈仓，进袭雍城。他所走的距离虽然很长（比跨越秦岭的栈道至少要长两倍），但他却能秘密兼程前进，遂终于使敌人受到奇袭。这一战对于韩信而言只能算是牛刀小试，但已暗示出其战略作风。

三秦底定之后，韩信并未随刘邦出关，而是留下来围攻困守废丘的章邯残部。这种安排似乎很难解释，也许是刘邦在内心里始终没有把韩信当作"自己人"看待。等到刘邦在彭城一战被项羽杀得落荒而逃时，萧何立发关中的老弱，命韩信率领去作紧急救援。韩信与刘邦残部在荥阳会合，并击退项羽的追兵。关于这次作战经过也无详细记录，但其后果却至为明显：楚军因此遂不能西越荥阳，汉军得以巩固这一战略重镇，并形成尔后持久防御的态势。

刘邦于彭城惨败之后，诸侯多叛汉附楚。西魏王魏豹托词归视亲疾,渡黄河后即封锁渡口,他本是项羽所封,现在遂又重返楚军阵营。西魏都平阳(今山西临汾市),其辖区为今山西省西南部,古称河东之地,其地理位置在汉军的左侧背上,足以威胁汉军的主要交通线。

刘邦企图解除这一重大威胁,遂于楚汉二年八月派韩信率领步将曹参,骑将灌婴,去攻击西魏。兵力史无记载,大致不会超过3万人。魏军兵力应较占优势,但因分守各城,所以主力也不会太多,大致与信军相当,那是集中用来防守蒲坂、临晋等城和渡口的。韩信并未从河南由南向北进攻,而是先回陕西再由西向东进攻。

韩信首先在临晋西岸集中船只,佯作大规模渡河攻击的姿态,另一方面却派曹参率步兵潜往夏阳(在临晋之北,今陕西韩城县),用"木罂"渡河,以疾风迅雷之势,南下猛攻魏军的侧背。魏军大乱,于是韩信和灌婴的骑兵顺利地在临晋渡河。魏王豹惊于汉军骤至,仓皇迎敌,遂屡战屡败。信军又猛烈追击,终于在九月擒得魏王豹以归。合计不过一个月的时间,即结束了破魏之役。

韩信在这一战役中充分表现出其战略天才,仅凭古史的简略记载,我们也可以获得下述几点认识。(1)他不采取由南向北而采取由西向东的作战轴线,并于渡河之后,置主力于北翼而向南压迫,就战略而言,这是很高明的选择。因为若不如此,则魏军败退之后,很容易逐步向北退却,并与代赵两国的兵力会合,于是战事将拖延不决,对于汉军极为不利。(2)他擅长用奇,使敌人在心理上丧失平衡。他的行动都出敌不意。他在临晋摆出渡河的姿态,而掩护曹参在夏阳用"木罂"渡河。"木罂"究竟是什么东西,史书上的记载并不太详细,但总而言之,那是临时搜集的器材而不是船只,所以才能使敌人受到奇袭。(3)韩信深知扩张战果的重要,他每次战胜之后一定继续做猛烈的追击,使敌人不能获得喘息的机会。所以他能速战速决,充分发挥出歼灭战的威力。

井 陉 之 战

韩信破魏之后,遂向刘邦建议继续进攻赵国与齐国,以对楚军造成大包围的态势,这是一个极具雄心的伟大战略构想,当然不可能一蹴而就。眼前的主要敌人则为陈馀。陈馀的身份是代王兼赵相。其本人驻赵国辅助赵王歇,而令其相夏说守代(代在今河北省蔚县)。当韩信破魏时,陈馀已令夏说引兵南下,驻守太原南方的邬县,以防韩信北进。

韩信获得少许增援,即从魏都平阳向北进发,击斩夏说后,迅速破灭代国,于是准备取道井陉攻入赵国。井陉在今河北获鹿县西10里,山西平定县东90里,为太行山脉中险要隘道之一。这个地区群山环绕,而隘路则在其中通过,诚如广武君李左车①所形容的:"井陉之道,车不得方轨,骑不得成列。"井陉东口北侧有革山,距获鹿城仅8里。井陉之西有冶河,从南向北流,横过西端入口处。该河东岸有一片高地可以封锁隘道西口。

陈馀与赵王歇和谋士李左车率赵军20万驰抵井陉东口外,筑垒据守。当时李左车建议:"愿假臣奇兵3万人,从间道绝其辎重,足下深沟高垒勿与战,彼前不得斗,退不得还,吾奇兵绝其后,不至

---

① 李左车(jū)(生卒年不详),西汉柏人(邢台隆尧)人。赵国名将李牧之孙,秦汉之际谋士。秦末,六国并起,李左车辅佐赵王歇,为赵国下了赫赫战功,被封为广武君。赵亡以后,韩信曾向他求计,李左车提出:"百战奇胜"的良策,才使韩信收复燕、齐之地。李左车给后世留下了"智者千虑,必有一失;愚者千虑,必有一得"名言,著有《广武君略》兵书一部。——编者注

十日,两将之头可置于戏(麾)下。"陈余素以儒家自命,常称义兵,不尚诈谋。他说:"吾闻兵法,什则围之,倍则攻之。今韩信兵号数万,其实不过数千,能千里而袭我,亦已罢(疲)极。今如此避而不击,后有大者何以加之。则诸侯将谓吾怯而轻我伐我。"遂不听取李左车之计。

韩信经由间谍得知上述情报,大喜过望。立即引兵渡过冶河,宿营在其东岸高地上,并令一万人在那里构筑工事,建立坚强的桥头阵地,这就是所谓"背水阵"。因为赵军都集中在隘道东口以外,所以韩信的行动不曾受到任何妨碍。夜半,他令灌婴选轻骑两千人,人持一赤帜(汉军旗),从间道秘密进至萆山埋伏,监视赵军营垒,并令之曰:"赵见我走,必空壁逐我,若(你)疾入赵壁,拔赵帜,立汉赤帜。"

次日拂晓,韩信亲引大军,建大将旗鼓,通过隘道,出井陉东口向赵军挑战。赵军开壁迎击。双方大战良久,韩信与张耳始引军佯败,抛弃旗鼓,向隘道西端的背水阵退却。赵军果然空壁而出,争取汉旗鼓,一路向前追击。汉军退到"背水"阵地之后,即拼命坚守。赵军一时无法取胜,主要原因是隘道狭窄,赵军兵力虽多但不能展开。此时,埋伏在萆山的两千汉骑兵已奔入赵空壁,尽拔赵帜而易以汉帜。当赵军久战无功遂欲撤回时,突然发现壁上都是汉帜,不禁全军大惊,以为汉军已经攻占了他们的根据地,于是开始溃散。韩信立即挥军追击,遂大破赵军。在井陉大捷之后,韩信又立即做猛烈的追击,他不让敌人有重整的机会。到楚汉三年十月,韩信已连续击破魏、代、赵三国,前后历时尚不及三个月。

井陉之战,双方兵力相差颇大,赵军20万而汉军也许不到6万。韩信之胜完全是靠战略。他作战的全部过程都有良好的计划,而敌人的行动也几乎完全在其控制之下,真可以说是算无遗策。(1)假使他不大张旗鼓,又不大战良久,而只稍一接触即行后退,不似主力战败则赵军未必空壁而出,更未必追入隘道。若不利用地形的拘束,使敌不能发挥数量优势,则韩信绝对无法对抗赵军的追击。(2)假使不派骑兵先行埋伏,并定下易帜之计,则敌军的心理不会丧失平衡,于是后者即令不能攻入背水阵,也仍可以全师而还,结果将会形成一场无结果的混战,对数量优势的方面将比较有利。(3)关于"背水阵",据说韩信在会战后讲评时曾亲自解释说它具有"置之死地而后生"的意义。这可能只是一种附会的传言,因为韩信当时已经是战无不胜,他的威望已经够高,其部下对他的领导具有坚定的信心,似乎不需要用这种手段来维持纪律和士气。不过若不占领背水阵,则对敌军的吸引力也许会不够强烈,不足以引诱他们倾巢而出。所以这仍要算是一种战略运用。

潍水之战

韩信以不到三个月的时间,连续攻下魏、代、赵三国并且招降了燕国,使汉对楚的全盘战略形势获得很大的改进。自楚汉三年冬十一月到秋九月之间的 11 个月内,楚汉两军在荥阳、成皋的争夺战达到最高峰。韩信与张耳此时率赵军南下驻屯修武,与荥阳、成皋成犄角之势,一面牵制楚军,一面确保河内的安全。楚汉三年七月,刘邦认为,必须开辟新战场始能突破当前的困境,遂决定拜韩信为相国,率曹参和灌婴,发赵兵之未发者(即尚未征召者)击齐。这也正是韩信的大战略构想中的最后一章。

楚汉四年十月,韩信开始向齐国进兵,而刘邦与此同时另派遣郦食其去劝说齐国投降。齐国同意投降并撤退守军,韩信闻齐既和便决定还师。范阳人蒯通却向韩信说:"将军受诏击齐,而汉独发间使下齐,宁有诏止将军乎,何以得无行也?"信听其言遂继续挥军前进。齐国君臣在无备之下受到奇袭,全面崩溃。

在韩信穷追之下,齐王广不得已向楚求救。项羽遂派其大将龙且,亚将周兰与留公,领军救齐。韩信知道龙且军来,也立即集中兵力准备迎敌。于是两军在楚汉四年十一月展开了一场决定性会战,即所谓潍水之战。

当时两军的态势大致有如下述:(1)齐楚联军号称20万,驻在今山东高密市以南的潍水东岸地带。龙且军中多楼烦(北方部落)骑兵,相当精锐,机动力颇强。(2)韩信所部不过数万,加上破齐后收编的降卒,总数也不会超过10万。而且还必须留下若干兵力据守历下、临淄等城,所以能集中在潍水西岸上的兵力可能更少。

当龙且拟定作战计划时,有人劝他说:"汉兵远斗穷战,其锋不可当。齐、楚自居其地战,兵易败散,不如深壁;令齐王使其信臣招所亡城。亡城闻其王在,楚来救,必反汉。汉兵二千里客居,齐城皆反之,其势无所得食,可毋战而降也。"龙且却反驳说:"吾平生知韩信为人易与耳,且救齐不战而降之,吾何功?今战而胜之,齐之半可得,何为止?"遂决定在潍水东岸列阵待敌。

韩信令人乘着黑夜用万余沙袋壅塞潍水之上流,使下流的水深降低。次日韩信引军涉水渡河进击龙且的阵地。龙且挥军迎击。信佯不胜败还。龙且喜曰:"固知韩信怯。"遂率军涉水追击。信俟龙且军半渡,使人决壅囊,于是上流之水奔腾而下,把龙且军淹死一部分并且把他的兵力切成两段。在敌军惊慌之余,韩信立即挥其全军痛击已达西岸的敌军。曹参斩龙且,灌婴擒周兰。当西岸兵力全被歼灭之后,东岸上的齐楚联军残部也就自动溃逃。

潍水之战算是一场决定性会战,韩信不仅获得一次伟大胜利,还使楚军的兵力和士气受到严重的打击,而更重要的是扭转了汉军的战略颓势,使项羽感到其面临的情况已经变得日益难于应付。

垓 下 之 战

楚汉相争始于楚汉元年(前206年)八月,在以后连续3年之中,汉始终居于劣势,刘邦在荥阳、成皋地区的防御战线曾几次面临崩溃的危险,甚至刘邦本人也只是侥幸地得免于难。但到楚汉四年(前203年)十月,整个情况就开始有了新的转变,首先是刘邦乘项羽东击彭越于魏地的机会,在河南发动反攻,向占领成皋的楚军挑战,结果楚军大败,其主将曹咎与司马欣皆自刭于汜水之上。于是刘邦遂复取成皋,守广武,恢复了原有的地位。

接着十一月遂又有韩信在潍水的大捷。这一战不仅击灭了楚军的精锐,而且也完成了对齐国的征服。于是韩信开始计划由齐入楚,直捣彭城,以完全实现其大战略构想。楚军在两个月之内连续打了两次大败仗,损失总兵力可能在20万到30万人之间,而对其士气上的打击更是无法估计。

更糟的是项羽又犯了他的老毛病,对于快要被消灭的彭越放下不打,却回过头来去攻击刘邦。于是他白白地浪费了时间和兵力,不仅一无所获,而且使形势变得比过去更坏。这样才使刘邦能在荥阳、成皋、广武三角地带又支持了11个月之久。

到次年(前202年,照当时历法计算仍为楚汉四年)八月,楚汉双方终于达成协议,约定以鸿沟为界平分天下。于是双方暂时休战。九月间,刘邦接受张良和陈平的建议,违约追击已在东归途中的楚军,这样遂导致楚汉战争的最后一幕——垓下之战。

楚汉五年(前202年)冬十月,刘邦亲率大军10余万人追赶至阳夏南(今河南省周口市太康县)暂停,其目的是等待韩信和彭越的部队到达,而项羽闻刘邦已经背约追来,也率领他的部队约10万人在此地区止军以待。等刘邦到了固陵(今河南省淮阳县西北),信、越军仍未至,于是项羽挥军反击,大败追兵,迫使刘邦就地构筑工事固守待援。一直等到信、越兵至,垓下会战才展开序幕。

韩信令曹参留守齐国,亲率将军孔熙、费将军陈贺,领兵数万(史无明文)南下,以灌婴的骑兵为先锋,首先击破彭城,然后从苏北直趋豫东到达项羽的背面。接着刘邦与韩信发动夹击,项羽军死伤约万人,向垓下败退,于是齐汉两军就在颐乡(河南省鹿邑县南)完成了会师。

这时已经是十一月,彭越、英布等部队都已到达,汉方诸侯大军共约30万人,在刘邦命令之下,由韩信统一指挥,向项羽继续追击。追到垓下(在濉水南岸,距离固陵已在200公里之外),项羽止军集中其9万之众准备作最后的决战。

于是韩信也立即开始展开他的兵力。命孔将军居左,费将军居右,信自居中。刘邦在后,又令周勃、柴将军为刘邦之后卫。(以上完全是以史书为根据,兵力没有记载。至于诸侯之兵如何配属也不可考。不过照这种记载看来,会战是由韩信负责计划和执行是毫无疑问的。)

韩信首先自引军向前攻击,项羽立予迎击。韩信军不利后退,项羽乘胜追击。于是孔、费二军立即左右夹击,而韩信也回军乘之。在三面夹攻之下,楚军大败。项羽遂筑壁垒以自守,韩信立即调动30万大兵对楚军加以重重包围,准备将他们予以全部歼灭。

因为困守垓下,兵少食尽,楚军败亡只是时间问题,韩信为加速其崩溃,遂又用"攻心"之计。夜间信命令汉及诸侯军皆唱楚歌,项羽闻之大惊曰:"汉皆已得楚乎?何楚人之多也?"这一计造成了楚军极大的心理震撼,使项羽完全丧失了再战的意志。(有人说这一计是张良所献,但史书并无记载。)

于是项羽亲率麾下壮士800骑,乘黑夜突围逃走。次日清晨,汉军才知道,韩信立即命令灌婴率5 000骑向南追击。项羽渡淮河时,所余仅百余骑,到达乌江(今安徽省和县东北40里)只剩下28骑。他最终不肯渡江,自刎而死。楚汉战争至此终告结束,在垓下会战中,汉军斩首8万,楚军全部被歼。

垓下会战在世界战争史上是一次有名的决定性会战。它的形态和史里芬最推崇的坎尼(Cannae)会战[①]颇为类似。但其间又有相当的差异。(1)诚如史里芬所云:"一个完全的坎尼会战在历史上是很少见的。要完成这样的会战,一方面需要一个汉尼拔,另一方面还需要一个法罗(Terentius Varro)。"在坎尼会战中,汉尼拔的对手是一个急躁无能的庸才;而在垓下会战中,韩信的对手却是七十二战、战无不胜的楚霸王。所以韩信的任务远比汉尼拔艰巨。(2)汉尼拔的兵力处于劣势,而韩信的兵力则几乎占绝对的优势。但从另一个角度来看,汉尼拔在会战之前并无尽歼敌军的意图,而韩信却是根据这个目的来设计他的会战的。他必须在这一战中彻底地毁灭敌军,结束整个战争。所以,就决定性而言,垓下远高于

---

① 详见本书第十章"论坎尼模式"。——编者注

坎尼。事实上,汉尼拔虽赢得了坎尼会战,最后还是输掉了战争。

假使这一战不能把楚军全部歼灭而让项羽带着残部逃回江东,则楚汉相争还是未能结束。当时与汉并立而非刘邦嫡系的诸侯还很多,尤其是彭越、英布更是一向各自为战,不受汉王的控制。所以就政治战略而言,必须乘诸侯正在同心合力对楚作战时,彻底解决项羽,万不能留一个后患。在此更须进一步指出,韩信此时虽然已经功高震主,而且也已经有一点尾大不掉,但就其内心而言,还是效忠刘邦的。只要看当蒯通劝他独立时,他回答说"汉王待我厚"即可作为证明。因此,他才会竭忠效智来帮刘邦毁灭项羽。

为了迅速而彻底地毁灭项羽,"楚歌"之计真是非常重要。因为楚军的战斗力(素质)非常坚强,项羽本人更是神勇无敌,仅凭围困不足以使其屈服,而且必须旷日持久始能奏效。但拖延时间并不一定有利于汉方,所以韩信才决定采取"攻心"的措施。他深知项羽的个性,对其心态有微妙的了解,所以才能制造出"忽闻楚歌,一败涂地"的奇袭效果。项羽听到楚歌四起之后,其心理反应又是怎样的呢?他的直觉使他感到已经完了。因为在当时的战争中,战胜方每占一地即征召当地壮丁来作为补充,如果征的不是楚人,则当然不会唱楚歌,现在既然四面楚歌,即可证明楚地已全部丧失(投降或被占),所以他已经没有再赌的本钱。

这一刺激不仅使项羽丧失心理平衡,而其强烈程度甚至超出韩信的预料,因为连他也想不到项羽会在夜间弃军潜逃。这一行动是完全不合理的,可以证明项羽已经丧失理智。在以后的突围过程中,项羽所作的完全是困兽之斗,所表现的只是一种本能的冲动而已。

现在我们无妨作一个假想,如果项羽终能掌握着他的兵力(大概还有 8 万人,并非一个太小的数字),决心逃回江东,则他也许能够达到他的目的,至少并非没有可能。当然,更合理的战略是在固陵击败刘邦追兵之后,即不等诸侯兵至就赶紧退守江东。不过,这里还有一个疑问,那就是项羽手下没有一个萧何,所以江东对于他而言,能否算是一个安全的基地则很难断言。这些话未免扯得太远,本章是以论韩信用兵为主题,所以就不必再说。

第五章
从战略观点看三国时代

引言 刘备跨有荆益
三国时代的界定 吴蜀关系的变化
《隆中对》的分析 黄金时代的尾声
赤壁之战

引　言

从战略的观点来看我国的历史,有两个时代可以称为"黄金时代",第一个是楚汉相争的时代,第二个就是三国鼎立的时代。在这两个时代中有许多战略人才出现,他们的表现都很杰出,这在我国的全部历史中可以算是难得一见的盛况。而**这两个时代之间又有一个显著的差异：秦楚之际,人才是集中在一方面,遂终成统一之局；三国时期,人才却分散成为三大集团,于是也就造成了分裂的后果**。虽然有如此的差异,但这两个时代的故事又都是一样地值得后人欣赏和研究。

以时间而论,三国时代要比秦楚之际较晚,照理说,史料应该比较丰富,因而研究工作似乎应该比较容易。但事实并不如此。首先必须指出,陈寿的《三国志》对于战争的记载远不如《史记》那样清楚。《史记》的记载虽然也很简略,但对于重大的会战我们从记录中还是可以摸索到一点轮廓,但《三国志》在这一方面所能提供的资料就差得多了。

其次,最足以产生混淆的就是《三国演义》这部小说。因为这部小说已经畅销几百年,几乎可以说是家喻户晓,所以其影响力之大简直难以估计。但是小说中的叙述与历史有相当的差距,尤其是对于时间的记载有许多差误,对于人物的评述也有很多扭曲。其在社会传统认知中所产生的不正确印象也就变成了精密研究的绊脚石。

因此,三国时代的精密历史研究是似易实难。不过对于本章的目的而言,并不那样悲观,因为我们的目的是只想从现代战略的观点来分析古史,并且企图从此种分析中获致若干实用性的教训。所以,并不需要知道太多的细节,而且也无须作严密的考据。我们只是根据正史(不是小说)的记载将其当作一种战略研究的个案而已。

三国时代的界定

所谓"三国"是一个很模糊的名词,严格地说,要到曹丕篡汉称帝的时候,历史才真正开始进入三国时代,那也就是公元220年,即汉献帝建安二十五年,同时也是魏文帝黄初元年。刘备称帝还要迟1年,即公元221年,至于孙权,则直到公元229年才正式称帝。但事实上,"赤壁之战"(208年)以后,三国鼎立的局势即已形成,从战略的观点来看,把三国时代的起点定在这一年似乎比较适当。在此以前还应算是汉朝的末期,那个阶段大致始于董卓之乱(190年),接着就是军阀混战。在长达十余年的混战中,曹操最终扫平群雄,掌握了中原的控制权,到公元208年,他开始进兵荆州时,历史也就走到了它的转向点。

如果赤壁一战曹操获胜,则中国将回到统一的途径,由于这一战失败,遂粉碎了曹操统一全国的雄心,而三国鼎立的局势也就终于形成。所以,从史学家的观点来看,"赤壁之战"的确算是一场决定性会战。换言之,这一战决定了历史的方向。

虽然历史的分段应以208年为界,但战略的研究却不能以此为起点,因为在此以前,战略形势早已在发展之中,而那些重要人物(战略家)的过去也都有分析之必要。所以本章所涵盖的时间应起自汉献帝元年,而以三国的再统一为结束。

三国时代最杰出的战略家还是首推曹操,尤其就用兵(作战)而言,更是无人可比。诸葛亮《后出师表》中有云:"曹操智计,殊绝于人,其用兵也,仿佛孙吴。"这种说法不仅对其推崇备至,而且相当客观,对于曹操而言,更可谓盖棺定论(曹操死于220年,《后出师表》大致作于228年)。

曹操最初起兵声讨董卓时,其实力真是非常渺小,他不仅没有自己的地盘,而且5 000人的兵力也是七拼八凑的。当时其他的关东①州郡都各有兵力达数万人,在结盟时,自然推举兵力和威望最大的人为盟主,那就是号称"四世三公"的袁绍。这个时候,曹操在群雄之中只能算是一个小人物,但他却开始表现出他的机智和勇敢,令人刮目相看。

当董卓被消灭之后,中原变成了权力真空,在军阀混战之中,曹操终于脱颖而出,并在官渡会战中彻底击败袁绍(200年),建立了统一中原的初步基础。曹操的胜利的确得来不易,其所以能如此主要还是归功于其战略的高超。我们还是引用诸葛亮的意见来作为证明:"曹操比于袁绍,则名微而众寡,然操遂能克绍,以弱为强者,非惟天时,抑亦人谋也。"(《隆中对》)这里所说的"人谋"即为战略。

刘备的战略才能显然不如曹操,但他有一个最大的特长为人所不及,那就是他对于战略的心理方面有其独到之处。虽然他的

---

① 关东,秦、汉、三国时期的关东,指函谷关以东。《三国演义》中,曹操、袁绍等18路诸侯伐董卓时,自称关东联军。明代以后又俗称"东北"为"关东",即今辽宁省、吉林省、黑龙江省、内蒙古自治区的东四盟市(蒙东源于关东),地处中国东北方,自古以来,就泛称"东北",清朝后又称之为满洲东三省。直到当代仍在民间盛行。——编者注

基础和运气都不太好,而且经常打败仗,但他依然是名满天下,众望所归。这的确是一种惊人的成就,连曹操都不能不佩服,所以他说:"天下英雄惟使君与操耳。"刘备之所以能终成帝业,主要的就是他知道如何善用心理(精神)因素。

在曹操的心目中,刘备是其第一号敌人而且也是最后的敌人。在他下荆州时,为了追击刘备,曾轻骑一日一夜行300余里,可以想见曹操是志在必得。假使刘备在长阪(没有坡)被俘,则曹操也就获得了完全的胜利,孙权绝不敢独力迎战,赤壁之战也就不会发生。

从历史记载看来,刘备虽败而未溃,这正是其最大的长处。依照诸葛亮在游说孙权时所说的话,刘备始终能够保持相当完整的实力,似乎更难能可贵,由此可以反证刘备并不像小说中所形容的那样不善用兵(当然,诸葛亮也许有一点夸大)。

若与曹刘相比,孙权显然又差了一大截。他不仅是晚辈而且缺乏经验。不过,他仍然是一位很杰出的领袖,他不仅知人善任,而且果敢决断。所以他能承继父兄之业,并终于达到鼎足三分的地位,也并非偶然。

除了三大巨头以外,三国时代还有许多人才,真可以说是"猛将如云,谋臣如雨"。曹操网罗的人才最多,在他的幕府中有很多优秀战略家,不过因为曹操本人的确是了不起,所以有月掩众星之感。孙家兄弟网罗的人才也不少,其中像周瑜、鲁肃、陆逊都算是第一流的。比较差的还是蜀汉方面,不过刘备能够三顾茅庐,请出了诸葛亮,好像是打了一只"全垒打①",因为其他所有的人才都无

---

① 全垒打,棒球运动中,一种打者可环绕所有垒包一周的安打。除了打者跑到终点本垒时,可自力得一分外,所有已经在垒包上的跑者每人皆可得一分。——编者注

法与他比拟。

尽管陈寿批评诸葛亮"奇谋为短",但从现代观点来看,诸葛亮之为伟大战略家还是应该获得肯定。可以说是一种奇迹,虽然已经相隔1700多年,但到今天还有完整的记录足以充分表达诸葛亮的战略思想。如果看过此种文献记录,还说诸葛亮不是伟大的战略家,则这个人就可以说是完全缺乏战略的认识。此项文献就是《隆中对》。

《隆中对》的分析

在古今中外的历史中,常有一些非常有趣的类似事情发生。说到《隆中对》,就让人想起《史里芬计划》(Schlieffen Plan)。从表面看来,这二者之间似乎是风马牛不相及,但在战略家的眼中看来,二者之间却有一种非常微妙的关系存在。因为它们在性质上是一样的,都是长远计划。

史里芬虽贵为元帅,但一生都没打过仗,其作为"战略家"的大名完全是靠所谓《史里芬计划》才能流传至今,如果没有这套文件的存在,则现在可能已经没有人知道史里芬为何许人了。

非常类似,诸葛亮一生中很少有指挥作战的机会,至少在刘备去世之前,他似乎很少过问军事。而且还有一项事实也许是很多读者所不敢相信的,那就是刘备对他也并非言听计从。这又是小说害人,因为我们从小就看《三国演义》,对于刘备之信任孔明,以及诸葛亮的神机妙算,获有深刻的印象,所以很难接受历史的记载。

在刘备的时代,诸葛亮的贡献似乎都是在外交和内政方面,至于用兵作战,刘备是自有主张,并不一定尊重他的意见,甚至也不征询他的意见,至少诸葛亮本人能够感觉到其意见有时不如法正(孝直)的有分量。直到刘备称帝时才以诸葛亮为丞相,换言之,在此以前诸葛亮的地位并非"位极人臣"。

诸葛亮真正执政是在后主的时代,而他亲自指挥作战则更是只限于"六出祁山"那个阶段。虽然受到许多客观因素的限制,但他没有打胜仗也是事实。因此就事论事,陈寿的评语并非毫无根据。

假使说没有《史里芬计划》,则后世将无法证明史里芬是伟大的战略家,那么也可以同样地说,若无《隆中对》,则今天人们也无法证明诸葛亮是伟大的战略家。

《隆中对》的"对"字,就是"对话"(Dialogue),更是"对策"(Countermeasure)。换言之,即为当时刘备三顾茅庐时,诸葛亮与他谈话的记录。它虽然不具有战略计划的形式,但是却有其实质性的内容。因此,我们可以将它与《史里芬计划》相提并论。陈寿对诸葛亮所说的话记录得相当完整。从这段记录中我们可以体会到作为一位战略家的诸葛亮,眼光是如何高远,思想是如何周密。

因此,正像史里芬的情形一样,仅凭《隆中对》即可了解诸葛亮的战略思想。同时,它也和诸葛亮大名同垂宇宙。因为这是非常重要的资料,所以现在将其全文引述如下,然后再作精密的分析:

> 自董卓以来,豪杰并起,跨州连郡者不可胜数,曹操比于袁绍,则名微而众寡,然操遂能克绍,以弱为强者,非惟天时,抑亦人谋也。今操已拥百万之众,挟天子以令诸侯,此诚不可与争锋;孙权据有江东,已历三世,国险而民附,贤能为之用,此可以为援而不可图也。荆州北据汉沔,利尽南海;东连吴

会,西通巴蜀,此用武之国,而其主不能守,此殆天所以资将军,将军岂有意乎? 益州险塞,沃野千里,天府之士,高祖因以成帝业。刘璋暗弱,张鲁在北,民殷国富而不知存恤,智能之士思得明君。将军既帝室之胄,信义著于四海,总揽英雄,思贤若渴,若跨有荆益,保其岩阻,西和诸戎,南抚夷越,外结好孙权,内修政理,天下有变,则命一上将,将荆州之军以向宛洛,将军身率益州之众以出秦川,百姓孰敢不箪食壶浆以迎将军者乎? 诚如是,则霸业可成,汉室可兴矣。

诸葛亮这段话一气呵成,并不太长(不到500字),但却气势雄伟,层次分明,足以表现其极高深的战略修养。真可以说是要言不烦,其说服能力远超过万言书。无怪乎刘备非常佩服而决心聘请他下山为"军师"。

诸葛亮首先以曹操胜袁绍的事实为例,指出事在人为,成功要靠战略(人谋)的基本道理。接着他就作情势和利害的分析,而获得四点重要结论:

1. 不可与曹操争锋;
2. 江东可以为援而不可图;
3. 荆州为用武之国而其主不能守;
4. 益州刘璋暗弱,智能之士思得明君。

基于以上的分析,则刘备所应采取的战略也就至为明显:

1. 夺取荆益二州来作为霸业基地;

2. 利用内政和外交手段以巩固和扩大权力基础；

3. 天下有变,始发动总攻势,以期一举而复兴汉室。

必须了解诸葛亮提出来的是一种真正的"长远计划"。以当时刘备的处境而言,此种构想在一般人眼中看来,几乎可以说是不切实际。但天下事的确是非常玄妙,许多近似梦想的计划终于能够变成事实(至少是一部分),这也是历史给人类的最大教训之一：**人的确有很大的行动自由,他能否予以充分发挥,其关键则在意志(Will)和智慧(Wisdom)。刘备戎马半生,屡败屡战,自然是一位意志极坚强的领袖,但他所缺乏的却是智慧,也就是一种能够高瞻远瞩、总揽全局的战略头脑,而诸葛亮正是这样一位"天下奇才",足以填补刘备的战略思想真空。**

因为是"长远计划",所以自然没有预定的时间架构,而且内容也只能以"假想"(Scenario)来表达。《史里芬计划》也是这样,这足以证明古今中外虽然在情况上可能有很大的差异,但对于战略研究而言,某些基本原理并无改变。诸葛亮的《隆中对》含有很多的"假想",换言之,也就是在当时(207年,即建安十二年)根本无从控制的因素。不过就其整体而言,它还是具有一种明确的目标意识。它所想象的每一个层面,都具有统一的导向,这也代表一种标准的战略思想方法。对于今天已经受过完美战略教育的人而言,这些道理似乎没有什么稀奇,但在那个时代,诸葛亮能有如此严密完整的战略思想,则的确应该称之为"天下奇才"。

诸葛亮只是首先指出应以荆益二州为初期争取之战略目标,至于应如何争取,他并未说明。当然,那是"运作"(operation)的问题,无法纳入这样的"大纲"(outline)之内。接着他就作了一个假定,"若跨有荆益",于是再指出第二阶段的战略重点,即"外结好孙权,内修政理"。等到这些目标已经达到,则刘备始能居于不败的地位。

这样才达到第三阶段,也就是最后阶段,此时他又作了一个假定:"天下有变。"这一点非常重要,必须天下有变,然后始能发动其想象中的钳形攻势,并一举达到复兴汉室的目的。但若无变,则绝对不可轻举妄动。诸葛亮虽未做这样的明白说明,但其前面所说"此诚不可与争锋"一语即可以作为暗示。

《隆中对》是一种概括性的长远计划,其主要价值就是能对尔后的战略行动提供一种总体性的指导。至于此种计划应如何执行,以及其进度应如何决定,那都是另外的问题。而且根据历史的经验,很少有任何计划能够完全依照原有的构想付诸实施,事实上,也并无这样的必要。所以,《隆中对》的构想以后究竟兑现了多少,对于其作为战略计划的评价并无任何关系。

赤 壁 之 战

刘备到荆州投刘表是在建安六年(201年),得诸葛亮于隆中是建安十二年(207年)。其间有长达6年之久的时间,而刘备却一点作为都没有,这也是一件很不易解释的事情。假使说,过去他一直没有考虑夺取荆州的问题,那么等到诸葛亮正式向他提出此种观念之后才开始动脑筋,显然已经来不及了。

建安十三年(208年)七月,曹操开始大举南征,情况发生剧变,诸葛亮原拟的计划完全落空。这一事实可以提供很重要的教训,足以证明战略就本质而言是一种艺术,战略家必须具有弹性化的心灵,能随机应变而不墨守成规。否则,一遇到紧急事变,就会手足无措。简言之,战略绝非八股,而且也无公式,对于今天许多从事战略理论研究的人,这些历史故事应该能产生警诫作用。

曹操大军压境,本已多病的刘表在八月间忧惧而死。九月曹军兵临新野,刘表的幼子刘琮迎降。这一连串的变化实在是来得太快,不过刘备(在诸葛亮帮助之下?)还算是应付得很好。他不仅逃过了曹操的猛烈追击,而且还保持着由关羽和刘琦(刘表长子)所指挥的兵力约2万人。由于还有这点本钱,所以诸葛亮的"联吴"战略才能付诸实施。

在此还有一点应该指出,《隆中对》中所假想的"外结好孙权"是在"跨有荆益"之后,而此时刘备决定寻求孙权合作,并派诸葛亮入吴游说,却是一种应急措施,二者不可混为一谈。

当曹操进占荆州之后,立即向孙权展开招降的工作。这种威胁利诱的心理作战已经产生相当明显的效果,吴下群臣中很多人都主张投降,甚至连孙权本人也一时拿不定主意。当时,东吴的主战派以周瑜和鲁肃为领袖,他们在这样的情况之下,也感到孤掌难鸣,幸亏诸葛亮此时来到使主战派声势大振。诸葛亮的说辞非常锋利,直指孙权的心理弱点,这样才迫使他决心一战。

诸葛亮的说辞很值得引述和分析,因为这对于"攻心"之术可以算是一种最佳的模式。他首先对孙权说:

> 海内大乱,将军起兵,据有江东,刘豫州亦收众汉南,与曹操并争天下。今操芟夷大难,略已平矣。遂破荆州,威震四海,英雄无所用武,故豫州遁逃至此。将军量力而处之:若能以吴越之众,与中国抗衡,不如早与之绝;若不能当,何不案兵

第五章　从战略观点看三国时代

束甲,北面而事之?今将军外托服从之名,而内怀犹豫之计,事急而不断,祸至无日矣!

这段话中有两个要点应特别指出:(1)不讳言"豫州遁逃至此",并要求孙权量力而处,使所有反对与刘备合作的人无法反唇相讥;(2)公开指出孙权"事急而不断",这也正打在他的心理弱点上。凡是犹豫不决的人最怕人说他不能决断,只有这种刺激才能使他立下决心。(第一次世界大战前夕,俄皇尼古拉二世之所以投入战争也是因为同样的原因。)

当孙权反问:"苟如君言,刘豫州遂事之乎!"诸葛亮遂又乘机从另一方面对其施加心理压力,他说:

田横齐之壮士耳,犹守义不辱,况刘豫州王室之胄,英才盖世,众士慕仰,若水之归海。若事之不济,此乃天也,安能复为之下乎?

这段话诉之于孙权的"荣誉感",孙权一向以英雄自居,他当然不能忍受"刘备不能降而孙权可以降"的侮辱。最后为了增强孙权的决心,诸葛亮又作了下述的研究判断。

豫州军虽败于长阪,今战士还者及关羽水军精甲万人,刘琦合江夏战士亦不下万人。曹操之众远来疲敝,闻追豫州轻骑一日一夜行三百余里,此所谓强弩之末,势不能穿鲁缟者也,故兵法忌之曰必蹶上将军。且北方之人不习水战,又荆州之民附操者,逼兵势耳非心服也。今将军诚能命猛将统兵数万,与豫州协规同力,破操军必矣!操军破必北还,如此则荆吴之势强,鼎足之形成矣。

这段话也可以对后世研究战略的人提供重要的启示:战略是讲理的,战略必须以利害的分析为基础。所以在激之以情之后,还是要服之以理,而更重要的是动之以利。这一段研究判断平实合理,对于敌我的比较也很客观,说的全是内行话,而且对胜败的后果也作了合理的推测。

孙权下了决心之后,接着就展开了"赤壁之战"。关于这次会战的资料实在很贫乏,严格说来,我们实在不知道它是怎样打的,甚至不知道其正确的时间和地点,惟一能确定的事情就只有它的胜负和后果。现在为了简便起见,根据历史的记录分成几个问题讨论如下:

1. 双方的兵力

联军方面很容易确定:周瑜有3万人,刘备大约2万人,合计5万人。曹军的数量则争议颇多。80万当然是夸大之词,周瑜认为总计不过20余万,其中七八万为荆州降军,不可靠而且素质也差(过去荆吴交战,荆州兵几乎总是战败)。其余十五六万北方部队,不但不服水土而且也不善水战。大概说来,周瑜的分析相当正确,而且与诸葛亮的意见一致。不过仍有两点必须澄清:(1)总兵力是一回事,参加会战的兵力又是一回事。曹军南来,征服了整个荆州,对于若干后方重要城镇,不可能不酌留驻军。所以能用在会战中的兵力远比总数要小。也许可以这样说,会战时曹军在数量上只是略占优势,达不到三对一之比。(2)"水战"是一个非常值得重视的因素,这个战场很特殊,两军主力之间隔着一道大江,因此,不善水战的部队在作战上吃亏很大。

2. 时间与地点

谁都不知道会战到底是在哪一天打的,不过曹操是在九月进入荆州的,接着他要接收地盘,调整状态和等候东吴对招降的回答,花掉一个月的时间是一种合理的估计,所以赤壁之战应该是在十一月。假使这种推断是正确的,则又可以获得下述两点结论:(1)曹军的确已成强弩之末,因为在古代,军队冬季很少作战(中外都一样),这时北方部队早已归心似箭。(2)在长江流域,十一月吹东风是常有的事情,所以孔明也就不必"借"了。地点也是一个谜。现在大家都认为是在湖北嘉鱼县西南。赤壁是一座山,位于长江右岸,周瑜的主力位置在此,对岸是乌林,也就是曹军的集中地。所以,一般人所说的"火烧赤壁"是完全不对的,烧的是乌林而不是赤壁。两军为什么会在这里遭遇,为什么会以此为战场?历史也无交代。

3. 会战的经过

历史对于这次重要会战的经过,记载得非常简略,而且也很模糊。我们对于双方的"战斗序列"一点都不知道。只有两个因素可以肯定,那就是"欺骗"(deception)和"奇袭"(surprise)。黄盖诈降的确使曹操受到欺骗,于是也就产生了奇袭的效力,最终造成了北军大败的结果。有人认为像曹操那样精明的人,怎么会受骗,似乎不可理解。这实在很容易解释,因为当时东吴群臣中,尤其是老一辈,想降曹的人很多。"火攻"在古代很普遍,所以《孙子》列有专篇,在外国也是一样,可以找到很多例证。"连船"也不是一件奇事,在长江中假使许多船只碇泊在一起,自然会彼此用缆索连系,以免碰撞流失。至于所谓"连环计"则完全是小说的虚构,技术上也不可能。最后,还有一点必须指出,由于受到小说夸大描写的影响,大家都以为曹军是被一把火烧垮的。事实绝非如此,"火攻"只是会战的序幕而已。假使联军不发动突击,则曹军不会自动崩溃。

4. 刘备的贡献

于是我们就要谈到另外一个疑问,究竟刘备在会战时扮演何种角色?照历史(和小说)的记载,这场会战好像是周瑜一个人打的,刘备只是旁观而已。事实上,绝对不可能如此。联军一共有5万人,刘备所部占了2万,在决定性的会战中后者居然不参加,那岂非怪事。刘备参战另有一项旁证,那就是后来发生荆州主权争论时,关羽曾指出:"乌林之役左将军身在行间,寝不脱介,自力破魏,岂得徒劳而无块壤?"因此,我们可以假定在会战时,周瑜是从长江南岸直趋北岸,从正面攻击曹军阵地,因为吴军擅长"水战",所以此种两栖攻击是优于为之,它可以吸引曹操的注意,因为那是他的心理弱点。与此同时,刘备的精兵从北面打击曹军的背面,直扑乌林,并与南面登陆的吴军会合。在这样前后夹击之下,曹军才会完全崩溃。这样的打法不仅入情入理,而且也符合中外战争史的典型。不过令人遗憾的却是历史并无明确的记载。

5. 胜负与后果

赤壁会战的记载虽然不完整,但其胜负和后果却是非常明白,也不会引起任何争论。曹操的确败得很惨,几乎"仅以身免",而更重要的是从此他对于南征的兴趣已大打折扣。以后,他虽曾再度进攻东吴(213年),但半途而返。所以诚如诸葛亮所预测:"鼎足之形成矣。""赤壁之战"使统一的汉朝变成分裂的三国,所以,对于历史而言,它是决定性会战自无疑义。

刘备跨有荆益

赤壁会战结束后,曹操率其败军向北撤退,周瑜和刘备当然乘胜追击,但后续作战进行得并不顺利,不仅曹操能够脱身逃走,而且他的部队还守住了所占领的荆州北部。这其中的原因很复杂,值得加以较详细分析。

当然,最主要的原因还是兵力数量,因为"赤壁之战"主要是凭奇袭取胜。曹军虽败但其剩余实力还是相当可观,而且重要的城镇(襄阳、樊城、江陵)都早已留有守军,所以能够挡住追兵的攻势。

其次,周瑜所部虽然擅长"水战",但是遇到真正的陆上作战,尤其是攻城,就会感到不那么得心应手。用现代的术语来说,吴军好像是较轻型的陆战队师,而不是重型的陆军师。在此可以提供一个重要暗示:部队由于受到训练、装备和思想的影响,往往只能打一种战争,连著名的精兵也不例外。1982年,以色列军队进攻黎巴嫩南部,原以为不过是牛刀小试,理应势如破竹,结果却发现事与愿违,因为以色列军一向是惯于在开阔的西奈沙漠地区作战,到了地形完全不同的黎巴嫩南部,就感到英雄无用武之地。

除了上述两个原因以外,还有第三个比较微妙的原因,那就是刘备乘机夺取荆州的地盘,而未倾全力去助周瑜追击曹操。荆州当时一共有七个郡。其中南部四郡分别为长沙、零陵、桂阳、武陵,都在今天的湖南省。其余北部三个郡则位于湖北省内,即为江夏(包括现在的武汉)、南郡(包括江陵)和南阳(包括襄阳,即荆州的首府)。曹操南下时,北面三郡都已为曹军占领,而南部四郡由于距离较远,大致仍维持着半独立状态,尽管在名义上已经归降曹操。

刘备此时派遣诸葛亮统一指挥关羽、张飞、赵云三支兵力去收拾南部四郡,而其余的部队则由自己统率去帮助周瑜攻击江陵城。从战斗序列上看,即可知道前者代表他的主力。诸葛亮很快就把这四郡收复,这也是非常自然的,因为那些地区本来就是荆州的领土,不可能对刘备的兵力作顽强的抵抗。

另一方面,少年气盛的周瑜却在打硬仗。他虽然攻下了江陵城,但自己也身负重伤,结果到建安十五年(210年)遂不治而死。那时他只有36岁,可以说是英年早逝,非常可惜。小说《三国演义》中描写的关羽在华容(道)放走曹操,以及诸葛亮气死周瑜,那完全是胡说八道,不过从战略的观点来看,刘备不曾倾全力追击曹操却是事实,所以若以这种观点来解释,指责他放走曹军似乎也不无理由。

江陵攻下之后,这个"战役"(Campaign)也就暂告结束,局势暂时恢复了平静。在此对于有关名词的使用要略作解释。在西方军事术语中,"会战"(Battle),"战役"(Campaign),"战争"(War)代表三个不同的层次,各有其定义,不可以随便乱用。但在我国古书中,"战"和"役"常常混用,而且也无明确界定,所以应特别注意,最好不要用"xx之役"这样的话,因为那实际上是指会战而言。

此时若作一次结算,则可以发现荆州七个郡,刘备获得了四个,孙权获得了两个(江夏和南郡),而最北面的南阳郡仍然保留在曹操的手中。若专就郡数来比较,似乎在这场赌博中,刘备是大赢家,尤其是他本来寄人篱下,无尺寸土,现在已有四个郡的地盘,更应该算时来运转。

这一时期,对于荆州的主权问题并无任何法理上的争执。因为刘表的长子刘琦还在,荆州应该物还原主,实乃理所当然。所以在赤壁之战后,遂由孙权和刘备联名上表给汉献帝保刘琦为荆州牧,完成了合法的手续。当然刘琦只是挂名而已,实权是在刘备手中。不久刘琦病死,于是孙权又表刘备领荆州(209年),这也表示孙权对于刘备在荆州的政权合法性已作主动的承认。

因此,以后所谓"借荆州"的说法实在非常牵强,而且于法无据。荆州本是刘家故物,孙权何得而借之。这些争论留待下文再谈,专就赤壁之战后的情况而言,刘孙之间仍属合作无间。其理由也很简单,可以略释如下:曹操虽败但孙曹之间的和平关系并未形成,双方仍处于敌对的状况之下,孙权必须依赖刘备的合作。尤其是周瑜死后,孙吴损了一员大将,而代替他的鲁肃又是一位能识大体、力主孙刘合作的人,所以在那个阶段,双方的关系相当好。

实际上,刘备兵力有一部分驻在南郡的境内。他将司令部设在江陵对岸的油口(后改名公安),并在那里筑城,表示有久居之意。所以假使说刘备"借"荆州,那也许只应解释为他借了南郡的一部分,即长江以南的几个县。不过,很明显,那是出于战略上的需要,而且也是孙权同意的。

到第二年(211年),情况又有新的发展。刘璋主动派法正到荆州迎刘备入川,这对刘备而言,真可以说是天赐良机。刘璋为什么会采取这样的行动,概括地说,是受到张松和法正的影响,而这二人早已与刘备互通声气,所以,我们应该说这是一次政治战的成功运用,至于其中的细节今天人们已无法知道。

刘璋之所以做出这样的决定,主要是受到曹操的威胁,换言之,他希望借重刘备去抵抗曹操。但这却是一个致命的决定,真是引狼入室。刘备入川带去的部队并不多(约二三万人),这也是有道理的,因为他希望用政治手段来达目的,而不准备使用武力。假使兵带得太多,反而会引起刘璋的猜疑。同时荆州是其立足之地,而且对未来发展非常重要,所以必须留驻重兵。因此,他把他所有的老部下(包括诸葛亮)都留在荆州而只带赤壁战后吸收的新部下前往益州。

这些安排都不错,但可惜入川之后并不像他所想象的那样顺利,结果还是不免使用武力,这也给予后世一个很有价值的启示:政治手段往往有其极限,想完全不用武力可能是一种一厢情愿的想法。天下没有白吃的午餐,要想收获必须付出成本。希特勒在第二次世界大战以前也是对政治战略作了过高的期待,结果才会投入战争而不能自拔。

事实上,刘备征服益州一共花了4年的时间,到214年,才算是终于达到了"跨有荆益"的目标。换言之,也就是勉强地完成了《隆中对》所想象的第一个阶段。不过,所付出的成本也很大,就战略而言,最大的牺牲就是不得不动用了保留在荆州的总预备队。诸葛亮、张飞、赵云都奉调入川,在荆州只有关羽留守,这对于未来的战略发展构成严重的隐忧。

吴蜀关系的变化

当刘备"取成都"这幕戏刚刚收场,孙权导演的"讨荆州"就紧跟着上了场。吴蜀之间的争论根本不是讲理的问题。双方的关系本来就是以利害为基础,从国际关系的理论来看,这也非常正常,古今中外都是一样。所以"借"和"讨"只是一种外交辞令,不必多花时间去研究。值得重视的还是19世纪英国外相帕默斯顿(Lord Palmerston)所说的那句名言:"国家只有永久的利害,而无永久的敌友。"

同盟只是一种手段而不是目的。当目的改变时,手段当然会随之改变。孙权之所以要与刘备缔结同盟,主要是想对抗曹操。213年(建安十八年),曹操再度南征,至濡须口而还,此后孙曹关系遂趋于缓和,其暗示孙权已经不再像过去那样需要刘备的合作。同时,刘备的主力都已入川,荆州空虚,也授人以可乘之隙。这些因素加在一起,结果即为孙刘交恶,战祸一触即发。

建安二十年,吴将吕蒙袭取了长沙、桂阳二郡,关羽往救也为鲁肃所击败。荆州眼看危在旦夕,刘备只好亲率大军赶到公安,准备发动反攻。孙刘如此失和,无异给曹操制造机会,于是他开始进兵汉中。此时刘备才决定与孙权讲和,最后双方达成了协议,关系又恢复正常。

这次签订的和约很值得分析,结果是双方以湘水为界,平分了荆州,东边属孙权西边则属刘备。刘备牺牲了长沙、桂阳二郡的大部分,而换得了南郡的江北部分。从战略观点来看,刘备并未吃亏,因为刘备志在中原,南郡对他有特殊的重要性,可以作为跃出的跳板。令人百思不解的是《三国演义》对这次孙刘交战及其后果竟然一字不提。这一事实对于研究者而言有很大的重要性,因为若不知道这段插曲,则对以后的若干变化就不易获得相当的了解。

对于刘备而言,危机虽然度过,但很明显,这是一次严重的警告,它至少已经暗示出下述四个问题,一位心灵够敏感的战略家,对此警告绝不会忽视。

1. 它暗示刘备新征服的荆益帝国,基础非常脆弱。对于他来说,显然扩张得太快。所以他迫切需要的就是时间,好让他能够用来巩固其新帝国,那也就是应该赶快推行诸葛亮在《隆中对》中所建议的内政和外交政策。

2. 到了跨有荆益之后,东吴的合作对于刘备而言,其重要性也就日益明显。严格地说,若无孙权的合作,不要说是进攻中原,就连确保荆益都很困难。诸葛亮对此早有认识,但刘备是否有此共识则似有疑问。不过,想争取东吴的合作,必须付出重大成本,这是一个关键问题。争天下者必须不惜成本,刘备的老祖宗刘邦在这方面有杰出的表现,可惜他的子孙远不如他那样有魄力。

3. 荆州虽为"用武之国",但就战略地理而言,它的形势暴露,夹在孙曹两方之间,的确是腹背受敌。所以除非后方的安全有足够的保障,否则贸然向北进攻,实无异于自取灭亡。欲求后方安全能有保障,则所依赖的有两个因素:一是与东吴保持可靠的同盟关系;二是当大军北上时,荆州仍有足够对抗奇袭的能力。

4. 基于以上的分析,则刘备对于荆州不仅应留置适当的兵力,而且更应慎选留守的将领。这里就要谈到关羽的问题。当初刘备入蜀时,把诸葛亮留在荆州,这种安排也是正确的,等到以后,诸葛亮不得不调走时,留下关羽守荆州,也算是合理的安排。有人曾指出,若能改派赵云,荆州也许不会丧失。这不仅是一种"后见之明",而且依照当时的情况也不可能。关羽在刘备军中地位最高,根据人事制度当然非他莫属。还有一点最容易引起误解,那就是赵云的地位。大家都被小说骗了,以为赵云仅次于关张,实际上，赵云的官阶要低得多。不过这次危机却已证明关羽能力有限，不足以当大任，所以，刘备没有乘机调整人事，而让关羽继续驻守荆州，至少应算是一种疏忽。

瓜分荆州之后，孙刘双方虽能暂时和平相处，但真正的合作关系并未建立。尤其是关羽不仅完全不懂外交，而且态度也非常恶劣。东吴方面，一向主张联刘抗曹的鲁肃又已病逝，接替他的人是吕蒙，正是上次危机的制造者。到建安二十三年（217年），孙权与曹操恢复正常关系，所以实际上，孙刘的关系已经接近破裂的边缘。

就在同一年，刘备接受法正建议，进兵汉中，而曹操在与孙权和解之后，遂于次年进兵长安，出斜谷，到汉中与刘备对抗。这次汉中战役打到建安二十四年五月才结束。结果是曹操退回长安，放弃汉中。对于刘备而言，这是一次很大的胜利，同时，也是他有生以来第一次单独击败曹操，但可惜这也是最后一次。

汉中战役胜利结束之后，刘备又接受法正的建议，在七月间自立为汉中王，并且大封功臣。从战略上来看，这一行动并非没有意义。汉朝的中央政府此时已经名存实亡，不绝如缕，曹操已在建安二十一年晋爵为魏王，这也是篡汉的先声。刘备素以复兴汉室为己任，此时重建一个政治中心可以发挥号召作用，而且汉中是当年高祖发祥之地，称汉中王，更可振奋人心。

刘备称王之后就回到成都，只留下魏延镇守汉中，表示战事已经完全结束。但非常奇怪，关羽却在八月从南郡向襄阳和樊城发动攻击。假使说这个攻击是在汉中战役尚在进行时发动，则在战略上具有牵制的作用，但到此时发动，简直是画蛇添足，毫无意义。我们也不能认为那是由于协调不佳，在行动的时机上缺乏密切的配合，因为汉中的战事在五月即已结束，到八月中间隔了三个月，足以证明二者之间不可能有任何关联。

关羽这次行动与诸葛亮的《隆中对》没有任何思想上的联系。因为诸葛亮所假想的"命一上将，将荆州之军以向宛洛"是总体计划中的一部分，绝非单独行动，而且更要有其必要的先决条件。第一，必须"外结好孙权"。很明显，仅凭荆益之众还是不能收复中原，要想打倒曹操必须孙刘协力。所以对于孙权的要求不仅为消极的中立，而是积极的合作。第二，必须"天下有变"。除非曹魏集团内部发生了严重的问题，否则即令是孙刘合作，也还是胜算很少。最后还有第三点，荆州方面的攻击只是钳形攻势中的一面，而且也不是主攻，刘备在结束汉中战役之后，很显然需要休息，自无"身率益州之众出于秦川"的可能，所以关羽的行动更是荒谬。

关羽的行动很可能是出于他自己的决定，事先甚至不曾报告刘备，因为照当时的情形来看，他有相当大的自主权。他之所以这样做，其动机可能是看到他人在汉中立有战功，所以希望自己能有更好的表现。不管如何解释，他的战略却是完全错误的。结果在初期虽能获得若干战术性的胜利，但等到攻城不下，曹军来援助时，吕蒙从后面发动奇袭，攻占江陵，使其进退失据。关羽此时腹背受敌，其毁败已成定局，到十月间由樊城退走时，中途遇伏击被杀。

诸葛亮在《后出师表》中说："吴更违盟，关羽毁败。"就逻辑而言，这种说法是正确的，因为吴若不违盟，则关羽北进不利时还可以退回荆州。但就战略而言，关羽发动攻击时，孙刘之间的同盟关系早已不存在（至少是名存实亡），所以当时关羽要想守住荆州都已不易，如何还可以轻举妄动？

有人指出,当关羽受到魏吴两面夹攻时,刘备为什么不赶紧援救,而坐视关羽毁败呢?从时间上来分析,似乎可以获得一种解释。关羽是八月出师,到十月全军覆没,前后不过两个月,而在最初阶段他还打得很好,所以情况的逆转来得太快,从成都到荆州距离相当遥远,以当时的通信和运输条件而言,刘备很难采取适当的措施。

总而言之,问题的关键还是孙刘不能合作。本来在国际事务中,总是和比战难,双方不能合作,不一定是哪一方面错,甚至都没有错。不过,从战略的观点来看,刘备若欲进窥中原,甚或只想确保荆益,都有赖于孙权的合作,则实属毫无疑问。

黄金时代的尾声

从历史的观点来看,曹丕称帝(220年)才是三国时代的开始;但从战略的观点来看,自曹操和刘备相继去世之后(分别为220年和223年),所谓"黄金时代即已接近尾声"。此后三国鼎立,暂时成为定局,虽然三国之间互相攻伐,但对于基本权力结构均已不能产生任何重大改变。这种局面大约勉强维持了40多年才开始发生突变。263年,魏军大举伐蜀,刘禅投降;接着在第二年,司马炎采取曹丕模式,改魏为晋。于是三国已亡其二,但是吴国仍能继续偏安江左,苟延残喘。到了279年,晋国才分六路进兵,大举征吴。次年,孙皓投降。所以三国时代的结束应定为280年,从曹丕称帝算起至此三国时代共计60年,从汉献帝初平元年(190年)算起,则长达90年。

自曹刘相继去世之后,在战略的天空中呈现出月落星稀的景象,假使说还有一颗闪闪发亮的"将星"仍然留在黑暗的长空中,那就是诸葛亮。

刘备死后,诸葛亮才正式当国,这是 223 年,他逝世于 234 年,这 11 年可以算是诸葛亮的时代。不过,他的处境很恶劣,所接管的是一个非常脆弱而且危机四伏的国家。当时荆州已经完全丧失,所剩下的只有一州之地。经过连年用兵、累遭失败之后,国家的军事实力已有很大的消耗,外交方面则完全处于孤立的地位。同时,内部也隐藏着严重的危机,政府中已有分离分子出现,而在边区更有南蛮的叛乱。所以,真如诸葛亮在《前出师表》中所形容的,"此诚危急存亡之秋也"。

面对着这样的情况,而刘备又临终托之以大事,可以想见诸葛亮此时所承受的心理压力是如何巨大。**但他还是表现出其意志的坚定和智慧的高远。从历史记录上来分析,他的决定和行动都足以证明他有资格列为世界级的一流战略家。**若干批评者的意见不仅不太公平,而且似乎没有把事实的真相搞清楚。

诚如法国博弗尔将军所指出的,**战略是一种思想方法。战略家是用一种特殊的方法来思考问题的。**这种方法的要点就是必须首先确定"总路线"(Ceneral line),然后再根据总路线来采取行动。尽管行动应有弹性,也可以根据环境来作适当的调整,但整个战略路线却必须保持一定的方向。

诸葛亮几乎是立即就做出其基本战略决定,而且在他当国期间,此种基本路线也能始终维持不变,凭这一点即应认为他具有高度的战略天才。他所作的决定有二:一是联吴制魏;二是以攻为守。

"联吴"本是《隆中对》中的基本观念,诸葛亮对于这一点有极明确的认识，但是过去因为种种原因，而使这种路线未能坚持，结果才有"关羽毁败，姊归蹉跌"等一连串的不幸事件发生。到了此时再来重弹联吴的旧调，不仅环境已经完全不一样，而且心理上的障碍也非常难以克服。所以，诸葛亮能够排除万难，毅然采取联吴政策，足以充分表示其果断和明智。

在此，可以提供一项重要的原则：**国家大事必须诉之于理智而不可诉之于感情。对战略家而言只有一种考验，那就是利害。战略路线只要符合国家利益则必须排除众议，坚持到底，而不可受任何感情因素的影响**。这种原则就理论而言，似乎很简单，但人都是感情动物，战略家也不例外，尤其在决策过程中必然有反对意见出现，而且往往理直气壮，很难予以驳斥。

公元 229 年，吴王孙权主动称帝并遣使告蜀，这对蜀国而言是一个相当敏感的问题，因为蜀一向坚持"汉贼不两立"的原则，吴称王尚可容忍，称帝即构成挑战，所以蜀国有许多人主张与吴断交。此时，诸葛亮却表现出他的高度战略弹性，不仅派使者到吴国"庆其正号"，并且利用这个机会与吴国签订了一项比过去更具有实质内容的盟约。

诸葛亮的联吴战略可以说是相当成功，自从他当国之后，蜀吴双方始终合作无间，使蜀国的确已"无东顾之忧"。甚至在他逝世之后，此种政策仍能继续推行，直到蜀亡为止。

但是他的第二条基本路线"以攻为守"，在某些人眼中似乎并不那样成功，而且究竟应否采取这样的路线也曾引起很多争论，不仅在当时，甚至到今天仍然如此。

假使我们认定诸葛亮的基本观念就是"以攻为守"，则从历史记录上来看，他的战略运用还是相当成功的。因为在长达 10 年以上的阶段中,蜀国不曾丧失任何领土,而且还经常保持着出师讨贼的态势。我们绝不可以批评他劳而无功,浪费国力,至于在作战方面虽曾偶遭挫败,这也不能算是大错,因为不仅"胜负兵家常事";而且即令诚如陈寿所云,他是"奇谋为短",也不影响其作为大战略家的评价。

现在就要谈到第二个问题:诸葛亮究竟应否采取"以攻为守"的战略?这个问题不仅远较复杂而且也更值得深入分析。

有人认为,如果诸葛亮的目的只是限于防守,则他实无一再发动攻击之必要。因为益州险塞,他只要凭险固守即能达到其目的,这样可以保存较多的资源以供厚植国力之用。反之,以诸葛亮的战略修养,他应该知道天下三分已成定局之后,如果天下无变,仅凭蜀国的努力根本不可能收复中原,所以他在这个阶段的行动似乎已经违反自己的原则。

这些批评从表面上看来,似乎相当正确,但诸葛亮的"以攻为守"并非那样简单,我们必须了解当时的背景,然后始能作比较客观的批判。

克劳塞维茨有一句名言:"**任何战略计划都是政治性的,对一重大战略问题不可能作纯军事的研究判断,也不可能用纯军事计划去求解。**"这一席话可提供很重要的启示。当刘备崩殂,诸葛亮接管政权时,其所面对的政治环境非常恶劣,不仅外交孤立,边区叛乱,而且政府内部也已呈现分裂和颓丧的现象,甚至已有人暗中通敌。在这样的环境之下,最重要的工作就是振作精神,重整士气,否则就会自动崩溃,绝对不可能持久。

因此,"以攻为守"是一种具有高度政治意义的战略,必须发动攻势才能团结内部、振奋人心。这样才能渡过政治难关,若仅采取

第五章　从战略观点看三国时代

消极的守势,则在心理上无异于已经承认失败,其后果当然不堪设想。而且从另一角度来看,"以攻为守"的军事战略与"联吴制魏"的外交战略彼此之间又有微妙的配合。蜀国之所以想要联吴是为了制魏,反而言之,吴国之所以愿意联蜀,当然也是为了同样的目的。诸葛亮一再发动攻击,就是要向吴国表现蜀有制魏的能力,这可以产生两种心理反应:(1)使吴国尊重蜀国的实力,并愿意保持双方的合作;(2)刺激吴国起而仿效的意愿,这样就更能产生制魏的实质效果。如果蜀国采取坐守的态势,则吴国就可能要考虑改变其联蜀政策。事实上,在诸葛亮当国的 10 年间,吴国曾累次与魏国作战,的确尽到其作为同盟的义务。

基于以上的分析,我们对于诸葛亮大战略家的地位应予以肯定。在他死后,三国时代也就不再有值得一谈的战略问题,所以本章也就写到这里为止。

第六章
北宋为何积弱不振

引言　　　　　冗兵与冗官
宋之开国　　　两次变法
　一、重文轻武　北宋的外患
　二、强干弱枝　　辽宋的对抗
　三、分权制衡　　宋与西夏
　四、先南后北　　金灭辽宋
　五、定都开封　结论

引　言

　　当我们谈论中国历史时,提到战国时代的秦,通常都喜欢加上一个形容词说它是"强秦",而谈到宋代时,则往往会形容它是"弱宋"。的确如此,在我国历史中的各个朝代似乎很少有像宋朝这样如此积弱不振者。宋虽然勉强完成了统一,但始终不能建立一个强大的国家,甚至也摆脱不了贫弱的命运。严格说来,宋从建国之日起就只能算是偏安之局,而且也一直与外患相终始。为什么北宋一代会如此衰弱？这不仅是史学家,而尤其是战略家所应该深入探讨的一个问题,因为这一问题的研究可以给予我们很多的启示和教训。

　　宋代并无内乱,甚至少许的匪祸也不严重(《水浒传》是小说不足为证)。以政治而言可以算是相当的清明,一向困扰着中国政治的权臣、外戚、女主和宦官等问题几乎完全不存在,这在中国政治史中可说是少见的现象。用现代的说法来形容,宋朝的政治可以说是相当自由开放,至少士大夫阶级享有高度的言论自由。就一般社会阶层而言,所过的也可以算是一种精致生活,据外国人的考据,开封城内到处都有水声花香,生态环境保护得很好(见拙译:《只有一个地球》)。民风文弱是生活方式的自然后果,官吏坐轿、妇女缠足的习俗都是起自这个时代。

　　从内政的观点来看,宋朝的成就至少不比其他任何朝代差,但可惜的是安内并不足以攘外,宋朝之亡是亡于外患,这是一个非常值得警惕的事实。近代西方学者论国家利益时,认为生存为首要,如果政府不能确保其国家的生存,则其他一切成就即令再显著,结果也还是等于零。宋朝的往事在这方面足以发人深省。

宋之开国

宋之开国与汉唐不同,宋太祖(赵匡胤)是靠军人拥护而取得政权的。所谓陈桥驿兵变,黄袍加身,要算是五代史中军人拥立皇帝的第四次。所以建国后当权者的第一要务就是裁抑兵权,使这样的军人政变不再发生。这也正是宋室政权确保生存的惟一途径,从国家利益的观点来看,这种政策并无错误,问题是任何政策都有利亦必有弊,如何作适当的控制而不让它发展过度,实乃高度的艺术。宋太祖采取一系列措施以杜绝军人干政、藩镇割据的遗风,可以算是非常成功,北宋一代从无内乱即为明证。但是这种政策的后遗症也非常严重,宋朝因此而积弱不振,对于外侮几乎变得毫无抵抗能力。

克劳塞维茨在观察1806年普鲁士的战败时,发现以前数十年的政策在战争尚未开始之前即早已大致决定了其胜负。宋代的积弱不振,我们也可以说开国时所采取的某些政策实为其根本原因。概括地说,可以分为下述五点:

一、重文轻武

政府对于文人采取尊重和优待的态度,对于武人则采取轻视和抑制的态度。所谓"文人管兵"的原则在宋代的确已做彻底的实施。宋朝以科举取士，有"一考定终身"的趋势。甚至有人说，"状元及第，虽将兵数十万，恢复幽蓟……献捷太庙，其荣无以加"（引尹洙①语）。在这样的风气之下，职业军人感到自惭形秽，完全丧失自尊心，而且人微言轻，对于国事根本没有发言权。另一方面，文人都向考试的窄门里钻，读书就是为了应考，于是一切经世之学也就无人讲求。所以南宋刘克庄（后村）有诗云："先皇立国用文儒，奇士多为笔墨拘。"

二、强干弱枝

宋代采取高度的中央集权制度，这当然是为了防止军阀割据，但其弊病却是使地方州县不但没有自卫的兵力，而且也没有建设的财力，这是贫而且弱的另一根本原因。尤其是在兵役方面宋采取一种非常特殊的制度。兵员以招募为主要来源，应募者非游手好闲，即负罪亡命，因此素质不佳。然后又将其中比较优秀的兵员都集中在都城，称为禁军，至于留下来的素质差的士兵，分驻各地方，称为厢军。后者根本就不是兵，但同样吃粮，所以养兵虽多，却毫无一战之力（下节还要详细分析）。

三、分权制衡

宋朝的中央政府，若用政治学的术语来说明，可以说是非常合于"制衡"（check and balance）的原则，皇帝、宰相、谏官（相当于民

---

① 尹洙（1001—1047年），字师鲁，洛阳（今河南洛阳）人，北宋散文家，世称河南先生。

尹洙一生喜谈兵事，所著《叙燕》《息戍》《兵制》都是谈兵并讲西夏形势的。其中有历史经验，也有现实经验，并非空谈。他又精于史学，欧阳修曾与他商议修《五代史》。今集中尚存《五代春秋》两卷。——编者注

意代表)三者之间构成微妙的平衡。而其结果则导致了政治瘫痪(汪彝定先生①称之为"无力感",见 1983 年 2 月 1 日《中国时报》)。宋代的宰相权威远不如前朝:宰相不与闻兵事,军令权属于枢密院(参谋本部),甚至财政归之于三司(户部司、盐铁司、度支使司)也不受宰相支配。另一方面,谏官却有很大的权威,对于任何问题都可批评,而且其分别代表不同的"利益集团",以致任何政治改革都不可能。最后,太祖又有誓约,藏之太庙,"不杀大臣及言事官",这样更使他们无所畏惧,而敢于发动激烈的政治论战。因此,到了紧急关头,政府就会丧失其决策能力,此即所谓"宋人议论未定而兵已渡河",实可为殷鉴。

四、先南后北

宋太祖在开国时,听赵普②之谋作了一个非常重要的战略决定,那就是采取先南后北的统一作战。从好的方面来说,这是一种老成持重的想法,因为南方诸国几乎都不成器,比较易于征服,而

---

① 汪彝定(1920—),安徽省旌德县人。西南联合大学法律学系毕业。曾任矿务科长、物资局第三处处长、煤业调节委员会总经理、"行政院"外贸审议委员会研究室主任,台与中南美贸易推展小组召集人,"经济部"证券管理委员会主任委员、常务次长等职。1976 年 10 月任"国际贸易局"局长。1978 年 6 月任"经济部"政务次长,1985 年 3 月任该部顾问。1990 年任台湾糖业公司董事长。1981 年 4 月、1988 年 7 月当选国民党第十二、十三届中央委员。1993 年 8 月被聘为第十四届中央评议委员。——编者注
② 赵普(922—992 年),字则平,幽州蓟人,后徙居洛阳,北宋著名政治家。
显德七年(960 年)正月,与赵匡胤发动陈桥兵变,以黄袍加于赵匡胤之身,推翻后周,建立宋朝。乾德二年(964 年),任宰相,协助太祖筹划削夺藩镇,罢禁军宿将兵权,实行更戍法,改革官制,制定守边防辽等诸多重大措施。992 年 7 月因病辞世,追封为真定王,赐谥"忠献",太宗亲撰并书写八分字神道碑赐之。咸平元年(998 年),追封为韩王。次年,又诏普配飨太祖庙。
赵普虽读书少,但喜《论语》,有"半部《论语》治天下"之说。对后世很有影响,成为以儒学治国的名言。——编者注

北方的契丹(辽)则势力强大,不易应付。但是此种战略构想的弱点是避重就轻,假使不能乘开国时国威鼎盛之际,一举击破强敌,而等到南方平定,兵力疲惫之后,更将成为强弩之末。果然到太宗时,虽已统一江南,并再平北汉,但对辽两次亲征都惨遭失败。于是幽蓟之地始终无法收复,而北面的威胁也就成为宋朝的致命伤。当然太宗战败的原因很复杂,但最初战略决定的错误是很关键的因素。

五、定都开封

宋朝定都开封从地略的观点来看非常不适当。黄河北岸的敌骑若长驱南下,三四天即可到达河边,而开封位置在南岸上,地势平坦暴露,没有任何天然屏障,敌人只要一渡河则都城立即会面临直接威胁。同时对于西北也鞭长莫及,难于控制,所以契丹之外又有西夏的边患发生。不过宋都开封又自有其不得已的原因:(1)从朱温建立梁国时起,开封就是五代的旧都,在宋以前的周也以此为都,它有现成设施,宋接收了周的政权,在此定都是一种自然的安排;(2)张方平[①]说:"今日之势,国依兵而立,兵以食为命,食以漕运为本,漕运以河渠为主。"开封有漕运之便,对于国防政策(把禁军集中在首都)是理想的选择;(3)由于受到唐末五代时的兵祸,长安、洛阳两地都已残破不堪,所以要想迁都也非易事。尽

[①] 张方平(1007—1091年),字安道,号"乐全居士",谥"文定",应天府南京(今河南商丘)人。景祐元年(1034年),中茂才异等科,任昆山县(今属江苏)知县。又中贤良方正科,迁睦州(今浙江建德东)通判。历任知谏院、知制诰、知开封府、翰林学士、御史中丞,滁州(今属安徽)、江宁府(今南京)、杭州(今属浙江)、益州(今四川成都)等地长官。神宗朝,官拜参知政事(宰相),反对任用王安石,反对王安石新法。哲宗元祐六年(1091年)卒。赠司空,谥文定。有《乐全集》四十卷。——编者注

管定都开封属事非得已,但此种苟安之计最终还是产生了非常严重的后果。

冗兵与冗官

富国为强兵之本,实乃不易之真理。北宋一代不仅对外积弱不振,国内也终年闹穷,而且形成恶性循环,终致不可收拾。所以这个国家也就变得奄奄一息,无力从事任何建设。即令没有外患,也还是非亡不可。

在中国过去的历史上,只要国家统一,国力马上就会随之恢复,以全国的土地和劳力供养一个中央政府,只要不是穷奢极侈,好大喜功,则绝对不至于患贫,而宋代的情形却可算是例外。其主要原因有二:一是养兵,二是养官。

通常新王朝建立,天下统一之后,必定会一方面实行军事复员,一方面建立新的国防体系(军制)。只有宋代的情形特殊,军队不但不曾复员,反而人数日益增加。据估计:

年 号	公 元	兵员总数	内含禁军数	附 注
太祖建隆时	960	200 000	——	开国之年
太祖开宝时	968	378 000	193 000	
太宗至道时	995	666 000	358 000	
真宗天禧时	1017	912 000	431 000	
仁宗庆历时	1041	1 259 000	826 000	
英宗治平时	1064	1 382 000	663 000	

以上只是一种约略的估计,当然也有其他不同的数据,但概括言之,从太祖到仁宗前后不过百年,兵员增加达6倍以上,实在很够惊人。为什么会有这么多兵员?其原因可分述如下:(1)这种募兵制的部队逃亡率极高;(2)在战争中的消耗也非常大;(3)吃空缺成为公开的事实;(4)凶岁募饥民当兵,把兵役当作救济失业的工具,此种政策虽可收效于一时,但从长远的观点来看,其使成年健壮者游惰,而留耕者皆老弱,于是农村生产力遂日益减弱。

募兵终身服役,自20岁至60岁,其间40年,实际可用的时间至多不过20年,换言之,至少有20年是白吃粮。至于所谓厢军,实际上是杂役,但也由政府供养到死。假定养兵100万人,其中至少有40万为厢军,而禁军60万人中又至少有1/3为老弱,再加上其他的消耗,所以能用之兵最多不会超过30万人。这种部队极易流于骄惰,据云"卫士入宿即不自持被而使人持之,给粮不自荷而雇人荷之",简直像老太爷一样,如何能够打仗?

宋朝的制度是把精兵(禁军)都集中在首都,但这只是一个理想,因为如此巨大的国土,不可能没有驻军(厢军毫无用处),于是采取禁军分番戍守郡县的措施。然三年一调防,即无异于作战一次,故在平时军费的支出有时与战时相等。这种办法不仅减弱京城的防御力量,而且也增大部队的消耗,另一方面,这些部队在某一地区驻防好像做客一样,根本不能熟悉情况,所以战斗力也大打折扣。

宋代的军队,沿着五代的积习,除正式的薪饷以外,还有各种不同的额外赏赐,其中最著名的是三年一次的"郊赉"。据估计在英宗时,禁军约70万人,每年需军费3 500万缗(1 000钱),厢军约50万人,每年需军费1 500万缗,共为5 000万缗,而此时政府收入只有6 000余万缗,换言之,养兵之费几乎占全部岁入的5/6,

这真是一个骇人听闻的情形。即令上述的数字不免夸大,但军费支出之大还是毫无疑问。

其次,宋代政府是一个标准的"大政府"(big government),不仅冗员充斥,而且待遇极佳,同时职业也有保障,做官可以做一辈子,又有"祠禄",即退休后还有"下台俸"可拿,还有荫子荫孙的恩典,于是做官的人不仅自己可以做一辈子,而子孙后代也都吃定了政府的俸禄。下述的数字可见一斑:

年　号	公　元	官数(人)	俸禄(万钱)
真宗景德时	1004	10 000	9 785
仁宗皇佑时	1049	20 000	12 000
英宗治平时	1064	24 000	16 000

这样多的公务员所司何事?严格说来,有许多人都无事可做,而一般机关的行政效率也极低落。大多数知识分子只会应考试和唱高调,他们维护自己的特殊利益,反对一切改革,使政治陷于瘫痪。

总而言之,宋朝竭力想抑制军人,然而不能不养兵;竭力想提高文治,然而文人为害国家并不亚于军人。于是冗官耗于上,冗兵耗于下,国家元气大伤,到仁宗时(距开国约 100 年),想要粉饰太平都已不再可能了。

两次变法

一般人都知道王安石变法,实际上,宋代共有两次变法:(1)仁宗庆历三年(1043 年)的范仲淹变法;(2)神宗熙宁二年

（1069年）的王安石变法。前者可以算是后者的先声。

仁宗深感辽夏交侵，而财政又已达崩溃边缘，遂决定重用"以天下为己任"的范仲淹，要他负改革之责。范氏遂提出十项政见以为变法张本（即著名的"十事疏"）。其项目为：（1）明黜陟；（2）抑侥幸；（3）精贡举；（4）择官长；（5）均公田；（6）厚农桑；（7）修戎备；（8）减徭役；（9）覃恩信；（10）重命令。概括地说，前五项是属于人事改革的范围，最后两项则以提高行政效率为目的，只有第六和第八两项与经济有关，而与国防有关者则仅为第七项。

由此可知范氏的看法是必须从根本着手，首先改进公务员的素质，并提高行政效率，否则其他的政策即令再好也无法推动。这种观念毫无疑问是正确的，但必须假以时日，始有成功的希望。

仁宗几乎全部接受他的建议（仅第七项恢复府兵的观念因朝臣反对而被否决），但是范仲淹的改革计划却与士大夫（官僚集团）的既得利益冲突，于是引来极大的反对。仅仅一年的时间已经使他感到难以招架而只好自动求去。仁宗也不敢与举国汹涌的公众意见相抗，遂干脆打消变法的念头。

但变法的要求事实上依然存在，范仲淹的尝试虽然失败，不到30年王安石又继之而起。王安石的变法不仅规模较大，而且时间也较长，所以其产生的冲击以及在历史上的地位也远超过范仲淹。王安石受到神宗特达①之知，于熙宁二年为相，到熙宁六年，先后共5年，新法次第成立。到熙宁七年四月，暂停新法而王安石也随

---

① 特达，特殊知遇。唐·刘商《送庐州贾使君拜命》诗："特达恩难报，升沉路易分。"宋·罗烨《酬翁谈录·崔木因妓得家室》："昨日荷特达，使妾罚不及身，君之惠也。"《东周列国志》第六回："臣受主公特达之知，无以为报。"清·唐孙华《蒙恩召乾清宫西暖阁》诗："狗监无媒逢特达，兔园有册笑空虚。"——编者注

之罢相。八年二月复相,九年十月又去,从此不再起。但神宗仍继续推行新法(元丰八年即1085年神宗逝世时大部废止),直到哲宗元祐元年其全部废止,所以新法之实施,先后共计17年之久;

所谓新法的内容相当复杂,而且项目繁多,不易列举。概括言之,可分三大类:(1)经济政策,如"均输"、"免行"、"方田"、"水利"等;(2)社会政策,如"青苗"、"免役"、"和买"、"市易"等;(3)国防政策,如"保甲"、"保马"、"置将"、"军器监"等。关于王安石的变法又有下述几点特别值得注意。(1)他与范仲淹有极大差异,即范氏重视人事和行政改革,而他完全不考虑这些问题,只重视新制度的建立。有人认为这是儒家与法家,也就是人治与法治两种思想的差异,实际上并不尽然。王安石从未以法家自居,而且常以孟子自命。真正的原因可能是他看到范仲淹的失败而有所警惕,并且知道人事是一个非常敏感的问题,不欲因此而树敌过多。(2)王氏的新政几乎都是长远计划,对于当前的难题并不能提供立即有效的解决方案。宋朝的大病为贫与弱,而问题的关键即为如何消除冗兵与冗官,他的新政对此可谓文不对题。反而言之,为了推行新政,他更增加机构和人员,而为了立边功,自然也不能裁兵。(3)王氏的作风非常特别,大致说来,他对于旧的东西几乎完全不动(这可能是害怕反对),但同时又增设许多新东西。此种叠床架屋的办法完全不合乎行政管理的原则,所以他的改革效率极差。

王安石的新法虽然勉强推行了17年,但其最后的失败则为注定的命运,绝非任何人力可以挽回。因此,我们对其失败的原因似乎不必花费太多笔墨去加以检讨。在另一方面,值得指出的是,新法即令能获得相当程度的成功,对于宋朝的弱势也仍然不会有太多的补救。宋朝的病到神宗时已经很严重,要想治疗必须动手术或注射特效药,而王安石所开的药方只是一些温补剂,好像维生素等,这种药固然有益于健康,但不能治重病。所以就事论事,宋朝的两次变法都是徒劳无益的。

已故当代战略大师,法国博弗尔将军曾经指出:**人类的命运受到两个因素决定,一个是哲学思想,另一个是战略**。战略固应接受哲学思想的指导,但适当的战略选择又是保证哲学思想得以实现的惟一途径。范仲淹和王安石都不缺乏哲学思想,但却未能选择适当的战略,此实为变法不成的主因。

北宋的外患

北宋自立国时开始,即已种下贫弱的病根,等到两次变法不成,其康复的机会遂接近于零,奄奄一息,坐以待毙,只等外来的"野蛮人"来替这个王朝敲响丧钟。北宋一代的外患可分三方面,即辽、西夏和金。这三方面又有相当的关联,在时间上也错综重叠,但为了分析的方便,我们还是分别加以讨论。

辽宋的对抗

辽(契丹)的正式建国是在 916 年,比宋要早 44 年,它虽然是非汉族的国家,但已相当汉化。五代时,中原大乱,而辽却能维持安定和发展。当宋太祖建国时(960 年),辽国在北方早已是当时第一强国,尤其自石敬瑭割赠幽蓟十六州之后,宋在北面也就没有任何的屏障和缓冲之地。所以就形势而言,宋是处于不利的地位。不过有一偶然因素对宋有利,在这个阶段(947—967 年),辽国的两代君主(世宗及穆宗)都昏庸无能,实为宋人北伐的最好时机,周世宗(柴荣)曾一举而下三关可为证明。

宋太祖错过了这个北定燕幽的大好机会,等到太宗北伐时情势就变得大不相同。太宗才弱又无良将,而辽之景宗至少可以与他旗鼓相当,所以太宗两次亲征都惨败而归。到宋真宗时,辽国在其圣宗统治之下进入全盛时期,于是发动南侵,宋朝立即紧张万分,众议迁都,若非寇准力主亲征,北宋当时可能就已经南渡了。

寇准用孤注一掷的险计,终于达成"澶渊之盟",使宋朝渡过了第一次外交危机。在盟约中宋辽结为兄弟国(宋兄辽弟),宋岁输辽银10万两,绢20万匹。自此两国不交兵达120年之久,可以算是真正的长期和平共存。有这样长的一段时间,宋人若能发愤图强,即时努力,则国事尚可有为,但他们却因循苟安,一误再误,于是国事遂终不可为。

宋与西夏

西夏在战略上扮演一个非常有趣的角色。西夏本是唐朝胡籍藩镇余孽,赐姓李氏,到了宋仁宗时国势骤强开始对宋构成边患。范仲淹、韩琦①以中央大臣的身份被派前往陕西主持军事,但他们

---

① 韩琦(1008—1075年),字稚圭,自号赣叟,相州安阳(今河南安阳)人。北宋政治家、词人,天圣进士。他与范仲淹率军防御西夏,在军中享有很高威望,人称"韩范"。历经北宋仁宗、英宗和神宗三朝,亲身经历和参加了许多重大历史事件,如抵御西夏、庆历新政等。在仕途上,韩琦曾有为相十载、辅佐三朝的辉煌时期,也有被贬在外前后长达十几年的地方任职生涯。但无论在朝中贵为宰相,还是任职在外,韩琦始终替朝廷着想,忠心报国。仕途生涯中,无论在朝中为相,或在地方任职,都为北宋的繁荣发展做出了贡献。在朝中,他运筹帷幄,使"朝迁清明,天下乐业";在地方,他忠于职守,勤政爱民。是封建社会的官僚楷模。

熙宁八年(1075年)六月,在相州溘然长逝,享年68岁。宋神宗为他"素服哭苑中"御撰墓碑:"两朝顾命定策元勋"。谥忠献,赠尚书令,配享宋英宗庙庭,备极哀荣。

著有《安阳集》五十卷。《全宋词》录其词四首。——编者注

实不知兵,所以用了四五倍敌人的兵力,浪费了五六年的时间,还是不能获得胜利,最后还是以和议了事。宋岁赐西夏银绮绢茶共25.5万(单位不明)。这也引起辽人的眼红,要求利益均沾,于是富弼①使辽,重固和议,岁增银绢各10万。

到神宗时,这位志大才疏的青年皇帝很想开边耀武,而王安石为了巩固自身的政治地位也投其所好。辽国强大,宋不敢犯,于是选择西夏作为目标。这种战略可谓荒唐至极。事实上,中国西北部自安史之乱以后,饱经摧残,所以西夏的权力基础非常薄弱,最多也只能偶然犯边,而绝不会成为大患。宋之大敌在北面而不在西面,若能用经济手段安抚西夏,使其从侧面牵制辽国则远较有利。不采取此种战略,而劳师伐远,消耗宝贵的国力以追求毫无实利的威望目标,真是愚不可及。

神宗对西夏用兵前后将近10年,最初尚有王韶熙河之捷,使他精神感到相当满足,但王安石却妒忌王韶(西江同乡)的成功而予以抑制,使这位在宋朝惟一能打胜仗的军人无法出头。最后到

---

① 富弼(1004—1083年),字彦国,洛阳人,北宋名相。庆历二年(1042年)出使辽国,以增加岁币为条件,拒绝割地要求;次年任枢密副使,与范仲淹等共同推行庆历新政,条上所拟河北守御十二策。庆历五年(1045年)被排挤,出知郓州、青州(今山东益都)。时河北大水,难民四处流亡。富弼动员救灾,以地为食,募数万饥民为兵。

至和二年(1055年)与文彦博同为宰相,后因母丧罢职。宋英宗即位,召为枢密使,又因足疾解职,进封"郑国公"。熙宁元年(1068年)入朝,宋神宗赵顼问他如何处理边事,富弼说:"陛下临御未久,当布德惠,愿二十年口不言兵。"

富弼多次出使辽国,对西夏情形也十分关注,他认识到辽国"委实强盛",西夏"日渐壮大",与古代夷狄大不相同,已是中原文明的劲敌。富弼利用自己对宋、辽、西夏三国关系的透彻了解,助宋朝撬开辽夏同盟,使宋、辽、西夏三足鼎立的格局逐渐稳定下来。

熙宁二年,再度复相,因反对王安石变法,又求退,出判亳州(今安徽亳县)。拒不执行新政青苗法,声称"新法,臣所不知"。后退居洛阳,仍继续请求废止"新法"。

元丰六年(1083年)去世,享年八十,临终前上书神宗割地于西夏,以达修兵息民。谥号"文忠"。——编者注

元丰五年,卒有徐熙永乐之败,史称官军、熟羌、义保(民兵)死者60万人,帝临朝痛悼,于是结束了毫无意义的西夏战役,而辽人也乘机蠢动,结果宋又割让河东地700里。西夏在战略棋盘上本是一颗无关重要的棋子,如果运用得当,还是有其价值,但运用不当反而导致意外的损失。

金灭辽宋

宋辽在长期和平共存状况之下,政治日趋腐化,国防日趋松懈,于是金人乘机突起,两国遂接踵覆亡。辽国之衰始于辽道宗时(1055—1100年),而女真建国号(金)称帝则在1115年(宋徽宗政和五年)。金人初起,锐不可当,从始至终只花了12年的时间就征服了辽国(1125年)。此种趋势,自非宋人所能制止,但宋所采取的外交政策(远交近攻)不仅加速辽之覆亡而且也无异引狼入室。这种战略错误值得深入检讨。

当辽衰金兴之际,宋朝若有战略眼光应立即考虑未来的危险,为安全起见应设法保存辽国以为缓冲。如果害怕引起未来金宋之间的恶感,不敢援助辽国,则从慎重起见,也应一面采取中立态度,一面增强国防以预防辽亡后所产生的冲击。但事实上,宋朝所采取的却是联金灭辽的战略,那真是致命的决定。

宋徽宗重和元年(1118年),宋派马政由海道使金,约金出兵与宋夹攻辽国。金使报聘到汴京(开封)发现宋兵备废弛,遂轻视宋朝而未达成盟约。宣和二年(1120年),赵良嗣复使金,极言辽之可伐,并许以优厚条件,才缔结了同盟。内容可分三点:(1)宋金南北同时进攻;(2)灭辽后山前十七州(原燕云十六州加新设的景州)归宋;(3)宋与金岁币之数同于辽国。

开战之后,金兵势如破竹,而由童贯(宦官)所统率的宋兵反为辽国守军所击败,结果不得已始向金人求援,于是辽之五京均为金军所克服。金责宋出兵后期,只肯把山前六州归宋,若要燕京则须再付出代价100万缗,军粮20万石。宋皆屈从其要求,金人遂更轻视宋之无能而动了南下灭宋的念头。

宣和七年(1125)十月,金兵分两道侵宋,徽宗传位太子钦宗,接着即为"靖康之耻"。钦宗靖康元年(1126年)农历正月,金人渡黄河,围汴京。结果宋人求和并订条约如下:(1)尊金主为伯父;(2)割中山、太原、河间三镇;(3)输金500万两、银5 000万两。金人退兵后,宋又毁约,于是11月金兵再来,将钦宗父子掳去,并立张邦昌为帝,北宋遂亡。从灭辽到灭宋前后不到两年的时间。在这一战役中,宋兵几乎毫无抵抗,养兵百万而结果落得如此下场,良可哀也。

结　　论

北宋为什么积弱不振,终归覆亡,前面的叙述和分析似乎已经提供答案。从综合起见,现在再以四个字来作为总评,那就是"**战略无知**"。在北宋九朝186年的历史中,几乎找不到一位合格的战略家,汉有良、平,唐有李靖,北宋则既无知兵的文臣,也无善战的武将,从开国到亡国,所采取的国家政策,所作的战略决定几乎无一不错。如此立国焉能不弱?如此谋国,又焉能不亡?

第七章
明末三大战略思想家

引言
王余佑与《乾坤大略》
　一、兵起先知所向
　二、兵进必有奇道
　三、初起之兵遇敌以决战为上
　四、决战之道在于出奇设伏
　五、乘胜略地莫过于招降
　六、攻取必于要害
　七、据守必审形胜
　八、立国在有规模
　九、兵聚必资屯田
　十、克敌在勿欲速

何守法与《投笔肤谈》
　本谋第一
　家计第二
　达权第三
　持衡第四
　军势第七
　兵机第八
　战形第九
唐甄与《潜书》
结论

引　言

明朝在我国历史中不能算是一个光荣的时代。明太祖朱元璋虽然能够驱除鞑靼,重光禹奠①,但他建立的帝国,无论开国规模或以后的政绩,都不如汉唐远甚。概括言之,自从中期起,明帝国即已日益走向衰颓的道路。宫廷政治腐败,无论在陆上或海上,边患始终不绝。虽然其统治勉强维持了将近300年,但实际上,不过是苟延残喘而已。

尽管如此,国势的衰颓却对中国读书人(精英分子)在思想上产生很大的冲击。他们目睹时艰且怀有慨然以天下为己任的心态。其影响所及即为研究兵学的人非常多,而兵学著作以数量而论则更是居历代之冠。

尤其从明末到清初,外有异族的入侵,内有流寇的肆虐,对于中华民族而言,更是一个艰难困苦的阶段,但同时也有许多精英分子潜心于兵学的研究,希望能从学术报国的途径来对民族前途作永恒的贡献。这些先贤不仅志节堪嘉,而其在学术思想史中的地

---

① 重光禹奠,同"禹奠重光",禹奠,"禹甸",它和"九州"、"震旦"一样,都是中国之古称。甸含有"治理"的意思。《诗·小雅》有"信彼南山,维禹甸之。畇畇原隰,曾孙田之。"毛传:"甸,治也。"朱熹集传:"言信乎此南山者,本禹之所治,故其原隰垦辟,而我得田之。"本谓禹所垦辟之地。后因称中国之地为禹甸。

"禹甸重光"这四字常见诸近现代诗文,特别是在清室逊位和抗战胜利之后,很多诗家文人都书此志庆。——编者注

位也应获充分的肯定。

我国历史中最伟大的军事百科全书——茅元仪[①]的《武备志》,最伟大的军事地理著作——顾祖禹的《读史方舆纪要》[②],都是这个时代的产物。一直到今天,凡研究中国兵学的学者,这些巨著仍然是必备的参考古籍。不过,除此以外在同一时代中,还有若干其他的兵学著作,其中也有非常有价值却不太为人所知者。

本章的目的是要介绍三位不太为人所知的战略思想家以及他们的著作。简记,即为(一)王余佑的《乾坤大略》;(二)何守法的《投笔肤谈》;(三)唐甄的《潜书》。他们三人中除唐甄外,其他二人生平都已不详,不过,都是属于明末清初这个时代中的人。他们的著作侥幸能完整地保存,而且也都含有其特殊的创见。对于我国古代战略思想的研究,这三部著作是值得重视和分析的。

---

① 茅元仪(1594—1640年),字止生,号石民,归安(今浙江吴兴)人,文学家茅坤之孙。自幼喜读兵农之道,成年熟悉用兵方略、九边关塞,曾任经略辽东的兵部右侍郎杨镐幕僚,后为兵部尚书孙承宗所重用。崇祯二年因战功升任副总兵,治舟师戍守觉华岛,获罪遣戍漳浦,忧愤国事,郁郁而死。茅元仪目睹武备废弛状况,曾多次上言富强大计,汇集兵家、术数之书 2 000 余种,历时 15 年辑成《武备志》,对后世影响较为深远。时人称:"年少西吴出,名成北阙闻。下帷称学者,上马即将军。"——编者注

② 顾祖禹(1631—1692年),字复初,江苏无锡人,居常熟,顾柔谦之子。生于明毅宗崇祯四年(1631年),卒于清圣祖康熙三十一年(1692年),享年六十二岁。中国清初沿革地理学家和学者。生于江苏常熟,卒于徙居无锡宛溪,故称宛溪先生。他的高祖顾大栋撰有《九边图说》,曾祖顾文耀、父亲顾柔谦都通晓舆地之学。在家庭的影响下,他毕生专攻史地,以沿革地理和军事地理的研究为精深。从清顺治十六年(1659年)起,他参考二十一史、100 多种地方志和其他大量文献,并尽一切可能"览城廓,按山川,稽道里,问关律",实地考核异同,历时 30 余年,编著成 130 卷、280 万字的《读史方舆纪要》。《纪要》是一部记叙地理沿革、战争形势的历史地理专著,它不仅是历史地理研究者必读之书,也是历史研究者不可缺少的重要史籍。——编者注

第七章　明末三大战略思想家

王余佑与《乾坤大略》

王余佑,字介棋,自号五公山人,河北献县人。生卒年已不可考,大约为明末清初。早年受业于孙奇逢,学习兵法并随之征战。明亡后又从孙奇逢讲性命之学,并隐居五公山授徒讲学,五公山人之名即由此而来。他曾著作兵书数种,而足以显示其战略思想特点的代表作即为《乾坤大略》。

《乾坤大略》全书共十卷,外加补遗一卷,其卷目如下:

卷一:兵起先知所向。

卷二:兵进必有奇道。

卷三:初起之兵遇敌以决战为上。

卷四:决战之道在于出奇设伏。

卷五:乘胜略地莫过于招降。

卷六:攻取必于要害。

卷七:据守必审形胜。

卷八:立国在有规模。

卷九:兵聚必资屯田。

卷十:克敌在勿欲速。

补遗:佐胜之著,编中未录者,偶记于此。

王余佑对其著作此书的动机和书中的内容曾自作说明。他在总序中指出,该书主旨为:"**熟览天下之大势,推求古今帝王得失成败之机**。"他又进一步解释:"**此非谈兵也,谈略也。兵则千百端而不尽,略则三数端而已明矣**。"(跋)简言之,他是以分析历代成败得失的因果关系为目的。但他所重视者又非实质问题,而是抽象的原则。所谓"乾坤大略"即为"一般原则"(general principles)之意,所以他这部书也可以说是以提出"战争原则"(Principles of War)为目的。他做这样的尝试就时间而言又是远在西方学者之前,因为西方之有所谓"战争原则"是始自克劳塞维茨。

当然,这就难免有教条主义的趋势,不过作者早已考虑到这一点。他指出,这些原则是"其为机也甚活,其为用也甚广,其为体也甚约"。所以"此定局亦活局也,然须先识活局而后始识定局也,此又非解者不辨也"(跋)。简言之,他认为必须先从应用上去了解各种变化(活局),然后始能认清原则的永恒性(定局)。但这并不容易,因此他才说:"此又非解者不辨也。"

王余佑说:"十卷挨次而进,各有深意。"(跋)也就是自认为其书有合理的逻辑顺序,能够构成完整的思想体系。在每一卷之前都有"自序"足以表达其创见。虽然全书的绝大部分都是史例的叙述,但那只是对原则活用的示范而已,并非其主要部分。现在就依照其卷目的顺序来简介其精华。

一、兵起先知所向

王余佑的这部书每一卷都有一句卷名(卷首语),那是其全章的主旨,也就是现代军语所说的"战争原则"。所以严格说来,读他这部书的时候只要了解他那十句话的意义也就够了。而这十句话看起来似乎很简单,但诚如克劳塞维茨所言,简单并非意味着容易。若真能了解这套原则并能作弹性的运用,则亦可以为名将矣。

为何一起兵必先知所向?王余佑认为起兵"贵进取,贵疾速"、"进取则势张,疾速则机得",这就足以决定成败,其中关键又在选择进兵的正确方向。方向如何选择又是以敌之强弱为准。所以,

"敌弱或可直冲其腹,敌强断宜旁剪其支"。用李德·哈特的理论来解释,即敌弱时可采取直接路线,而敌强时则必须采取间接路线。其理安在?那就是"避实而击虚,乘势而趋利"。

这两句话原本出自孙子的思想,但王余佑曾作进一步的解释。他说:"避实击虚则敌骇不及图,如自天而下;乘势趋利则我义声先大振而远近向风。"简言之,前者足以对敌产生奇袭作用,而后者则更扩大其心理影响作用。这也正如李德·哈特所云,间接路线的意义不仅为地理性的,而更是心理性的。

二、兵进必有奇道

这一条可以说是前一条的补充或延伸。王余佑认为,既已决定了方向,则正道之存在自不待言,但"不得奇道以佐之,则不能取胜"。因为"一阵有一阵之奇道,一国有一国之奇道,天下有天下之奇道,即有时正可为奇,奇亦可为正",所以敢于断言其"必有奇道"。因此,他作结论曰:"进兵而不识奇道者,愚生也,黯将也,名之曰弃师。"

此种思想大致与孙子所见略同,孙子主张以迂为直,后人发先人至,要想达到此种理想,则必须采取"奇道"。李德·哈特也认为,虽然同时有直接和间接路线之存在,但善用兵者必然会尽量采取间接路线。

三、初起之兵遇敌以决战为上

进兵固然应尽量蹈隙乘虚,出奇制胜,但不可不与敌军遭遇,当与敌第一次遭遇时,必须主动寻求决战。其理由是"非我乐战也,不得已而与敌遇,非战无以却之"。盖兵已深入,若不猛战疾斗,一为敌所乘则无可救,反而言之,若能出其不意,一战而胜,则敌军丧胆,我军士气大振。这也正是"古所谓一战而定天下"的道理。简言之,应乘初起锐气,寻求决战,否则师老兵疲将无以善其后。"速战速决"本是孙子的基本观念,王余佑不过是予以再强调而已。

四、决战之道在于出奇设伏

这一卷所论者是会战时的战术问题。虽然必须寻求决战,但又不可逞匹夫之勇,所以王余佑说:"战固无疑矣,然不得其道,祸更深于无战。"在战术领域中所应重视的基本观念"出奇设伏",其目的为"用寡以覆众,因弱而为强"。

五、乘胜略地莫过于招降

王余佑主张用心理战来为军事战扩大战果,这要算一种颇富创意的观念。因为乘着战胜之余威,招降自易于成功,于是也就可以较迅速地结束战事。反而言之,若一定要赶尽杀绝,则只会促使残敌作困兽之斗,徒然消耗兵力,甚至引起不利结果而使前功尽弃。[1] 此种观念在大战略层面上也同样适用。第二次世界大战期间,因为同盟国坚持"无条件投降"[2],遂使战争丧失可能提早结束的机会,即可为一例。

---

[1] 《孙子兵法·九变篇》"死地则战"。——编者注

[2] 无条件投降,指战败国向战胜国不附带保留条件的投降,是第二次世界大战的纳粹德国、意大利、日本的结束方式。它意味着战胜国主要受舆论与文明的约束,战败国则受到严格的法律限制,即一切都应遵从战胜国的指示和命令。无条件投降的主要特征:一是不谈判,战胜国只向战败国传达单边的迫降要求和投降的具体事宜,如时间、地点等。二是不承认,战胜国不承认战败国原政府、原政治团体、原领导人有任何政治权力。从战败国投降签字到与战胜国建立正常关系之前,战败国政府的职能由战胜国驻军首脑机构行使。——编者注

六、攻取必于要害

攻击必须以要害之地为目标。因为"要害之地,我不得此则进退不能如意",于是行动易受敌方控制。王余佑警告说:"古恒有军既全胜,而一城扼险制吾首尾,几覆大业者,皆由于谋之不早也。"

七、据守必审形胜

防御也像攻击一样,必须根据地理形势来拟订作战计划。所以,"能取非难,取而能守之为难,泛守非难,守而得其要之为难。昔项羽委敖仓而不守,弃关中而不居,而率使汉之以收天下,此最彰明较著者也"。

八、立国在有规模

从卷一到卷七,所论者都是不出军事战略的范围,但这一卷所论者则层次较高,其重点为说明立国之初,政府必须有远大的战略眼光。只有如此,始能"崇大体,立宏纲,破因循之旧格,布简快之新条"。简言之,任何国家(朝代)的前途都与其开国规模具有密切关系。所以在开国时对国家的未来发展必须作深谋远虑,然后始能长治久安。

关于这一点,古今中外的历史所能提供的例证真可以说是不胜枚举。但我国旧有兵学著作中却很少提到这一问题,所以五公山人的确是一位颇有远见和创意的思想家。

九、兵聚必资屯田

从较广义的观点来解释,此卷的核心观念为说明后勤的战略重要性。自古以来，谈战略者往往只注意其作战方面而忽视其后勤方面。王余佑能把后勤也列于其"原则"之内，实属不可多得而值得钦佩。

在农业社会的时代，主要的资源即为粮食。有粮则兴，无粮则亡。"古所谓百万之众，无食不可一日支"良有以也。王余佑认为屯田是"以人力补天工"，实为解决后勤问题的要诀。

十、克敌在勿欲速

前面九条都是积极的训示，而这最后一条则为消极的警告。同时也是全书的总结论。欲求成大业则必须有宏伟的理想，长远的计划，而切忌贪近利，求速效。**孔子曰："毋欲速，毋见小利；欲速则不达，见小利则大事不成。"这是所有的战略家必须遵守的最后一条原则。**

《乾坤大略》在我国古代兵书中要算是独创一格，其基本观念可谓要言不烦。其所以定名为"乾坤"也就是暗示这套原则具有永恒性，不受时间和空间的影响。虽然不免有教条的意味，但仍不失为好书。

何守法与《投笔肤谈》

何守法，浙江人，其生平及生卒时间均不详，约生活于明嘉靖至万历年间。他曾注解《武经七书》颇有创见，而这本《投笔肤谈》在明万历三十二年（1604年）陈汝忠所刻印的《音注武经七书》中以附录形式出现。原书在引言后署名为"西湖逸士"，但在卷首又记为"浙江解元钟吴何守法撰音点注"。所以，陈汝忠遂断定该书

第七章 明末三大战略思想家

为何守法所著,"西湖逸士"为其笔名。不过从战略研究的观点来看,作者是谁并非重要问题,因为值得重视的是书中的思想。然则其思想是否值得介绍,答案应该是肯定的。

书名中的"投笔"二字表示作者为文人而有从戎报国之志。"肤谈"者,浅谈也,这是谦虚的措辞。作者非常推崇孙子,他指出:"七书之中惟孙子纯粹,书仅十三篇,而用兵之法悉备。"所以,他不仅仿效《孙子》的体例,而且也大致接受《孙子》的思想。但其书又绝非抄袭而确有若干创见。他自己也声明"篇名虽与孙子相参,文义则有别"。事实上,这是一本完整的书,各篇排列有其逻辑顺序,前后连贯自成体系。其内容虽多为孙子思想的引申,但也有若干观点越出孙子之范围而自成一家之言。每篇之前有题解,说明本篇内容及与前篇之关系;正文之后又有注解,除解释文义外,有时还引述史例以供参证。凡这一切都可以显示作者写书时的确曾下功夫而非拾人牙慧。

《投笔肤谈》分上下两卷,共十三篇。其篇名列举如下:(1) 本谋;(2) 家计;(3) 达权;(4) 持衡;(5) 谍间;(6) 敌情;(7) 军势;(8) 兵机;(9) 战形;(10) 方术;(11) 物略;(12) 地纪;(13) 天经。前六篇为上卷,后七篇为下卷,但实际上,此种划分几无意义。若照逻辑来看,该书似可分成四段:第一到第四为第一段,是一总论;第五和第六为第二段,分析情报和敌情;第七到第九为第三段,专论作战;第十到第十三为第四段,讨论工具与环境。以现代眼光来看,第一段最有价值,其次为第三段,再其次为第二段,至于第四段则由于时代的进步,已无太多价值,可不予置评。以下即为对其中七篇的剖析。

本谋第一

"本谋"的意义即为"以谋为本"。"谋乃行师之本,无谋无以制胜于万全,故以为第一篇。"这一篇又分两节,前节解释"兵兴有害",后节则主张"尚谋以免害"。必须先知害、知危、知亡然后始能知利、知安、知存。所以,"得胜算者不先料敌而料己"。故"国不富不可以兴兵,民不和不可以合战"。是以"不难于杀敌,而难于不贻患于国"。必须以谋为本,始能富国利民。

家计第二

所谓"家计"者即"保自家之计"。"**用兵之道难保其必胜,而可保其必不败。不立于不败之地而欲求以胜人者,此侥幸之道也,而非得算之多也。**"进一步说,"敌若有衅栈不可失,则警吾之备而乘之,兵佣未警不先从敌,此得算之多也"。总之,必先自保然后始可图敌。

达权第三

"达权者通达权变也。家计既立则凡军中之事,备之周密,已不败矣。然欲求胜,犹须见微知著,随机转移,以通达夫权变而不可胶结袭辙也。故以达权为第三。""但不可以听谣言,不可信谶纬,不可拘风占,不可惑物异。""知兵者必先自备其虞,然后能乘人之不备……兵贵乘人,不贵人所乘也。"所以"惟善与敌相持者,识众寡之用,明刚柔之用,达进退之机,知顺逆之势"。

持衡第四

"持衡者,持攻守而校其优劣,如衡之低昂无差也。"攻守各有利害,"不能悉其利害,妄于攻,怯于守,则未有不败者,必察形审机行之"。全篇都是在分析攻守之相对利害,而"善用兵者,违其蕾(害)而乘其利,用之以攻则守无术,用之于守则攻无策,此之谓持衡也"。最后"攻守实要于无形也。攻者攻其心,守者守其气,则不滞于形而神于机变,此持衡之主要也"。此处所谓"攻心"者,即使敌人在心理上丧失平衡;所谓"守气"者,即保持我方之士气,此即所谓"要于无形"。

以上这四卷可谓全书之精华,对于战略理论能提供一种合于逻辑的架构以及思考的步骤,在古代兵书中颇为罕见,很值得赞赏。以下两篇(谍间第五及敌情第六)另成一段,分别讨论获知敌情的手段,以及研究判断敌情的方法。大致说来,是属于较低层次的实用问题,所以不拟评述。接着第七、第八、第九三篇又自成体系,主旨为分析作战层次上如何制胜的问题,颇有创见,值得加以较详细的介绍。

军势第七

"军势者三军之体势也",体强则势实,体弱则势虚。虚实虽无形,强弱则有迹,欲知虚实,先观强弱。虚实由强弱而生,胜败因虚实而决。必须注意此处所谓虚实是指"军势"而言,与战道无关。简言之,军队必须保持强大实力,然后始能求胜。如何能体强势实,关键则在于将,所以将才非常重要,必须慎重选择。将又可分三类:儒将、武将、大将。儒将者决胜庙堂者也(例如张良),武将者折冲[①]千里者也(例如韩信),大将者深明天地,兼资文武者也。换言之,"大将"即今之所谓大战略家。最后,结论为"养兵者主,治

---

① 折冲,使敌方战车折返,谓抵御、击退敌人。冲车,战车的一种。——编者注

兵者将也。兵之权不握于主而握于将,然后将得以尽其才"。

兵机第八

"凡用兵之法,主客无常态,战守无常形……出没变化,敌不可测。""惟无常则运用之妙存于心矣,故曰机。"简言之,用兵之道必须随机应变,并无一定模式。故善用兵者首先必须保持强势(立于不败之地),然后乘机制胜(不失敌之败也)。

战形第九

"战形者临敌合战之形也。""知战之形(有形之形)非难,而能知所以战之形(无形之形)为难。能知以战之形,则能因形以措胜,因形以措胜者上智也。"本篇又分别指出,"战有必胜之形者五"和"战有必败之形者五"。前五项为:(1)得天之时,(2)得地之利,(3)得敌之情,(4)得士之心,(5)得事之机。后五项为:(1)谋人而使人知者,(2)诈人而使人识者,(3)间人而使人反者,(4)乘人而使人觉者,(5)攻人则使人袭者。所以,"明则胜可先知,不明则败可立待"。

《投笔肤谈》最后四篇已无多大价值,可以存而不论。综观全书可以认为,其在古代兵书中要算是颇有价值的一部书。尤其是该书在编排上虽采取孙子模式,但其思想又非完全受制于孙子,而有其特殊的创见,更是值得称赞。

唐甄与《潜书》

唐甄,字铸万,四川夔州人,生于明崇祯三年,卒于清康熙四十三年(1630—1704年)。其著作现存《潜书》97篇,原名《衡书》。据他自称,积30年而成,分上下两篇。下篇谈政治,成书似较早,上篇论学术,成书则反较后。其书之所以改名,据其友人王远闻说:"衡者志在权衡天下也,后以连蹇不遇,更名潜书。"(《铸万行略》)唐甄自负颇高,以周秦诸子自居,但他又很少引用天经之语,其文"独抒己见,无所蹈袭",换言之,他是一位独来独往、自成一格的思想家。

唐甄的哲学和政治思想不是本章的主题,本章所要介绍的是他的战略思想,从他的著作中可以发现,他对所谓"兵"者有其非常特殊的见解,值得深入分析。

唐甄首先提出一种前无古人的新观念:"学者善独身,居平世,仁义足矣,而非全学也。全学犹鼎也,仁一也,义一也,兵一也,不知兵则仁义无用而国亡。"(《全学篇》)简言之,兵与仁义三合一,始为"全学"。他认为,**兵事即人事,不知兵学即不知人事。所以儒生谈兵不但不足怪,而且不知兵正是儒者之耻**。他说:"凡世之论将者,谓戎事尚力,使儒生御敌,如以卵投石也,是未明乎用兵之道也……所贵乎勇者,不过登城、冲阵、先犯、间出,是大将之所使,而不可为大将也。……**孙子十三篇,智通微妙,然知除疾而未知养体也**。夫将者,智足于军未善也,军不可偏也;智足于战未善也,战不可渎也;智足于破敌未善也,破一敌又有一敌也。善军者使天下不烦军,善战使天下不欲战,善破敌者使天下不立敌……**兵以力胜,力以谋胜,谋以德胜,非学不可**。"(《全学篇》)

他这一段话除驳斥世俗之见以外,更有一特点,即对孙子的批评,具有高深的含义,值得详细分析。自秦汉以来,我国治兵学者对孙子的推崇可说是至矣尽矣,而且几乎达到盲目崇拜的程度。

唐甄不仅敢于批评,而且还正确地指出孙子在思想上有一大弱点,这不仅表示他有超人的勇气和智慧,而且也的确代表一种创见,言前人之所未言。同时又使人联想到现代战略大师,法国博弗尔将军的观念,更足以显示唐甄的思想真是超时代,与300年后的西方战略大师在思想上若合符节。

博弗尔认为,**战略家像医师一样,应该重视如何教人卫生保健,而不是仅以治疗疾病为任务**。这也就是唐甄所说的"养体"与"除疾"的差异。若能养体保健自无须除疾。所以若只知除疾而不知养体,实乃舍本逐末,非善之善者也。孙子虽然强调"不战而屈人之兵"和"全国为上",但纵观其全书,分析重点还是放在用兵(作战)方面,对于大战略则未作深入讨论。所以唐甄批评为"知除疾而未知养体"并非没有理由。**也许说孙子"未知养体"不免过分,但其书未讲养体而只讲除疾则似为事实。过去论孙子者几全是有褒无贬,唐甄能如此明白地指出其弱点,实属难能可贵**。

唐甄又非只高谈仁义,他对"用兵"也有很多高见,他提出基本观念如下:"善用兵者,有进无退,虽退所以成进;有先无后,虽后所以成先;有速无迟,虽迟所以成速;有战无守,虽守所以成战;有全无半,虽半所以成全。"(《五形篇》)

这段话相当难懂。他首先提出用兵的五项原则,即进、先、速、战、全;而在理论上绝对不可退、后、迟、守、半。但事实上,所有的观念都是相对而非绝对的,于是善用兵者有时必须用后五项为手段以使前五项在不可能的情况下变为可能。若用李德·哈特的观念来解释,即为用间接路线来达到直接目的。这是一种相当微妙的战略运用,过去很少有人论及。

唐甄对于心理因素有深入了解,认为使对方心理丧失平衡即制胜之秘诀。他说:"人之情,始则惊,久则定。惊者可挠,定者不可犯。善用者乘惊为先。敌之方惊,千里非远,重关非阻,百万非众。人怀干面,马囊蒸菽,倍道而进,兼夜而趋,如飘疾雷,乘其一而九自溃。"(《五形篇》)这段话对于蒙古人的武功和德国人的闪电战,都是极佳的解释。

欲产生奇袭效果,其先决条件即为"得机"。唐甄对机会因素的重要有极深刻之认识,比之克劳塞维茨似有过而无不及。他说:"凡用兵之道,莫神于得机。离朱之未烛,孟贲之甘枕,此机之时也。伺射惊准,伺射突兔,先后不容瞬,远近不容分,此用机之形也。机者不再……时当食时,投箸而起,食毕则失;时当卧时,披衣而起,结袜则失……机者天人之会,成败之决也。"(《五形篇》)其最后一句,"**机者天人之会,成败之决也**",真是千古名言,比其他任何学者的话都更有力。

克劳塞维茨曾认为,若所有其他因素相等时,则数量决定胜负。但这实在是一种抽象的假设,因为在实际情况中,不可能除数量以外,其他因素都完全相等。唐甄则采取一种反面的推理方式,似乎要比克劳塞维茨的想法更有意义。他首先假定双方数量相等,然后再来分析制胜之道。此种分析远较复杂而更具有实用价值。

"彼以十万之众来,我以十万之众往,众相如也。彼怯我勇,则勇者胜。彼实我诈,则诈者胜。彼诈而我知之,我诈而彼不知,则知者胜。彼知而发之疑,我知而发之决,则决者胜。彼决而攻不善,我决而攻善,则善者胜。若自料不如,未可可胜,则固守封疆,俟衅而动。此所谓自然之理而非神也。"(《全学篇》)

以上分析的是一种正常的情况,但他又进一步指出,仅凭双方的差距还是不够,如欲获致胜利还必须有赖于"三奇"。"三奇"的观念就内容而言虽非创见,但把它们合并构成一名词,则是古所未有。何谓"三奇"?现在分述如下:

1. "正道之上,我之所往,敌之所来,战之所争,敌之所御,不可以就功。善用兵者不出所当出,出所不当出。无屯之谷,无候之径,无城之地,可以利趋,能趋之者胜。"

2. "必攻之地常固,必攻之城常坚,必攻之时常警,不可以就功。善用兵者不攻所当,攻所不当攻,欲取其东,必击其西,欲取其后,必击其前,能误之者胜。"

3. "我有众,敌亦有众,不可以就功。善用兵者不专主乎一军。正兵之处有用,无兵之处皆兵。有游兵以扰之,有缀兵以牵之,有形兵以疑其目,有声兵以疑其耳,所以挠其势也,能挠之者胜。此三奇者必胜之兵也。"(《五形篇》)简言之,能超之者胜,能误之者胜,能挠之者胜,此所谓"三奇",必能用此"三奇",然后始握必胜之算。

唐甄也像孙子一样,非常重视情报。他对于情报与反情报之间的相对关系尤有独到的体认。他说:"谍者,军之耳也。有以谍胜,有以谍败。敌有愚将,可专任谍;敌有智将,不可专任谍。我有巧谍,彼乃故表其形,故声其令,故泄其隙,以诱我。吾闻之,善用谍者用敌人之谍,不可不察也。知敌之情者,重险如门庭;不知敌之情者,目前如万里。"(《五形篇》)

唐甄虽是一介书生,但他深知战争并非纸上谈兵,所以认为实际的生活和经验至少像理论一样重要。他对于为将之道曾做这样的忠告:"士卒未安不先寝,未食不先食,草食不甘食,疾病必视药,赏赐俘财,尽以分赐,曰烹牛豕,飨众亲之,如此士卒爱之如父母

矣。"(《审知篇》)

必须首先获得全军爱戴,上下一心,然后可以"变化从心,合而不扭,散而不乱,进而不兆,退而不先,隐而不惑,危而不慑。我可以挠敌,敌不可以挠我;我可以入敌,敌不可以入我"(《审知篇》)。

唐甄对于战略曾作深入研究,体认其复杂多变的本质,所以他说:"善用兵者,即显即隐,即常即变,使敌莫之所从,莫知所避,斯为神矣!"(《五形篇》)于是他对于战略思考提出七项原则:"立谋尚诡,临危尚决,取事尚短,制事尚长,出言戒易,谋功戒贪,图成戒幸。"(《审知篇》)前四项是积极的,后三项是消极的。换言之,必须尽量做到前四者,并同时尽量避免后三者。这又显示唐甄在思想上与博弗尔非常接近,因为博弗尔曾指出,战略本身即为一种思想方法,必须先知如何思考,然后始可言战略。

这也就达到最根本的观念,唐甄又像孙子一样,特别强调"智"之重要(事实上,所有的战略思想家莫不皆然)。他具有强烈的"唯智主义"(intellectudism)倾向,他说:"三德(仁、义、礼)之修皆从智入,三德之功皆从智出。"(《性才篇》)智而后能虑(思考),战略实为智虑的结晶。

唐甄在我国战略思想史上真可以算是一匹"黑马"。他的著作一向很少有人注意,而他的战略思想又分散在他的著作中,人们对其更缺乏系统分析。**当代首先发现唐甄和他的战略思想者是侯外庐先生,在其所著的《近代中国思想学说史》中曾以一节的篇幅专论《17世纪的政论家唐铸万》,并誉之为"天才"**。侯先生之书是在抗战期间(1944年)出版于重庆。目前在中国台湾已很难见到。幸淡江大学李子弋教授从内地找到一部,本章所引用的资料即以此为来源,特此说明,并向李教授致谢。

结　论

　　对于从事战略研究的学者来说，我国的古书真可以说是一座取之不尽、用之不竭的思想宝库。只要你肯用心，则随时随地都可以发现前人所未想到的新观念和新解释。诚然，时代在进步，今天的环境已经与过去大不相同，但就战略思想的研究而言，古人的著作和思想有许多到今天仍值得重视。甚至其价值不但没有减低，反而更有增高的趋势。

　　本章介绍的三位战略思想家和他们的著作都可以说是"冷门货"。但用现代的治学方法加以整理和分析之后，即能提供很多有益的启示，并且增进不少智慧。

第八章
孙中山先生的外籍军事顾问：荷马·李

引言　　　　　　荷马·李的理论体系
荷马·李的生平　　荷马·李的战略预言
荷马·李的著作　　结论

引　言

在全部的西方战略思想史中几乎完全是欧洲人的天下。被大家尊称为四大名将的都是欧洲人，19世纪的两位大师也是欧洲人，至于其他的近代战略思想家差不多也都由欧洲人包了。反过来看，美国人在这方面几乎是交了白卷，至少在第二次世界大战之前更是如此。

由艾里（Edward Mead Earle）主编的《近代战略的制造者——从马基雅维利到希特勒的军事思想》（*Makers of Modern Strategy-Military Thought from Machiavelli to Hitler*）是一本1943年出版的名著。其目的是要把西方近代战略思想的源流和梗概介绍给战略无知的一般美国读者。这本书以后曾多次重印，行销历久不衰，直到1986年，始由巴芮特（Peter Paret）主编，加以增补修订再版。新版书的正名仍旧，但副名中则把"希特勒"一词改为"核子时代"（The Nuclear Age）。

艾里在该书第一版的《导言》中曾指出，书中曾讨论过的只有两个美国职业军人，即海军方面的马汉（Admiral Mahan）和空军（陆军航空部队）方面的米切尔（General Mitchell）。他解释说："其理由当然是我们对于战争的重大贡献都是在战术和技术领域，而不是战略领域。"

在举例说明了美国在战术和军队技术领域中的许多贡献之

后,艾里不禁感慨地说:"但我们始终不曾产生一位克劳塞维茨或一位范邦(Vauban)①。马汉是我们惟一的一位军事理论家,其声誉可以勉强与他们比较。"

真的如此吗?以美国之大,真会这样缺乏战略天才吗?至少我们可以举出一个反证,就是在20世纪初期,比马汉稍为晚一点,美国有一位旷代奇才,有资格列入世界一流战略家的行列,但他的大名却很少为人所知和提及。他就是本章所要介绍的荷马·李(Homer Lea,1876—1912年)。不仅是在艾里主编的大作中(厚达553页)找不到荷马·李的大名,甚至在巴芮特改编的新版中虽然有两章专论:《从开国到第一次世界大战的美国战略》(第15章)和《太平洋战争中美日两国的战略》(第24章),其中也不曾提到荷马·李以及他的思想,这的确令人感到有点不可思议。

照理说,人们对于荷马·李似乎不应该如此陌生,尤其我们中国人对他更应有亲切之感。他的时代到今天并不算太久远,他的著作现在也还存在,他不仅曾是孙中山先生的军事顾问,而且他的骨灰就埋在阳明山公墓与我们"长相左右"。所以本章之作,其目的不仅是要鼓励大家对于战略思想史作较深入的探讨,而且也含有缅怀先烈的意思。

---

① 范邦(Sébastien Le Prestre de Vauban,1633—1707年),法国元帅、著名军事工程师。生于法国中部圣莱热-德富日雷一小贵族家庭。从小失去父母,18岁参军,直到垂暮之年仍在服役。他虽然没有在战场上直接指挥过一个军去作战,但却以其军事筑城方面的天才帮助打了许多胜仗。一生共修建33座新要塞,改建300多座旧要塞,指挥过对53座要塞的围攻战,并建立起近代第一支工程兵部队。有《论要塞的攻击和防御》《筑城论文集》和《围城论》等著作传世。——编者注

第八章 孙中山先生的外籍军事顾问：荷马·李

荷马·李的生平

荷马·李为美国人,1876年11月17日出生于科罗拉多州的丹佛城(Denver Colorado)。他在家排行最小,有两个姐姐。当他读高中时,举家迁往洛杉矶,在那里他高中毕业并进入斯坦福大学。由于患脊骨侧凸病(scoliosis),他只长到1.5米高一点,体重约100磅(约45.4公斤),并且严重地驼背。因此,在青年时代身体就很弱,患有严重的头痛病,而且视力极差。尽管受到体力的限制,他仍然积极地参加校内的政治活动,并与其友人从事户外旅行。

在此期间,荷马·李开始对军事史产生浓厚的兴趣,他研究古今名将的战役,从亚历山大、拿破仑直到美国南北战争时的李将军(Robert E. Lee)。他的雄心是想做一名军人,但他的体格迫使他只能以研究战略来满足其"跃马疆场"的梦想。当美西战争爆发时(1898年),他曾参加大学中的骑兵训练单位,但他还是不能像其同学一样到菲律宾去亲尝战争的滋味。

除了爱好战略的研究以外,荷马·李还对中国产生了迷恋。他很早就学会了中国话,那是洛杉矶的唐人街距离他的学校很近的缘故。以后进入斯坦福大学之后,他曾与两位中国留学生为友,过从甚密,并且由他们介绍而加入"保皇会",那是一个华侨组织,以支援康(有为)梁(启超)、打倒慈禧、帮助光绪重获政权为目的。

荷马·李在大学只读了两年,就于1899年离开斯坦福,其原因似乎并非由于健康问题,比较可能的解释是他已经决定前往中国去实现其梦想。他究竟何时前往远东,他在那里做什么,有很多不同的传说,经过后世史学家的深入考证,发现有若干说法在时间上无法吻合,而且有些甚至出于他本人的捏造。

比较可信的是他在 1900 年 6 月 25 日专程前往远东,首先到新加坡把美金 6 万元(可能是华侨捐款)送交康有为。此时康梁的"百日维新"(戊戌变法)早已结束,他们师生正亡命国外。荷马·李在中国期间大致都是在香港、澳门、上海(租界)等地活动,并在清廷特务监视之下。所以,他想潜入内地(北京)去发动推翻慈禧政府的军事行动根本就不可能。

1901 年初,他离开中国前往日本,在那里遇到了日本前首相大隈重信①,**后者强烈主张中国改革和中日合作以对抗俄国向东北亚的扩张**。荷马·李在思想上可能颇受其影响。他也可能是在日本第一次与孙中山见面,后者曾邀请他出任其军事顾问,但他并未作肯定的答复,因为此时他仍站在康有为的一边。以后他回到美国仍继续公开地为保皇会工作,但也有人说,从 1904 年起,他即已暗中参加孙中山的革命运动。

1904 年,他在美国加州开办了一所私立军校,以训练未来的中国军事人才为目的,聘请若干美国退伍军官为教官,并自任校长。同时也开始对其生活的另一方面进行准备工作,那就是著书立说。

直到 1908 年 11 月,清光绪帝和慈禧太后相继逝世之后,海外华侨遂开始转而全面支持孙先生的革命组织——同盟会。此时,

---

① 大隈重信(1838—1922 年),明治时期政治家、财政改革家。日本第 8 任和第 17 任内阁总理大臣(首相)。肥前藩武士出身。明治维新的志士之一,早稻田大学的创始人。他主导的改革成功让日本建立了近代工业,巩固了财政的根基,不但挽救了刚成立不久的明治政府,还为未来日本的腾飞打下了坚实的基础。——编者注

第八章 孙中山先生的外籍军事顾问：荷马·李

荷马·李与孙中山的关系完全公开。

1911年10月10日，武昌起义成功。此时孙中山正在丹佛城，遂与荷马·李一同兼程赶往伦敦和巴黎，其目的为：一方面阻止英法两国继续借款给清朝政府；另一方面企图说服他们，给予革命政权外交和经济上的援助。这段故事在孙中山所著《孙文学说》第八章中有明确的记载。当时，孙中山称他为"美人同志咸马里"，足以证明他此时已经是同盟会的会员，并且与孙中山有极亲密的关系。

1911年12月25日，他随孙中山由巴黎回到上海，1912年1月1日，孙中山在南京就任中华民国临时大总统，当时他仍为孙中山的军事顾问，并曾到处视察军务，时人称之为"美国李大将"。但很不幸，到2月1日，荷马·李突然中风并立即昏迷，以后虽清醒过来但已半身不遂。等到略事恢复可以旅行了，他决定返回美国。回美国后，他的病况并无起色，终于在11月1日去世，其时还不到36岁。

直到1969年4月20日，荷马·李及其夫人的骨灰才由美国当代著名战略家之一的潘松尼（Stefan T. Possony）①护送运来中国台湾，安葬在台北阳明公墓。葬礼颇为隆重，参加者除美国"驻华大使"以外，还有国民党政要多人，包括严家淦②、

---

① 潘松尼（Stefan Thomas Possony，1913—1995年），生于奥地利维也纳的美国经济学家和军事战略家，曾设想美国战略防御计划，即众所周知的"星球大战"，后被成功地拍摄成系列科幻电影。著有《唤醒巨人：美国胜利和世界自由的战略》《技术战略：赢得决定性战争》等。——编者注

② 严家淦（gàn）（1905年10月23日—1993年12月24日），乳名雨苏，字静波，号兰芬，江苏吴县人，台湾前"总统"。少时曾就读于苏州木渎小学，1926年毕业于上海圣约翰大学。1931年任京沪杭甬铁路管理局材料处长。1939年调任福建省政府建设厅长、财政厅长，因设计推行"田赋征实"制度，名噪一时。1966年任"副总统"兼"行政院长"，后蒋介石去世，接替其完成"总统"任期。——编者注

孙科①等在内,可谓备极哀荣。台湾地区的报纸当时曾有详细的报道,但在美国,除荷马·李故乡的《丹佛邮报》(*Denver Post*)外,几乎没有任何其他媒体报道这件事。

古有三不朽,立德、立功、立言。像荷马·李这样一个人,虽属旷代奇才,但却英年早逝,立德、立功都说不上,假使他再没有著作传世,则与草木同朽也就是命中注定了。但是非常令人惊讶的是,荷马·李不仅是一位行动的人(Man of action),而且更是一位思想家,尤其是以他那样恶劣的身体状况,除为中国前途热心奔走之外,还能留下两本具有不朽价值的战略名著,的确有点近似奇迹。

荷马·李的著作

荷马·李所受的正规教育相当有限,他大学只读了两年而未毕业,至于有关战略的学问则完全是靠自修,真是无师自通。所以,他的学问不免有一点杂乱,尽管如此,他还是自有其体系,能成一家之言,应该说是难能可贵。

大概是在1907年春天,也就是日俄战争结束不久,荷马·李开始着手写作他的第一本书,书名为《无知的勇气》(*The Valor of*

---

① 孙科(1891年10月20日—1973年9月13日),字连生,号哲生。广东香山县翠亨村人(今中山市南朗镇翠亨村),孙中山长子。1891年10月20日生,1907年加入同盟会,1917年在广州担任大元帅府秘书。1918年到1920年担任非常国会参议院秘书兼广州时报编辑。1921年任广州市市长兼治河督办,后任广州市首任市长。1923年、1926年两次再任广州市市长,1931年任南京政府行政院长,1932年任立法院长,前期主张反对联共,抗日开始后主张速行宪政、联共抗日,1947年任南京国民政府副主席,1948年与李宗仁竞选副总统落选,后再度出任行政院长。1949年辞职,此后长期旅居香港、法国、美国等地,1965年任台湾"总统府"高级咨议、"考试院长",1973年9月13日病逝于台北,享年82岁。——编者注

第八章 孙中山先生的外籍军事顾问：荷马·李

Ignorance），也许更文雅的译名应该是《匹夫之勇》。根据他的自序，他是在完稿之后故意等了两年才出版的，其目的是想让时间来证实或否定其书中的假设和结论。虽然仅在几年前，荷马·李对中日两国志士的合作还表示乐观的态度，但现在却采取完全相反的看法。他认为，**日本有支配中国和太平洋的野心，将成为美国的重大威胁。**

甚至这本书在1909年出版之前即已受到当时美国高级将领的重视，包括陆军参谋长贾飞（Lt. Gen. Chaffee）中将在内。他还曾把这本书献给美国元老政治家之一，国务卿鲁特（Elihn Root）。他后来也曾要求鲁特给予中国革命运动以援助。

不过，除军人以外，这本书在美国几乎没有其他的读者。据说纽约市立图书馆有一本，可惜直到1941年，一共只有3个人曾经借阅。该书在日本却有盗印本出现，经由孙中山的安排，将其译成日文，于1911年出版，改名为《日美必战论》（The Inevitable Japanese American War），并由日本参谋本部写了一篇"前言"（Foreword）。该书出版之后3个月内发售了8.4万本，以后又曾再版多次。

至于把这本书译成中文、法文、德文的计划始终不曾实现，但英国的陆军耆宿①罗贝兹（Field Marshal Earl Robberst）元帅却十分欣赏这本书，并特别致函荷马·李表示仰慕之意。不过，以后成为地略学大师的麦金德（Halford Mackinder）此时虽已崭露头角，却似乎不曾看过荷马·李的著作。换言之，荷马·李也不曾与当时的地略学家有任何接触，或受其影响。

---

① 耆宿，特指年高有德望者。《后汉书·樊儵传》："耆宿大贤，多见废弃。"——编者注

在其第一本书完成之后,荷马·李即开始写他的第二本书,定名为《撒克逊时代》(The Day of the Saxon)。此时他的视力已经减弱,每天只能工作很少几个钟点,但他的文思却如泉涌,写得非常快。1911年初,他计划前往德国接受一个著名眼科医师的治疗。1911年中期他前往德国就医,同时仍继续写作。并无确实证据足以证明他在德国曾与豪斯霍弗尔(Karl Haushofer)①会晤,豪斯霍弗尔却的确在思想上曾受荷马·李的影响。不过就一般德国学者而言,一直到《撒克逊时代》在德国出版(1913),才知有荷马·李其人。也像前一本书在日本的情形一样,这本书在德国曾畅销一时,并再版数次。

荷马·李随同孙中山在辛亥革命后前往英国时,曾与罗贝兹元帅会晤,而不列颠帝国海洋协会(British Imperial Maritime League)也曾邀请他演说,但他因为忙于协助孙中山从事外交谈判,遂予以婉拒。这也可以证明他是急公好义②而不重虚名。

在《撒克逊时代》完成后,他立即计划写第三本书,并已定名为《斯拉夫的蜂拥》(The Swarming of the Slav),意译则以《斯拉夫狂

---

① 豪斯霍弗尔(Karl Haushofer,1869—1946年),德国地缘政治学者。1869年8月27日生于慕尼黑,毕业于德国军事学院。1908年被派往东京研究日本军事,次年升为武官,并担任日军炮兵教官,开始研究日本的地缘政治。先后到过印度、缅甸、朝鲜、俄国西伯利亚和中国北部,1912年回国。1919年以少将军衔退休。后在慕尼黑大学开设地理学和军事学讲座,传播其地缘政治观点。1924年创办《地缘政治学》杂志,公开主张国家是一个必然扩大或灭亡的有机体,可以不顾"无力开发自己领土的国家"的主权,由地缘政治学来规定其"生存空间"。在希特勒任德国总理后,被任命为慕尼黑大学地缘政治学研究所所长和德国科学院院长,其地缘政治思想成为纳粹德国思想体系的组成部分,被推崇为"国家科学"。1945年第二次世界大战结束以后,曾在纽伦堡受审。1946年3月13日自杀。主要著作有《太平洋的地缘政治学》(1924)、《日本及日本人》(1936)和《地缘政治学原理、实质与目的》等。——编者注

② 急公好义,出自《官场现形记》。急:关注,热心。形容热心公益事业,爱帮助人。——编者注

澜》较佳。但非常可惜,他尚未完成此书即已病逝,而未完成的原稿也已丧失。他的《战略三书》(Strategic Trilogy)未能完成,诚属憾事,不过从其定名上来看,可以想象其最后这本书是以分析俄罗斯的未来扩张为主题。此外,这本书虽未完成,但他对于俄国的若干看法在其第二本书中也还是有一鳞半爪出现。

荷马·李虽只留有两本书,但从这两本书中,我们可以发现他的学识相当渊博,而其见解更是相当高远,足以显示他是一位独来独往的天才,其思想的确是超时代。这两本书有一共同目的,即警告美英两国要他们注意前途上的危险。在结构上,两书也是大致相同,概分两个部分:第一部分是以理论为主,第二部分则以应用为主。前者虽不免有点杂乱但还是有其特殊的体系,后者则不仅综论当时世局,并且预测其未来发展。荷马·李的放言高论在当时固然有危言耸听的味道,但事后发现其预言有些真是灵得惊人。所以,1942年这两本书在美国再度发行,并畅销一时。

这也可以证明人类真是非常浅薄,荷马·李是一位天才,他有其独到的思想,尤其值得重视的是他有其特殊的理论基础。所以,**应该深入研究的是其书中的理论部分**,而不是其预言部分,因为后者只不过是他本人应用其理论分析所获得的若干结论而已。

荷马·李的理论体系

要了解一位思想家的理论,首先必须了解其时代背景。他是19世纪末叶到20世纪初期的人,那个时代的学术界与今天相比几乎可以说有天壤之别。今天已成常识的观念在那个时代可能根本不存在,所谓"国际关系",甚至"国际政治"这一类的学问在大学领域中根本没有成为一门"学科",甚至现在所流行的名词,在那个时代也都完全没有。

大家都知道,"国际关系"成为一门公认的"学科"为时不过四五十年,是第二次世界大战之后的事实。而所谓"战略研究"(stratesic studies)者则其资历更浅,甚至今天还有人对其作为独立"学科"的资格表示怀疑,尤其对它研究的范围和内容更是有各种不同的意见。假使我们了解学术的境界是随着时代而演进的,则对于超时代的天才也就不能不倍加欣赏和赞叹。他的确是无所师承,甚至没有太多的前人著作可以作为其发展思想的踏脚石,但他居然能创出一套理论体系来作为其分析现实问题的基础。

概括地说,他的思想与现代国际关系学术领域中的现实学派(Realist,亦称现实主义者)相似。但后者是在20世纪50年代才开始盛行的学派,换言之,荷马·李的思想似乎要比他的时代超前50年。当然,他还是受到其当时和以前的若干观念的影响。从正面说,对他影响最大的是19世纪流行的达尔文主义[①],以及日耳曼

---

① "达尔文主义",通常用以指称以自然选择为手段解释地球上生命的历史与多样性的生物进化理论。当达尔文(Charles Darwin,1809—1882年)的《物种起源》于1859年出版,对科学界产生巨大的影响。其对生物的进化论的解说,对统治了人们思想上千年的上帝造物的宗教神说以彻底地冲击,对环境与生物的关系给予科学地解说,其生物进化的"自然选择"、"适者生存"的理论已成为生物发展的基本规律。达尔文的进化论的思想对社会科学亦产生很大影响。当时,社会科学界多接受达尔文的"自然选择"、"适者生存"的理论,并把它运用于人类社会领域,把人类社会的发展简单地等同于生物的进化。其代表人物有英国的H.斯宾塞等人。他们认为,社会机体类似于生物有机体,人类社会的变化过程也如生物进化过程一样,因为人类社会是自然界的一部分,受自然法则支配。因此,生物进化的规律也就是社会历史永恒的自然规律。由此出发,他们认为,在社会中、个体之间、群体、种族或民族之间当然存在着合乎自然的、必然的适应和淘汰过程。人类社会内的不平等、不同阶级的存在是自然和不可避免的。这种思想被称为社会达尔文主义。尽管这种思潮流行于一时,但是,进入20世纪后,则开始走向衰落。——编者注

第八章 孙中山先生的外籍军事顾问：荷马·李

学者所主张的国家有机体论①。此外，他还多少受到中国哲学和佛学的影响。他懂得老子所说"人法地，地法天，天法道，道法自然"的观念，以及佛家的"生老病死"循环论。在负的方面，19 世纪末叶是一个国际和平主义流行的时代，西方人对于"海牙和会"和国际裁军都寄予很大的希望。荷马·李则忧心如焚，力排众议，向当时的西方政治家提出警告。

简言之，荷马·李要算一位"现代"战略家，他的思想早已超过传统军事战略的境界，他具有全球战略眼光，其所讨论的范围既非仅限于战争，也非仅限于军事因素。 他的确是一位"大"战略家，尽管他并不曾使用"大战略"这个名词。

他的基本思想是国家和个人一样，都是一种有机体，都受到自然的支配。人类无法与自然抗衡而只能适应。假使不明（ignore）此理，则为一种民族悲剧（national tragedy）；若故意忽视（neglect），则更是民族罪行（national treason）。

人的一生通常不外四种际遇：生、老、病、死，国家（民族）也是一样。对于国家而言，老的意义就是成长（growth）和发展（development），而病的意义就是衰颓（decline）。换言之，国家若不继续成长和发展，也就开始衰颓。进一步说，成长即为军事扩张（military expansion），扩张为民族活力的表现，也就是生存斗争（struggle for existence）。荷马·李认为这就是自然规律。

最令人敬佩的是，在当时那个时代，荷马·李即已一再强调现

---

① 由于德国有拉采尔（F. Ratzel）本人受到生物学方面专门训练，加上社会达尔主义的广泛影响，所以，他在其著作中，特别是 1896 年完成的《政治地理学》著作中，采用生物进化的理论，应用与生物的类比方法来研究政治地理问题，把国家比作有生命的有机体，从而形成其"国家有机体"论。——编者注

代技术的冲击。他特别指出下列四点:

1. 人口增加和生活水准提高的压力,对于资源的需求将日益增大;

2. 过去所受的资源限制,现在已经变成了扩张的潜在目标;

3. 世界各国之间的经济互相依赖日增,于是竞争和冲突也会随之而日趋激烈;

4. 战争现在可以迅速地发动,超过遥远距离,并产生巨大的毁灭效果。

简言之,技术已经使地球缩小,于是增强了国家利益的互动,并对民族生命循环产生必然的后果。

当解释国家由兴而衰的理由时,荷马·李认为,美国、英国和中国都已走向衰颓的道路,而这三者也是他最热爱的国家。主要的病象就是不用扩张而以维持现状为满足。次一步当然是连现状都无法维持,而只好退却(retreat)。

为什么不进反退呢?荷马·李认为,其主因就是国家利益逐渐为个人私利所代替。个人私利的抬头又会产生下述三种后果:(1)政府日趋代表形式(representative forms),即政治日益民主自由;(2)商业主义(commercialism)的兴起;(3)颓废思想(decadent ideologies)的出现。其进一步的影响即为不仅不想扩张,而且对于军事准备也不再表关切甚至表示反对。荷马·李认为这是一种讽刺悲剧:军事活力和扩张带来霸权(hegemony),而霸权又使国家变得骄奢淫逸。

荷马·李对于政治的日益民主有相当尖锐的批评,他说:"当国家的国际事务受到群众偏见的控制时,其政治智慧也会成比例地减弱。因为人民对于与其小环境距离遥远的问题所作的判断不

第八章 孙中山先生的外籍军事顾问：荷马·李

是基于最大的个别智慧，而是基于最大的集体无知。"

他又指出："一般人都相信人类社会将日益团结是趋势，其实并非经常如此。人类之所以团结是由于自保的需要。一旦缺乏外来威胁的刺激，个人主义、地方主义、种族主义就会随之而起，终将导致社会的分崩。"

他认为此种"局部化爱国心的爆发"（outbreak of iocalized patriotism）是代议制政治的危险后果，但又不仅如此，他同时认为此种政制还会带来低劣的领导："参加指导国事的人愈多，则国家行动的智慧与国家的安定和生存能力都会受到不利影响。"

政府领导力减弱会带来重视财富和商业的社会风气，而这又会间接削弱国力。荷马·李说："富庶不是国力的基础而是导致其毁灭的祸根。"他又指出，军事支出会与国家财富成比例增加。富国所付出的国防成本会比穷国较高，所以，"国家在平时较富者，到战时反而会变得较穷"。

导致国势衰颓的最后因素即为颓废思想。当一个人发了财之后反而会意志消沉，缺乏奋斗精神，除吃喝玩乐以外，会感到无事可做，于是其生命也丧失了价值。国家也是一样，富庶的生活会斫丧国民的意志，养成腐败颓废的风气，于是国势的衰颓遂成必然的结局。

当时有许多人对和平与裁军寄予希望，荷马·李则直斥之为幻想。他指出，有人类就会有战争，战争与人类的存在实不可分。同时他又说："和平与战争是一种相对的名词，用来描述人类斗争的两个阶段，其间并无明显分界线之存在。国家像个人一样经常在斗争状态之中。当斗争程度降低转为消极时即为和平，反之当程度升高转为积极时即为战争。"

基于以上的概述,可以看出荷马·李的思想实与现代战略家的观念几乎没有太大差异。当然,他的话在某些地方也许有一点偏激,但就其整体而论,不仅合乎逻辑而且也自成体系。为篇幅所限,对于其思想的理论部分就介绍到此,现在要进一步谈到其应用部分,尤其是其战略预言。

荷马·李的战略预言

荷马·李以当时的世界情况为分析的起点,认为在世界权力斗争舞台上扮演主角的国家共有四个,即英国、德国、俄国、日本。虽然当时其他的学者,例如麦金德,对于前三国也都有所讨论,但认为日本有建立帝国雄心的人却只有荷马·李。他是惟一强调日本和太平洋重要性的西方战略家。后来,豪斯霍弗尔曾采用他的理论,并也承认自己的原始观念出于荷马·李。

荷马·李认为,俄国有能力向东、向西,或向南扩张其帝国。英国和日本同为岛国,前者虽仍为一个大帝国但不久就会没落,而日本则方兴未艾,注定要走向扩张的道路。德国虽是一个非岛国的欧陆国家,但其尚武精神与东方的日本在伯仲之间,所以也会同其命运。

在当时处于衰微状况中的国家只有英国还保有相当巨大的残余力量。美国则缺乏意志点燃其尚武精神,至于中国则更已成为列强宰割的对象。

荷马·李对俄国似乎最感兴趣。他说德国或日本的前进像闪电,而俄国的前进则像冰河(Glacier)。一次军事失败对其他国家而言,可能是崩溃,但对俄国却会使它把力量集中在另一地区。于是他在俄国的扩张中发现了一条特别的定律:

第八章 孙中山先生的外籍军事顾问：荷马·李

"俄国经常是在某一条侵略线上前进，而同时又在另一条侵略线上后退，其前进与后退程度之比为 3∶2。因此，无论为胜为败，俄国始终不断地在亚欧两洲扩张。"

俄国共有五条扩张线：波罗的海、波兰（东欧）、土耳其、波斯和印度，并进入太平洋。假使在某一条线上受到某国的阻挡（例如 1905 年的日俄战争），则其在其他线上的努力就会随之加强。因为它的前进速度较慢，所以在短时间不易感觉到其威胁。又因为德国和日本的行动较快，所以他们的成败也会影响到俄国进展的方向。荷马·李在回顾历史之后，又发现过去在每个世纪开始时，俄国常遭遇失败，但失败之后，俄罗斯帝国反而成长。所以，他认为也许只有俄国有能力实现其世界帝国梦想。

在介绍了主角之后，这场国际权力斗争的"大戏"（Great game）又将如何演出呢？这可以从他们的扩张线和可能的交点上去寻求答案。德国的扩张线为丹麦、低地国家（荷兰、比利时）和奥匈帝国。日本的扩张线为韩国、中国、美国及其属地（菲律宾、夏威夷、阿拉斯加），另外还有澳洲。英美两国并无扩张线，但他们的领土和利益则与那三国冲突。美国与日本在太平洋冲突；德国与英国在低地国家冲突；德国与俄国在东欧（尤其是波兰）冲突；日本与俄国在中国和太平洋冲突；英国与俄国在亚洲和小亚细亚冲突——主要为印度，次要为土耳其（博斯普鲁斯海峡的控制）、波斯（波斯湾的控制）及阿富汗（世界门户之一）。

荷马·李认为德日两国在其主要方向上都有获得成功的可能，而俄国则由于东西受阻，将会倾全力向南扩张。但等到它达到了印度洋，则又可以此为枢轴再向东西旋转，于是也就有了变成世界帝国的希望。若欲制止俄国的前进，则必须守住波斯和阿富汗，所以他特别强调说："不应容许俄国越过喀布尔-德黑兰之线。"

荷马·李在1911年预言下一次的战争是英德之战，他主张英国应在德国动手之前先占领丹麦和低地国家。但他又说由于英国坚持不侵犯中立国的原则，所以他的忠告不可能被采纳，因此他对大英帝国的前途感到非常悲观。

不过，更有趣的是他认为德俄战争的机会并不太大。他说："德俄战争只会使两国同受其害，即令是胜利也还是得不偿失。"他又进一步指出："瓜分大英帝国才是俄、德、日三国利益的交点，所以他们应以英国及其殖民帝国为共同攻击目标。"他更感觉到就地理而言，日俄两国是天然同盟国，因为他们都面对着中国和撒克逊（英美）的权力，而且一个是海洋国家，一个是大陆国家。换言之，英国应知道其天然同盟国是一个复兴的中国，那不仅足以对抗日俄同盟，而且更能保护印度。

他的德、俄、日三国同盟构想曾为豪斯霍弗尔所采纳，以后经由豪斯霍弗尔的献策并最终成为希特勒大战略中的一部分。在1939年德俄合作瓜分波兰之后，希特勒的外交部长里宾特洛甫（Von Ribbentrop）曾与苏俄外长莫洛托夫（Molotov）秘密谈判，力劝苏俄加入德、意、日三国同盟，并提出瓜分大英帝国的蓝图，也正是以荷马·李的构想为基础。

他对英国的忠告自然也适用于美国。美日利益既然冲突，"吾敌之敌即吾友"，中美合作自然是有益于美国。他在《无知的勇气》中曾详述为什么日本必须攻击美国来发动其扩张的理由，因为只有美国在太平洋的权力能阻止其行动。此外，日本帝国主义的企图不仅有军事的一面，而更有经济的一面。它必须控制亚洲未开发财富的主要部分，然后天皇才能成为万王之王。

第八章　孙中山先生的外籍军事顾问：荷马·李

荷马·李认为，日本的第一个攻击目标一定是菲律宾，因为占领了菲律宾即解除了其侧面的威胁。他甚至指出日军在吕宋岛上的两个可能登陆地点，以及其进攻马尼拉的路线。同时也预测完成入侵作战的时间应在三星期之内。

《无知的勇气》出版于1909年，32年后太平洋战争爆发，日军在菲律宾的一切作战都几乎完全如其所料。麦克阿瑟的幕僚简直视之如神明。事实上，可能是因为日本参谋本部在拟定计划时根本就是以他的构想为基础的。

接着荷马·李又预测日本还可能攻占阿拉斯加、夏威夷，而以美国西岸为最后一站。他更想象日本人会很容易占领奥尔良和南加州，而美国人即令一再反攻也还是不能收复失土。在站稳了立足点之后，日本就可以扫荡亚洲、澳洲和其余的太平洋国家。于是也就建立了一个真正世界级的帝国。"不管未来世界在政治、军事、工业上将会受哪个国家或同盟的支配，太平洋的主人仍然是日本。"

除重视太平洋的战略意义以外，他又指出，向未来看，全球第二个最重要战略地区即为加勒比海。他提出警告说："加勒比海若受某一欧洲国家支配，则它不仅将控制巴拿马运河、南北美洲的西海岸，从哈提拉斯角（Cape Hatteras）到好望角的大西洋，而且也会切断美国与南美洲的关系，并完全取消门罗主义。"

当苏联驻兵古巴后，他的这段话让今天的美国人听来真有毛骨悚然之感。

结　　论

基于以上的简略分析，似乎可以断言荷马·李的确是一位不世出的战略天才,若能假以天年,他的成就也许能与克劳塞维茨相比。所以,认为美国过去除马汉以外,即更无其他值得称道的战略思想家,这种见解不仅浅陋,而且错误。

荷马·李虽然是一位先知者,但其思想仍会受到其时代背景的影响。所以,其中有若干部分当然已经不合时宜。此外,他的预测也不可能完全灵验,因为那只是推理的结论,并无任何神秘。

但从另外一个角度来看,他的某些言论不无偏激,但的确切中时弊,例如其对社会风气败坏的斥责,对尚武精神的提倡,等等,都是一位先知者对后世所发出的诚恳警告,其意义在今天也许比在当年更为深远。

第九章
修昔底德与伯罗奔尼撒战争史

引言
历史背景
战争经过
修昔底德与历史
修昔底德的思想

精密分析
历史教训
现实主义
结论

引　言

《孙子》是有史以来的第一本真正的战略思想著作,其在战略领域中所居地位是任何其他著作所不能及。在西方古代哲人的著作中,虽也可发现有若干战略观念之存在,但都是一鳞半爪,不能算是有系统的思想。最为现代西方人所推重的是修昔底德(Thucydides)所著《伯罗奔尼撒战争史》(*History of the Peloponnesian War*),它常被人视为西方的第一本战略著作,严格说来,那也只是一部战争史,尽管其中含有许多极有价值的战略观念,但究竟不是一部以战略思想为主题的理论著作。所以,这本书在战略思想史中的地位还是不能与《孙子》相提并论。

也许最能与《伯罗奔尼撒战争史》进行恰当比较的是春秋时代的《左传》,因为这两部书同为古代的战争史名著。修昔底德的著作到今天仍受西方研究国际关系的学者所重视,而蒋百里先生则曾指出:"《左传》到现在还是世界上最好的一部模范战争史。"所以,二者的确可以相提并论,不过其间还是有若干差异之存在。

《伯罗奔尼撒战争史》的著作者为修昔底德(前460—前406年),其时代和身世大致都可考。《左传》是先有书的存在而由后世替它定名。首先为司马迁,称之为《左氏春秋》,以后班固作《汉书》时,改称《春秋左氏传》,从此后世遂简称为《左传》。司马迁和班固都确认其作者为盲人左丘明,《论语》中曾提到他,都足以证明确有其人,并大致与孔子同时,不过其生卒之年已不可考。概括言之,左丘明似乎比修昔底德大约要早数十年。

《左传》是一部相当完整的编年史,其所包括的时代从鲁隐公元年(前722年)到鲁哀公二十七年(前467年),全部长度为255年,对当时各主要国家的兴衰都有简明记叙。同时也是一部充满战略思想的军事史,对于后世战略家可以提供许多极有价值的教训。全书共分283篇,记载大小战役共计550次,其中有一部分为我国历史中的决定性会战。左氏对战争的写法可谓要言不烦,极为精简。若无此书,则后人对那个时代的战争将无从了解。

对比言之,修昔底德所写的仅限于一个战争,即所谓"伯罗奔尼撒战争",其全部过程长达27年,即从公元前431年到公元前404年。修昔底德的战争史是从公元前435年写起,也就是战争爆发之前4年。他本人逝世于公元前406年,而战争到公元前404年始结束,所以,他的书也可以说没有写完。其最后的部分是由色诺芬(Xenophon)[①]所续成。总之,他的书只以一个战争为主题,而不像《左传》包括了长达两个半世纪的时代。因此,他的记叙和分析也远较详细精密,专就作为战略研究的资料而言,其价值似乎较高。

国人对于西方战争史的研究多以近代为主,至于古代则比较生疏。但修昔底德著作中的内容和思想又常为西方学者所引用。因此,对于号称"西方第一战争史"的名著若未能获致相当的认识,

---

① 色诺芬(Xenophon,约前430—前354),古希腊历史学家、作家,雅典人,苏格拉底的弟子。公元前401年参加希腊雇佣军助小居鲁士(Kurush,约前424—前401年)争夺波斯王位,未遂,次年率军而返。前396年投身斯巴达,被母邦判处终身放逐。著有《万人远征记》《希腊史》(修昔底德《伯罗奔尼撒战争史》之续编,叙事始于前411年,止于前362年)以及《回忆苏格拉底》等。——编者注

第九章　修昔底德与伯罗奔尼撒战争史

则在研究西方战略思想时必然会遭遇若干困难。本章就是基于此种动机,其目的是对修昔底德的时代背景、著作内容、思想特点,提供简明分析以供读者参考。

历 史 背 景

首先必须简略说明古希腊的历史背景。希腊人为印欧(Indo-European)人种之一部分,何时迁入希腊半岛已不可考,大致应为公元前2000年到前1000年之间,其移民的范围由爱琴海到地中海,而进入近东周边地区。他们建立所谓"城邦国家"(city-state),总数在1 000个以上。在公元前600—前500年之间的时代,在以雅典(Athen)为首,有一部分国家采取所谓"民主"(Democracy)制度,但同时还有其他的国家则未采取此种制度,其中以斯巴达(Spartia)最为强大。

在此同一时期,近东文明也早有长期的发展,公元前500年时希腊所面对的最大挑战即为波斯。大流士(Darius,前521—前483年)已经建立地中海世界中的最伟大帝国,并开始向希腊半岛进攻。这样也就导致西方军事史中的第一次决定性会战。在公元前490年的马拉松会战(Battle of Marathon)中,雅典人在孤立无援的状况之下,居然击败了波斯的远征军,赢得西方对东方的第一次胜利。

10年之后(前480年)波斯人再度来犯,其声势之大远胜于前次。但在雅典海军奋战之下,希腊的联合舰队遂又能在萨拉米斯会战(Battle of Salamis)中击败强敌,不仅赢得西方海军的第一次伟大胜利,而且也象征着西方海权的兴起。

经过两次胜利之后,雅典在希腊诸国之中,也就自然跃居于领袖的地位。于是为威慑波斯再向希腊发动侵略,雅典遂提倡组织一个同盟。这个同盟以提洛岛(Delos)为基地,所以遂称为提洛同盟(Delian League)。它组成于公元前478年,可以算是世界上最早的海洋同盟,也可以说是现代北大西洋公约组织(NATO)的先驱。这个同盟的会员国最初以那些感受波斯威胁的城市国家为主,包括在小亚细亚西岸(今之土耳其)以及爱琴海半岛上的国家在内。为保护这些国家并将波斯人逐出希腊北部,雅典遂必须继续不断地扩张其海陆军兵力。同时也修建所谓"城墙"(Long Walls)以保护其本身的安全。城墙分为北、中、南三道,将雅典城与其港口区连成一体,等到城墙完工时(前456年),雅典实际上也就变成了一个陆上的岛国,由此更可显示海权对雅典的战略重要性。(城墙可参看图1)

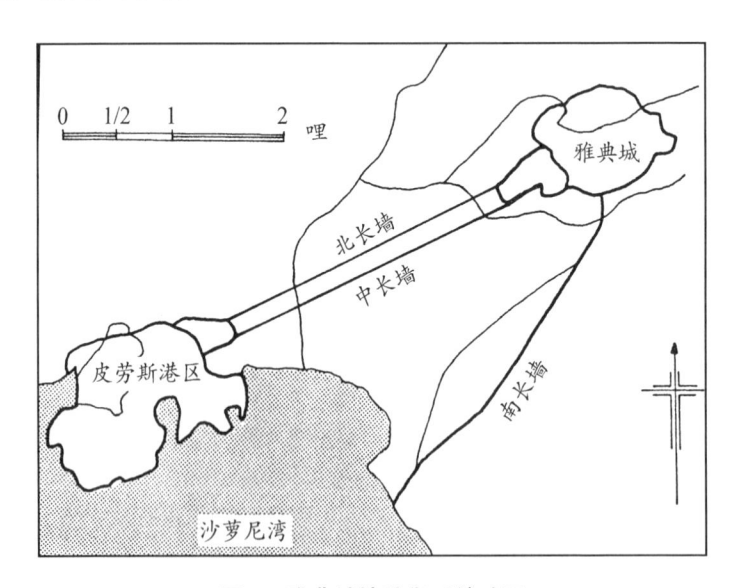

图 1　雅典城墙防御系统略图

第九章 修昔底德与伯罗奔尼撒战争史

在对波斯获得一系列的胜利之后,这个同盟组织日益扩大,其会员国总数增到 200 多个。但诚如常见的情形,每当外来威胁减退时,同盟内部就会出现问题,主要原因是有若干会员国对于雅典的支配逐渐感到不满和畏惧。大致说来,受到民主党派控制的国家仍效忠于雅典,但受贵族统治的国家则开始倾向于斯巴达。由于有分裂的意图,遂引起雅典的政治或军事干涉,于是提洛同盟终于变成一个雅典帝国,而不再是一个由独立国家所组成的同盟。那些国家在名义上虽享有自主权,但实际上已成雅典的附庸,不仅被迫要向雅典纳贡,而且外交政策和重要的国内政策也都由雅典来决定。

雅典与斯巴达的关系日益恶化,遂终于在公元前 457 年爆发武装冲突。雅典支配着希腊中部,并拥有优势海权。斯巴达则控制伯罗奔尼撒半岛,为一强大陆权。所以大致说来,双方旗鼓相当,到公元前 454 年直接冲突停止,并在公元前 451 年达成休战。于是雅典遂又将全部注意力用在整顿同盟组织的工作上,并利用同盟的资源以对科林斯(Corinth)和埃伊纳(Aegina)扩张其权力,而这与同盟对抗波斯的原有目标毫无关系。

希腊与波斯终于在公元前 449 年签订和约,于是雅典领导人伯里克利(Pericles)遂邀请所有的希腊城邦国家到雅典来参加一次改善国际关系的会议。结果,在伯罗奔尼撒半岛上的国家拒绝参加,而其他国家对于雅典的诚意也多表怀疑。此时在斯巴达支持之下,维奥蒂亚(Boeotia)地区发生反雅典行动,于是双方直接冲突遂又一触即发。但很侥幸,双方还是在公元前 445 年签订了一项假定为期 30 年的和约。其条件为雅典容许一部分勉强的会员国脱离提洛同盟,而斯巴达则承认雅典对其余的会员保有控制权。换言之，双方互相承认其势力范围，并同意彼此之间大致保持权力平衡。此后有一段时间相安无事，但实际上双方都在乘机巩固其势力范围。

修昔底德的历史是以公元前435年为其起点。他开始详细描述战争前夕的情况，并分析某些导致"第二次"伯罗奔尼撒战争的特定原因。在此又有三点必须先作少许说明：（1）严格说来，在公元前431年爆发的战争应该算是第二次，因为在公元前457年所发生的战争才是第一次。但那次战争时间很短，所产生的效果也不显著，遂不为人所重视，所以，史学家所称的"伯罗奔尼撒战争"都是指第二次而言。（2）第二次战争实际上又是分为两段，前段长达10年，后段则为8年，中间9年为和平阶段，所以从根本上可以说是两次战争，但修昔底德却认为那是一个完整的战争，因为在因果关系上是彼此相连，无法分开的。虽然名为"伯罗奔尼撒战争"，但战争范围并非仅限于这一地区。此外，当时希腊的国际体系也并非如一般人所想象的那样两极化。虽然两大同盟是以雅典和斯巴达为首领，但其他国家之中也还是有某些国家握有强大权力足以左右局势，换言之，当时希腊国际体系的结构相当复杂不能用单纯的系统观念来加以解释。

战 争 经 过

从公元前435年开始，双方即已剑拔弩张，战祸有一触即发之势。公元前432年反雅典国家在斯巴达集会商讨宣战问题，并决定派代表前往雅典进行最后谈判，但不幸未能达成协议，于是全面战争遂于次年（前431年）展开。

第九章　修昔底德与伯罗奔尼撒战争史

史称雅典在战争初期采取的战略为"伯里克利战略"(Periclean Strategy),因为那是由他一手设计故以此得名。根据富勒将军的分析,那是一种"消耗战略"(Strategy of Exhaustion):在陆上采取守势,而在海上发动攻势。前者的基础为将雅典城与比雷埃夫斯(Piraeus)港区连为一体的要塞系统(长城),它根本不可能被突破。后者的基础为舰队,若能加以巧妙运用,可以说是无敌。虽然阿提卡(Attica)的居民必须退到长城之间地区避难,并坐视其家园受到敌军的蹂躏,但与此同时雅典海军却能摧毁敌方的经济和贸易。伯里克利希望用此种战略即能确保其帝国的安全并使敌方最后被迫求和。

李德·哈特则认为"伯里克利战略"是一种采取间接路线的大战略,其目的为使敌人不能获得决战的机会,并终因无力支持长期消耗而自动放弃其意图。修昔底德对伯里克利说明其战略构想的演说曾予以详细记述,并指出当战争开始时,雅典在经济和海权上正处于巅峰状态,所以对于胜利深具信心。然则为何终归失败呢?

诚如斯巴达国王阿希达穆斯(Archidamus)所云:"在战争中有太多的事是不可预测的。"伯里克利虽自以为算无遗策,但他并未想到瘟疫的来临。瘟疫对雅典的人力和士气构成严重的打击,而其无可补救的损失则为伯里克利本人也在公元前429年因疫病逝世。他的死遂使其所拟定的战略无法贯彻,并终于导致雅典败亡。诚如修昔底德所形容,"在一个号称民主的国家中,权力实际上是握在其第一公民(First Citizen)的手中"。伯里克利连续执政15年,保有无上权威,无人敢反对其决定,他一方面能"尊重人民的自由,但同时又能对他们加以制衡"。自他死后,雅典内部的政争遂层出不穷,于是对于战争指导也就自然摇摆不定。

从公元前426年起,雅典遂完全放弃了伯里克利战略,改用由克里昂(Cleon)拟定的直接攻势战略。富勒认为这是一个致命的错误。李德·哈特认为,这样虽能获得若干卓越战术成功,但在战略上不仅要付出较大成本,而且得不偿失。

双方僵持不下,互有胜负,但到公元前424年初冬时,斯巴达名将布拉西达斯(Brasidas)攻克安菲波利斯城(Amphipolis),使雅典人辛苦赢得的一切战略利益都化为乌有。不过在这一战役中,双方主将(布拉西达斯和克里昂)都同时阵亡,因为克里昂为雅典主战派领袖,所以他的死使和谈排除了主要的障碍。公元前421年双方终于签订和约,结束长达10年的第一阶段战争,因为雅典签约代表为尼西亚斯(Nicias),故史称"尼西亚斯和约"(Peace of Nicias)。

和约签订后,双方大致恢复战前的地位,但根本问题并未解决,所以不久外交战即已开始进行,双方都利用各种手段争取与国,并拆散对方的同盟。尼西亚斯本有意与斯巴达修好,但是受到雅典新青年领袖亚西比德(Alcibiades)的反对。后者野心勃勃,欲取尼西亚斯的地位而代之。于是雅典国内的政争遂又与外交发生微妙互动,而使情况变得更为复杂。

公元前418年斯巴达开始对雅典的同盟国用武,而雅典也不得不采取因应行动,于是冲突逐步地升高。公元前416年6月,在西西里(Sicily)岛上的塞杰斯塔(Segesta)派使节前往雅典,劝说其出兵该岛以锡拉库萨(Syracuse)为攻击的目标。这一游说立即在雅典引起激烈的战略辩论。尼西亚斯力主慎重,而亚西比德的意见却获得人民的支持。于是到公元前415年6月,一切准备就绪,雅典大舰队遂开始向西西里岛发动远征,并导致世界战争史中少

第九章　修昔底德与伯罗奔尼撒战争史

见的全军覆没。

锡拉库萨之战为伯罗奔尼撒战争第二阶段中的主要战役,全部过程长达3年之久(前415—前413年),其最后结果为希腊雅典远征军5万人,除被俘者7 000人外,其余全部死亡。三位将领之中,尼西亚斯和狄莫森(Demosthenes)被杀,但非常具有讽刺意味的是,罪魁祸首亚西比德却逃往斯巴达保住了他的性命。修昔底德说:"这是这次战争中,甚至整个希腊历史中,最伟大的行动。对于胜利者来说最光荣,对于失败者来说最悲惨,他们全军覆没,生还者几无一人。"

西西里远征失败之后,雅典元气大伤,但其海军仍能保持相当实力,所以遂使其不至于立即崩溃。经过9年的海战,雅典不仅转危为安,并已获致比较有利的战略地位,但令人惊异的是,9年之功却毁于一旦。斯巴达海军将领来山得(Lysander)在公元前405年的伊哥斯波塔米(Aegospotami)会战中彻底击毁雅典舰队,于是雅典丧失了手中最后一张王牌,而不得不求和。

谈判到公元前404年才达成协议并签订和约,正式结束长达27年的伯罗奔尼撒战争。4月赖桑德的斯巴达舰队驶入比富埃夫斯港,这也象征着雅典霸权的结束,希腊史进入到了一个新时代,斯巴达的陆权代替雅典的海权而成为支配因素。

修昔底德与历史

修昔底德大致生于公元前460年,死于公元前406年,其出身为上等中产阶级。在战争发生时任海军军官,在战争的第7年(前424年)奉派率领一支兵力前往救援安菲波利斯城,因未能适时赶到,致使该城落入斯巴达人之手,于是被革职并不准返回雅典。此后他一直流亡在国外,直到其死前4年始被准返国定居。

作为一位军事指挥官,他的遭遇可以说是不幸,但对于历史而言,他的不幸又可以说是大幸。假使修昔底德一帆风顺,官运亨通,则我们今天也就看不到这部西方第一战争史了。他的书一直流传到今天,被译成各国文字,本章所引据的是以最近的英译本为主。

现在英文中所用的"history"(历史)一词发源于希腊,其原词为"historie",但其原始意义不太明确。它含有"寻求"(enquiry)和"研究"(research)的概括意义,它之所以具有"研究过去"(research into the past)的现有意义,是因为西方第一位历史学家希罗多德(Herodotus)用这个词来作为其著作的名称。他的书也就是西方的第一部史书,其范围非常广泛,但却以记述公元前5世纪初期希腊与波斯之间战争为主题。

希罗多德虽为西方第一位史学家,但其治学态度并不十分严谨,他曾说:"我的责任只是报道人们所说过的事情,但我并不一定要相信它。"不过,到了他自己的那个时代,其记载也就比较可以信赖。希罗多德生卒之年为公元前484—前430年,修昔底德则为公元前460—前406年,所以后者比前者差不多晚了一代(30年)。修昔底德在其书中虽不曾提到希罗多德的大名,却以希罗多德所叙述的终点为其书的起点,足以暗示其对前贤的景仰以及薪火相传的意义。

修昔底德的治学态度远较严谨,其书中很少有闲话。他说:"我的历史似乎不易于研读,因为其中缺乏浪漫因素。"他所说的话完全正确,但他所做的牺牲也完全合理,因为当他书写的时候,心里怀有一个非常严肃的目标。修昔底德指出,他这部历史是"为那些想要对过去寻求正确知识的人们而写的,同时也帮助人们解释未来,因为人性不变,经常会在未来一再重复出现"。他又说:"我写这本书不是为了赢得时人的掌声,而是希望能永垂不朽。"

就上述目标而言,修昔底德可以说是完全成功的,他的书在2400年后仍被视为经典,他的叙述和分析对于后世研究战争和战略的人仍为一种实用的楷模。

希罗多德所写的都是过去的事情,其"历史"的终点为前466年,当时修昔底德只有6岁。修昔底德所写的是当代史(contemporary history),所以,其史料的来源当然也就远较充实而可靠。同时,其治学态度也远较严谨,对于资料来源更是已作相当精密的选择。概括言之,其资料来源可以分为四大类。

1. 他本人亲自经历或观察的事情。他可能听过伯里克利发表的演说,他也曾亲自参加对斯巴达的战争。

2. 他曾充分利用许多目击证人(eyewitness)的证词。因为他在国外流亡20年,所以有很多机会与双方人员交谈。

3. 他曾参考官方文件,不过那比较稀少,例如雕刻在石板上的条约。

4. 对于决策时的重要发言他也都有记述,不过由于当时并无速记术,所以只能作扼要的简述。

无论为何种来源,修昔底德又都根据自己的判断,加以彻底的核对。换言之,必须他本人认为正确无误的事实才会纳入书中。他的书从一开始就这样写着:"雅典人修昔底德写伯罗奔尼撒人与雅典人之间的战争……"可以显示其书的惟一主题即为战争,凡是与战争无直接关系的事情都不会被列入。根据那些资料来源,他所写的战争史是如此的合理、如此的明确、如此的客观、如此的公正,所以19世纪的西方史学家们一致推崇他是世界上第一位"科学化史学家"(scientific historian)。

修昔底德的战争史对于后世而言,至少可以提供三大贡献。

1. 其书对于世界战略环境的演变,提供了很多精密分析,凡是想要了解国际关系动态的人,读其书可以获得极大的助益。

2. 对于如何"从历史中学习"(learning from history),其书提供了最佳的例证。足以使政治家和战略家以古为鉴,而在决策和行动时知所警惕。

3. 对于**现代国际关系研究中的所谓现实学派(Realist)**,**修昔底德可以算是始祖**,甚至有人说,过去2400年一切有关国际关系**的著作只能算是对修昔底德的注释**(footnote)。而所谓现实主义(realism)又正是战略研究的理论基础。以下分别从这三方面来讨论其思想贡献。

修昔底德的思想

精密分析

修昔底德的历史有一最大特点,就是他并非仅以叙述战争中所发生的事情为满足。他之所以要写历史,其主要目的是想从其叙述中抽取有关战争一般现象的较大教训,而此种教训应该能经得起时间的考验(test of time)。因此,他对若干问题都曾作精密分析。

他想要回答的第一个基本问题就是战争爆发的原因。他首先把所有战争的原因分为两大类,即所谓"远因"(underlying cause)

第九章　修昔底德与伯罗奔尼撒战争史

与"近因"(immediate cause)。他的这种分类方式为后人所采用，包括波利比奥斯(Polybius)①，孟德斯鸠(Montesquieu)②，康德(Kant)③等人在内，并且沿用到今天。

什么是伯罗奔尼撒战争的远因？他的回答非常简单："**使战争无可避免者为雅典权力的成长以及其在斯巴达所引起的畏惧。**"换言之，斯巴达害怕的就是与雅典比较其权力地位已在相对地衰颓(relaetive decline)。此种观念也被称为修昔底德的"霸权战争论"(The Theory of Hegemonic War)，其基础即为权力平衡。每当有一霸权出现而使权力平衡发生改变时，则必然会引起他国的忧

---

① 波利比奥斯(Polybius，前200—前118年)，生于伯罗奔尼撒的梅格洛玻利斯(Megalopolis)，古希腊政治家和历史学家。以《历史》(Ιστορίαι，又称为《通史》《罗马史》)一书留名传世，原书40卷，只有5卷传世，记叙地中海周边历史，尤其着重于罗马帝国崛起。他在密码学上也有建树，"波利比奥斯方表"即以他命名。——编者注

② 查理·路易·孟德斯鸠(Charles de Secondat, Baron de Montesquieu，1689年1月18日—1755年2月10日)，法国启蒙思想家、社会学家，是西方国家学说和法学理论的奠基人，是一位百科全书式的学者。在学术上取得了巨大成就，得到了很高的荣誉。曾被选为波尔多科学院院士、法国科学院院士、英国皇家学会会员、柏林皇家科学院院士。著有《波斯人信札》《论罗马盛衰的原因》《论法的精神》等。——编者注

③ 伊曼努尔·康德(德语：Immanuel Kant，1724年4月22日—1804年2月12日)著名德意志哲学家，德国古典哲学创始人，其学说深深影响近代西方哲学，并开启了德国唯心主义和康德主义等诸多流派。

康德是启蒙运动时期最后一位主要哲学家，是德国思想界的代表人物。他调和了勒内·笛卡儿的理性主义与弗兰西斯·培根的经验主义，被认为是继苏格拉底、柏拉图和亚里士多德后，西方最具影响力的思想家之一。

康德有其自成一派的思想系统，并且有为数不少的著作，其中核心三大著作被合称为"三大批判"，即《纯粹理性批判》《实践理性批判》和《判断力批判》，三部作品有系统地分别阐述他的知识学、伦理学和美学思想。《纯粹理性批判》尤其得到学术界重视，标志着哲学研究的主要方向由本体论转向认识论，是西方哲学史上划时代的巨著，被视为近代哲学的开端。此外，康德在宗教哲学、法律哲学和历史哲学方面也有重要论著。

康德哲学理论的一个基本出发点是，认为将经验转化为知识的理性(即"范畴")是人与生俱来的，没有先天的范畴我们就无法理解世界。这个理论结合了英国经验主义与欧陆的理性主义，对德国唯心主义与浪漫主义影响深远。

康德的道德哲学理论也十分著名。此外他还曾针对太阳系的形成提出第一个现代的理论解释，即康德-拉普拉斯假设。——编者注

虑和猜忌,这也就会构成任何战争的远因。

其次则为人性(human nature)因素。修昔底德对于这一点采取悲观的看法。他也像我国的荀子一样,相信人性本恶,他认为人对权力有天然的爱好,人都有个人的贪欲和雄心,这也构成一切罪恶的主因。不过,他并不认为人性本恶即为一切战争的远因,因为战争毕竟是一种理性的行为(其说见后),但人在决策和行动时,又常受人性的影响。

远因可能潜伏很久,若无近因则战争也许不至于爆发。试以第一次世界大战为例,如果没有奥匈帝国皇储遇刺事件发生,则战争可能不会在1914年爆发。修昔底德认为伯罗奔尼撒战争有两个近因:(一)为科孚(Corcyra);(二)为波提达(Potidaea)。前者本为斯巴达同盟国科林斯的殖民地而倒向雅典方面,后者为雅典的同盟国却受到斯巴达的勾引。于是双方之间的战争终于一触即发。以上所云不过是举例而已,事实上,他这本书的写法是夹叙夹议,其分析的结果也就是历史的教训。

历史教训

在这本书中所含有的历史教训可以说不胜枚举,但照修昔底德本人的观点来看,最重要者莫过于西西里远征的失败。雅典人之发动这一战役足以显示其骄傲、偏见、无知与急躁,终于铸成大错。诚如修昔底德所云,雅典人对于西西里岛的情况几乎是一无所知,他们却仍然对锡拉库萨(西西里的主要城邦)宣战。所以说,修昔底德的思想几乎是和孙子完全一致。他强调"先知"的重要,同时也确认"主不可以怒而兴师,将不可以愠而致战"。

基于其对整个战争所作的观察,修昔底德获得一条最重要的结论,那就是国家由谁来领导,在结果上足以产生非常重大的差异。举例来说,当雅典在伯里克利领导之时,这个国家既富且强,几乎可以说是无敌于天下,但在他逝世之后,由于后继无人,国势遂衰并终于走向败亡的途径。所以诚如宋代苏洵(老泉)在其所著《管仲论》中所云:"国以一人兴,以一人亡。"古今中外的历史教训似乎不约而同,足以发人深省。

最后,修昔底德还认为另有一个问题也值得深思,那就是胜利者应如何对待失败者,强国应如何对待弱国。他指出,国际情况的变化很难预料,胜利之果很快就会变酸,今天的胜利者可能就是明天的失败者。所以,当政者必须有容忍的大度,而不可受到仇恨和报复心理的影响,尤其是必须为国家的长远利益着想,而不可对短程利益作过度的追求。

现实主义

在现代国际关系理论范畴中,所谓现实主义大致是以下述四种基本假定(assumption)为基础。

1. 国家为主要演员(principal actor)。
2. 国家为单一演员(unitary actor)。
3. 人为理性动物(rational being)。
4. 安全为最重要利益。

综观修昔底德的著作,即可发现在其思想中同时含有这四种基本假定在内。所以无怪乎许多学者都认为其著作可以作为现代国际关系现实学派的理论基础。

在其故事中的主角即为雅典与斯巴达两国,而双方的同盟国则居于配角的地位,至于非国家性的演员,例如神谕(oracle at

Delphi)或佣兵等,则只是偶然被提及而已。修昔底德对于国内的辩论虽也常有记述,但一经对某一问题作成决定之后,则国家对于外在世界的发言就只有一个声音,所以可以把国家视为一个单一角色。

修昔底德也像其他希腊学人一样,相信人类就本质而言是一种理性动物,所以,他认为政治家或战略家所做出的决定或计划都应该以合理的思考为基础。不过,他又指出,在实际情况中,虽有合理的计算,但又不一定能够产生理想的有利结果。

修昔底德在其书中曾一再举例来说明所谓理性(rationality)者常受认知(perception)的限制。他虽然不曾使用这些现代化的名词,但他对这些观念已有充分认识,并在其书中举出若干实例。他完全了解所谓实际环境与心理环境之间的差异。

简言之,从伯罗奔尼撒战争史中可以看到决策者往往会犯下述三种毛病:

(1) 把敌方的能力估计过高;

(2) 把自己的选择范围看得太窄;

(3) 受到一厢情愿想法(wisgful thinking)的影响。

而在这三种毛病之中,尤其以最后一种的伤害最为严重。

最后,修昔底德的书是以战争为主题,很明显,他曾重视安全问题,而这对于所有的国家也都是主要利益。对于现实主义者而言,所谓安全的意义就是保护国家和社会来对抗外来的和内在的威胁。虽然安全是以国防为主,也就是说武装部队扮演主要角色,但战略还是有其非军事方面的因素,这又包括经济和外交等因素在内。在修昔底德的著作中,外交(尤其是同盟关系)经常成为记述的对象,并且很值得讨论。尤其在冷战时代,他的书更是备受西

第九章　修昔底德与伯罗奔尼撒战争史

方研究同盟外交的学者所特别重视。

结　　论

　　修昔底德的《伯罗奔尼撒战争史》到今天仍然受到研究国际关系和战略思想的学者们的重视，其作为经典名著的地位一直屹立不动，并不因为时代的久远而丧失其学术价值。不过，令人遗憾的是，他的战争史并未写完，只写到战争的第 20 年（前 411 年）就停止了。而他本人在公元前 406 年逝世，也未能亲见战争的结束。以后色诺芬虽然继续完成了最后一段战争史，但因为其治学态度并不像修昔底德那样严谨，所以随着时代的前进，色诺芬的著作也就不再为人所注意，而只留下修昔底德一个人名垂青史。

第十章
论坎尼模式

引言　　　　垓下会战
布匿战争　　湘西会战
坎尼会战　　结论
近代研究

引　言

略有战争史知识的人几乎无一不知"坎尼会战"(The Battle of Cannae)。公元前216年8月2日,迦太基(Carthage)名将汉尼拔(Hannibal)在此大败罗马军,赢得惊人的胜利。这一战也使汉尼拔名垂青史,**被后世尊为"战略之父"**(the father of strategy)。但令人惊异的是,这次发生在2 000余年前的会战保有相当完整的历史记录,而在20世纪初叶又曾受到非常详尽的研究。于是"坎尼"也就变成一种"模式"。究竟"坎尼"之战是怎样打的,是否构成一种特定模式?这都是很值得研究的问题。本章准备分四段来进行分析。

首先根据历史记录简述坎尼会战的经过,并检讨其胜败的因果关系。其次说明德国战争史大师德尔布吕克(Hans Delbrtick)[①]和曾任参谋总长的史里芬元帅对坎尼会战的研究,以及坎尼模式的由来。然后在我国历史中指出两个与"坎尼"非

[①] 汉斯·德尔布吕克(Hans Delbruck,1848—1929年)19和20世纪德国最杰出的战略思想家,无论是作为军事史家,还是作为以德国民众为对象的军事教育家和德国统帅部的批评者,他都对现代战略思想的发展贡献卓著。他的战略思想属克劳塞维茨传统,是对克劳塞维茨战略思想的继承和发展。他不仅坚持了克劳塞维茨"战争是政治的另一种手段的继续"的论断,而且明显发展了其关于战争双重形式的论点,提出和阐释了战略的两大基本形式——歼灭战略和消耗战略,从而批判了毛奇、史里芬以后德国军队主流战略思想对克劳塞维茨学说的曲解和背离。——编者注

常类似的伟大会战,那就是楚汉相争时的"垓下会战"以及对日抗战时的"湘西会战"。最后,再以战略观点来评论这一模式的真正含义。

布 匿 战 争

西方历史上所谓的"布匿战争(Punic War)",实际上即为罗马与迦太基之间之战争。罗马人称迦太基人为"布尼西亚斯(Punicus)",其意义就是无耻小人,布匿战争的名称就是这样来的。这两个位置在地中海对岸上的国家,从地略学的观点来看,是天生的劲敌。它们之间从公元前268年开始发生战争,一直到公元前146年才完全结束。在此百余年间,战争又可分为三大阶段:

第一次布匿战争(前268—前241年)
第二次布匿战争(前219—前202年)
第三次布匿战争(前149—前146年)

这三大阶段又以第二次布匿战争最为重要,不仅双方的胜负是决定在这个阶段,而且由于汉尼拔的出现,更使这次战争增添了不少惊奇和刺激。

第一次布匿战争以地中海和其中岛屿为战场,双方缠斗达27年之久。最后,虽然是罗马略占优势,但迦太基并未完全失败。于是双方同意签订和约,以便养精蓄锐,再来决战。战后,迦太基的主将哈米尔卡(Hamilcar),也就是汉尼拔的父亲,决定采取间接路线的战略,从北非越过赫丘里支柱(Pillars of Hercules),即今之直布罗陀海峡,进入伊比利亚(Iberia),即今之西班牙。然后再以此为基地，从陆路进攻意大利北部，直捣罗马的心脏地区。

这是一个很伟大的战略计划，但也需要相当长的时间来执行。哈米尔卡于公元前236年前往西班牙，直到公元前217年，始由他的儿子率领大军，越过重重障碍进入意大利北部。这里所谓"大军"实在是一个不太恰当的形容词，因为他的兵力数量实在很有限，而且素质也不佳，完全由佣兵组成，是一支真正的杂牌部队。

迦太基是一个富国，其人民以经商和务农为本，从不愿服兵役，所以只能采取募兵制。其军事人力的来源就是出自许多不同的半文明部落。汉尼拔全军中具有迦太基公民资格的人也许还不到十分之一，其他的人员都分别来自非洲和南欧各地。他们没有共同的语言，各单位所用的武器和战术也各不相同。其中最优秀的部队为非洲人组成的重步兵和纽米地亚（Numidia）部落提供的骑兵。

数量方面很难考证。古代史学家对于数量的记载往往不免流于夸大，而且各家的记载也时常彼此不同。有人说汉尼拔在渡过罗讷河（Rhone）时，兵力为步兵5万人，骑兵9 000人，但是到进入高卢（Cisalpine Gaul）平原时，只剩下步兵2万人，骑兵6 000人。罗马史学家波里比奥斯（Polybius）认为，当汉尼拔在特雷比亚（Trebbia）河岸上与罗马军接触时，其兵力为步兵2.8万人，骑兵1万人。虽然数字很不精确，但汉尼拔经常居于数量劣势，则似可认定。

若与迦太基做一对比，则罗马的军事组织可以说要好许多。罗马是一个尚武的民族，其公民以服兵役为荣，从公元前3世纪开始，罗马军的主力就是由公民组成。所谓"罗马兵团"

(Legion)是西方古代史中最优秀的战斗单位,通常是由4 200名步兵和300名骑兵组成。罗马的重步兵不仅训练有素,纪律严明,而且也采取标准化的战术,几乎无须指挥,即能适度而弹性地应付各种不同的情况。罗马的同盟国有义务提供一定限额的兵员,通常总是一个罗马兵团配一个同盟兵团,但后者的战斗力较差。罗马的骑兵不仅数量较少,而且素质也不如步兵。罗马经常依赖同盟国提供骑兵,其组织和战术也常听任其单位指挥官各自为政。

假使要问罗马的军事组织有什么缺点,则其缺点不是在组织本身而是在军事思想方面。罗马人把战争视为一种纯机械化的行动,全凭勇敢、纪律和操练来取胜。罗马没有专业性的高级指挥官。每一个公民都自以为能胜任此种职务。罗马元老院每年选举两位执政(Consul),他们在战时也就是野战军的总指挥,假使两人同在军中,则隔日轮流指挥。这可能即为他们屡次败在汉尼拔手下的主因。

坎 尼 会 战

汉尼拔在进入意大利北部之后,即接连在三次会战中击败罗马军,那分别是公元前217年11月的提希纳斯河(Ticinus)会战,同年12月的特雷比亚河会战,以及次年4月的特拉西梅诺湖(Lake Trasimeno)会战。罗马军每次损失都很惨重,而他的损失则很轻微。同时,他不仅因粮于敌,而且还能就地补充其兵力,所以他的确是胜敌而益强。

连续的惨败,在罗马城内已经造成严重政治危机,于是元老院

第十章 论坎尼模式

决定推举一位独裁者统率全军并享有绝对权威。被选中者为费边（Fabius）。费边深知汉尼拔在屡胜之余享有战略优势，决心忍耐，采取持久战略，以便争取时间和恢复元气。这种战略后世称之为"费边战略"（Fabian strategy）。他本人也因此获得"拖延者（cunctator）"的绰号。

费边虽然能暂时稳住局势，但不能反败为胜，所以没等多久，他的战略即已引起普遍的不满，于是罗马人遂又恢复他们的老办法，另行选举两位执政来指挥战争。到公元前216年，新当选罗马执政为包拉斯（Paulus）和法罗（Varro）。前者是贵族，后者是平民，其性格的差异恰如其背景。

6月初，汉尼拔为补给问题进攻坎尼城，罗马军也随后赶到，于是名留青史的大会战遂展开序幕。包拉斯知道汉尼拔有优势的骑兵，而当地地形平坦特别宜于骑兵的驰骋，即力主慎重，但法罗则有"灭此朝食①"的豪情，一心求战。同时，所有罗马官兵也都渴望一战，并怒斥包拉斯为懦夫。

8月2日，是由法罗轮值指挥之日。他在拂晓时，只留下少数兵力留守营地，自己率领大军进入战斗位置，其面向南方，在奥费达斯河（Aufidus）左岸的附近。这一切部署似乎都在汉尼拔意料之内，也许是他有很好的情报组织之故，他早已把军队调到左岸的一个河湾内，使其全军面向北方并背水作阵。历史学家对于战场的位置究竟在河的哪一边仍有许多争论。不过，根据记载来印证，似乎还是左岸比较合理。

---

① 灭此朝食，【释义】让我先把敌人消灭掉再吃早饭。形容急于消灭敌人的心情和必胜的信心。【出处】《左传·成公二年》：齐侯曰："余姑翦灭此而朝食！"不介马而驰之。——编者注

双方的兵力数量也无确实的数字，古代资料来源意见不但不一致，而且前后常有矛盾。不过，很明显，罗马方面是居于优势。大致估计，罗马军总数为8.6万人，其中6 000为骑兵。有1万人留守营地，致实际参战人数约为7.6万人。8万步兵可能分组为16个兵团，每个兵团约5 000人，这些兵团是罗马军和同盟军各一半。迦太基方面共约5万人（留守营地者约5 000人），其中有1万人为骑兵。所以，其总数虽少于罗马军，但骑兵却占优势。

汉尼拔对会战有充分的准备，其计划能发挥以寡击众的功效。他以轻步兵为前哨，中央正面上为伊比利亚步兵，两翼为非洲步兵，这也是他的精兵。在两翼顶点上由其弟哈斯德鲁巴（Hasdrubal）率领的伊比利亚和高卢骑兵居左，纽米地亚骑兵居右，后者人数虽仅有2 500人，但却剽悍善战为全军之冠。把阵势摆好之后，汉尼拔遂命令其中央部分的步兵前进，使战线成为向前凸出的弧形，他本人则位于部队的中央，以便能控制全局。

罗马军也是以轻装步兵为前导，后面就是其惯用的三线战斗序列，全由重步兵组成。右翼为罗马骑兵，左翼为同盟骑兵。后者虽数量较多但战斗力却较差。当法罗看到迦太基军列阵在河湾之内，并使其左翼以河岸为依托而可获相当掩护时，也决定改变其兵团所惯用的队形。他把各营的正面缩短，纵深加长，同时缩小各营之间的间隔，其目的为加重步兵攻击时的冲力，希望一举突破对方的战线。但这也使人与人之间，单位与单位之间靠得太近，使他们丧失原有的弹性。尤其是部队对于这种从未用过的新式队形，自然感到难以适应（参看图1、图2）。

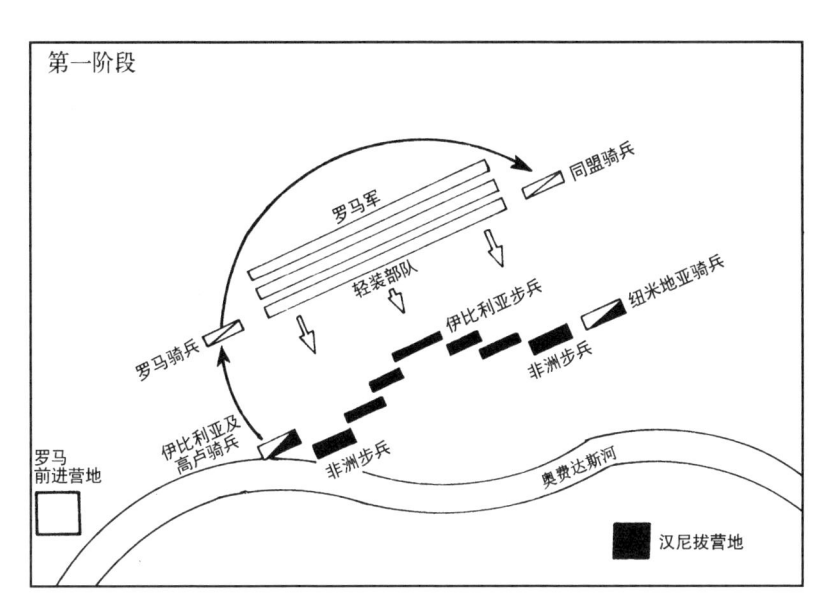

图 1　坎尼会战图(第一阶段)

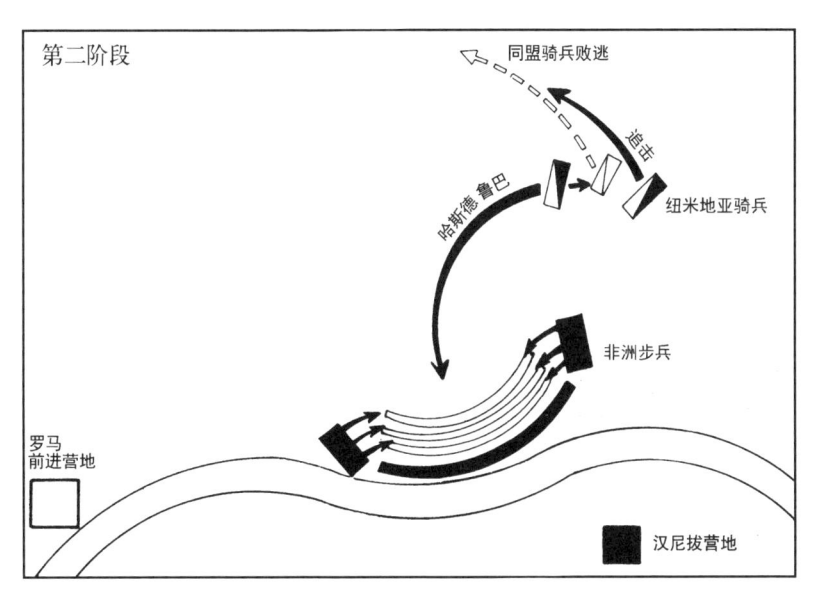

图 2　坎尼会战图(第二阶段)

法罗列阵完毕后即命令其全军前进,战斗于是展开,双方主力逐渐接近时,前哨兵力都从战线空隙中退往后方,让出空间好让双方步兵主力决战。当罗马兵团以全力向迦太基军正面中央部分直冲而来时,后者且战且走,向后退却,但同时左翼的骑兵也立即向罗马骑兵发动攻击。右翼的纽米地亚骑兵虽数量远居劣势,但仍能挡住罗马同盟骑兵,使其不能支援步兵的前进。

在中央方面,迦太基军在汉尼拔直接指挥之下,缓缓向后退却,把凸出的战线变成凹入的战线,罗马部队也就自然跟着前进,并向空出的中央狭窄空间乱挤,这也正是汉尼拔所希望的。正当罗马人挤成一团,连挥动武器都感到困难时,位置在两侧的汉尼拔的非洲重步兵突然向中央回旋,将他们包围在核心之中。

此时,哈斯德鲁巴率领的骑兵不仅已经击溃罗马骑兵,并绕过罗马军的后方,打击在其左翼(同盟)骑兵的背上。在前后夹击之下,后者也立即崩溃。于是,纽米地亚骑兵继续追击,而哈斯德鲁巴则勒马回头,封锁罗马军的最后退路。罗马人虽继续作困兽之斗,但死伤枕藉,只是徒然惨遭屠杀而已。诚如富勒将军所形容的,罗马军好像是被地震所吞噬。

这样就结束了历史上永垂不朽的坎尼会战。但还留下一个难题,那就是双方损失数字的估计。据德尔布吕克的推算,罗马方面的损失数字可能有如下表所列:

阵亡步兵	45 500
阵亡骑兵	2 700
被俘步兵	18 000
被俘骑兵	1 500

续 表

逃走步兵	14 000
逃走骑兵	1 800
失　　踪	2 500
合　　计	86 000

至于迦太基军的损失则约为 5 700 人到 8 000 人之间。

近 代 研 究

虽然罗马史学家波里比奥斯和李维（Lvy）对于坎尼会战都有很详细的记载，而后者又是以前者为根据，但对于这次会战作认真研究的人却是 20 世纪初叶的德国战争史大师德尔布吕克博士。他首先考据古代资料来源的真伪，发现波里比奥斯的著作具有真正的权威。他指出在罗马方面，波里比奥斯根据的资料是费边·皮克托（Fabius Pictor）所提供，后者是一位罗马元老（Senator），曾亲自参加会战。在迦太基方面，波里比奥斯的来源是一位曾任汉尼拔幕僚的希腊人。但德尔布吕克又指出，有关坎尼会战的记载品质极高，所以它必然出于一位非常伟大的人物的手笔。所以，他深信那是汉尼拔本人所写，也或许是由他口授再由那位希腊人笔记。

事实上，汉尼拔在坎尼所用的战术即为"两面包围"（double envelopment）。不过，任何聪明的指挥官除非享有相当巨大优势，否则绝不会使用两面包围，而且若无压倒的数量优势，则通常也很难成功。德尔布吕克指出，虽然其骑兵已经溃逃，但罗马军在总数上仍然握有相当的优势。孙子曾说:"故用兵之法,十则围之……"克劳塞维茨在《战争论》中也曾说:"较弱的方面不宜对敌人采取向心的行动。"而拿破仑更曾指出,较弱的兵力是不宜两翼包围的。但坎尼却是一个显著的例外,汉尼拔以较弱的兵力却能围歼敌军。

德尔布吕克对于胜负的关键曾作非常精密的分析,他举出若干疑问然后又自行作答,所以读他的书真像看侦探小说一样过瘾。总而言之,他把结论归并为两点。

1. 罗马步兵惯于以密集队形向前猛冲,直到敌军败退时为止。现在突然听到"攻击来自后方"的呼声,于是在最后列的兵员必须转过身来应战。因此,向前推进的压力立即减弱,整个方阵都会停顿下来。大家都不知所措,数量优势也就瘫痪无用。

2. 迦太基人用其杂牌佣兵,在坎尼居然能大获全胜,其原因是由于他们享有骑兵优势;有优秀的军官团,能掌握部队并作适当的作战指导,尤其是其指挥官是毫无疑问的天才,能将其兵力变成一个具有统合力量的有机体。

汉尼拔的天才受到古今史学家的一致肯定。孟森(Theodo Monmsen)认为:"有关这个时代的每一页历史都显示其作为将军和政治家的天才……他是伟大人物,无论走到哪里,都会成为世人注意的焦点。"霍尔沃德(B. L. Hallward)在剑桥古代史中评论如下:"汉尼拔的卓越成就,其对战机的配合,与步骑战术的协调,都可为军事艺术的模范,在古代战争中无出其右者。"不过若非罗马军有其内在的弱点,则他可能还是不能创造历史上的奇迹。

由此也就应该进一步谈到史里芬对坎尼会战的研究。严格说来,史里芬是一位职业军人,他既非史学家也不曾受过正规的学术教育,不过他也像克劳塞维茨和毛奇一样,不仅好学而且也多少具有一种天赋的学者性格。他研究坎尼是在其从参谋总长位置上退休之后。他所研究的并非原始资料而是以德尔布吕克的著作为根据,也就是在1900年出版的《战争艺术史》第一卷。因此从学术观点来看,史里芬的研究相当肤浅而不够深入,并且多少有借题发挥的毛病。不过,因为他曾任德国参谋总长,年高名大,所以也就有一言九鼎之效。坎尼模式正是由于他的提倡而变成一种流行世界的军事思想教条(military doctrine)。

他曾发表许多篇论文,以后将其集合在一起,以《坎尼研究》(*Cannae Studies*)为书名出版。他以汉尼拔为第一个模范,但其研究内容又不仅限于此。不过其总结论却是"侧面攻击为全部战争中的精华"以及"历史中一切伟大指挥官都是以坎尼模式为其目的"。

史里芬认为腓特烈大帝的重要胜利只能算是不完全的"坎尼",因为他的兵力不够强大,无法作那样歼灭性的打击。拿破仑在其全盛时期也显示出汉尼拔的作风,例如1805年战役中以在乌尔姆(Ulm)俘获马克(Mack)的全军为最高潮。反而言之,拿破仑的失败也正是坎尼战略的结果,尤其在莱比锡(Leipzig)和滑铁卢(Waterloo)的会战中更是如此。普奥战争中的萨多瓦(Sadowa)会战也是采取坎尼模式,但设计虽佳,执行却不算太卓越。普法战争中的色当(Sedan)会战则构成一次真正的"坎尼"。

史里芬的研究不仅有过分简化的毛病,有时甚至不惜扭曲历史事实以适应他的理想。他时常把现代观念纳入过去时代之中,有时甚至都不考虑战术与战略之间的差异。所以,他的研究若与德尔布吕克的相比较,实在是小巫见大巫。尽管如此,他对于坎尼有一段综合的评论,不仅其中警语常为人所引用,而且也的确算是难得一见的高论。现将其引述如下：

> 一个完全的坎尼会战在历史上是很少见的。要完成这样的会战，一方面需要一个汉尼拔，另一方面还需要一个法罗。双方合作始能达到这个伟大目的。
>
> 假使不具有数量优势，一个汉尼拔必须知道如何创造此种优势。为了达到这个目的，他必须兼有下述的特长：就像沙恩霍斯特[①]那样铸造坚强的陆军，像毛奇那样专对主敌集中兵力，像腓特烈大帝或拿破仑那样把主攻指向侧面或后方。最后还需要有良好专业训练的各级指挥官，能够了解高级司令部的行动计划。
>
> 所有这些素质很难集中在一个人的身上。历史中的其他将军很少有像汉尼拔那样的天才以及他所握有的工具。但另一方面，在历史的所有时代中却都会有法罗的存在。

史里芬是一位自视极高的人，他心中未尝不时以现代汉尼拔自居，但很可惜，他始终不曾获得在战场上一显身手的机会。所以，直到垂老之年，才著书以抒愤懑。就历史的观点来看，他的研究固然不够深入，但就战略的观点来看，他的评论却十分允当。

简言之，坎尼模式只是一种理想，在古今中外历史中只有一位汉尼拔，也只有一次坎尼会战。不过，与坎尼类似的两面包围却是常有的。在中国历史中至少可以找到两个相当类似的例子，那就

[①] 格尔哈德·约翰·达维德·冯·沙恩霍斯特（1755—1813 年），普鲁士将军，伯爵，军事改革家。普鲁士总参谋部的奠基人。著有《炮兵研究指南》《军事回忆录》《军官手册》等。——编者注

第十章　论坎尼模式

是垓下会战和湘西会战。

垓　下　会　战

楚汉相争大致起于公元前206年,到公元前202年即已接近尾声。是年8月,楚汉双方达成和议,约定以鸿沟为界平分天下,于是双方暂时休战。9月,刘邦接受张良和陈平的建议,违约追击已在东归途中的楚军。这样遂导致楚汉战争的最后一幕——垓下会战。

10月间,刘邦亲率大军10余万,追至阳夏(今太康县)南暂停。其目的为等待韩信和彭越的部队。项羽已知刘邦违约,也命令其部队(约10余万人)在此地区等待。由于韩信、彭越两军不至,刘邦只好再向前进,当他到固陵(今淮阳县西北)时,项羽挥军反击,大败追兵,迫使刘邦就地构筑工事固守待援。此时,韩信已率领将军孔熙、费将军陈贺,从齐国(山东)南下,以灌婴的骑兵为先锋,至于其总兵力史无记载,大致约数万人。韩信用兵神速,首先攻下彭城(今之徐州,为项羽的根据地),再从苏北直趋豫东,到达项羽军的背面。于是他与刘邦发动夹击,楚军死伤约有万人,向垓下败退,齐汉两军在颐乡(今之鹿邑县南)完成会师。

此时已经11月,彭越、英布等人的兵力也已到达。汉方诸侯大军共约30万,由韩信统一指挥,继续追击。项羽在垓下(濉水南岸,距离固陵200公里以上)整顿残部,尚有9万人,准备作最后的决战。于是惊天动地的大会战开始揭开序幕。

韩信立即部署其兵力。孔将军居左,费将军居右;韩信自居中;刘邦在后,周勃、柴将军为刘邦之后卫。以上叙述完全以史书为根据,兵力数量没有记载,至于诸侯之兵如何配属也不可考。不过,从史书的原文看来,这次会战是由韩信负责设计和指挥应毫无疑问。

会战的经过有如下述:韩信首先自引军向前进攻,项羽立即迎击。韩信军不利后退,项羽乘胜追击。于是孔、费二军立即左右夹击,而韩信也回军乘之。在三面夹攻之下,楚军大败,项羽遂筑垒自守。韩信立即调动30万大军把楚军重重包围,准备将他们完全歼灭。

项羽困守垓下,兵少食尽,其败亡只是时间问题。项羽遂乘黑夜突围逃走。次日韩信命灌婴率5 000骑兵向南追赶。到乌江(今安徽省和县东北47里),项羽遂自刎而死。楚汉战争至此终告结束。在垓下会战中,汉军斩首8万,楚军全部被歼。

从上述的记载看来,令人获得的第一个印象就是我国史书对于战争的记录远不如西方古史那样详尽。太史公(司马迁)虽然是我国伟大的史学家,其地位绝不逊于波里比奥斯,但是他对垓下会战的描述却远较简略。我们无法知道较精确的兵力数字,也无法知道双方的详细战斗序列。因此,后世就更无法作精密的分析。

不过,仅凭这一点简略记载,我们仍可获得少许结论:

1. 韩信在垓下所采取的部署的确是史里芬所谓的坎尼模式,也就是两面包围。他的诱敌方式和决战部署都和汉尼拔所用者大致相似。

2. 韩信在会战时享有的数量优势并不太大。最初投入战斗的兵力可能仅为韩信和刘邦的兵力,而其他诸侯可能是作壁上观。仅当项羽被击败之后,他们始参加包围行动。

3. 最值得注意的是在坎尼会战时,迦太基的骑兵是一重要因素,但在垓下会战时除最后用于追赶项羽个人以外,骑兵似乎毫无表现。

4. 韩信面对的是勇敢善战的项羽,而汉尼拔的对手则为急躁无能的法罗,所以韩信的取胜似乎远较困难。

5. 坎尼会战,严格说来,不算是一次决定性会战,因为汉尼拔虽然赢得会战,最后还是输掉战争。但垓下会战却是不折不扣的决定性会战,这场会战决定了楚汉相争的结果,也决定了历史演进的方向。

湘西会战

1945 年初第二次世界大战接近尾声。德国已经无力再战,而日军在太平洋上也已节节败退,全面胜利似乎指日可待。但就在这个时候,日军却在湖南发动了一次相当规模的攻势,从 4 月上旬开始行动,到 6 月上旬才完全结束。这也是中国军队在日军投降前夕所赢得的一次光荣胜利。战史学家称这一阶段的作战为湘西会战,也可称芷江会战。

当时侵华日军在地面上的兵力并无太多变化,但航空兵力自湘桂作战以来,损失逐渐增大,因未获补充,其战斗力有逐渐减少之趋势。由于应付美国在太平洋上的进攻,其第五航空军主力又已转用于东南方面,所以中国陆上的天空已成中美空军的天下。日军已丧失制空权,中方飞机已能使其后方地区及交通干线受到严重损害。

因此,日军遂企图攻占湘西的芷江,因为那里有巨型空军基地,可借以维持湘桂和粤汉两条铁路的交通。从3月下旬起,日军即开始积极修筑公路和囤积补给,并分别集结兵力。至4月初,全部兵力已达七八万人,由第二十军统一指挥,下辖六个师团和一个独立旅团,其目的为歼灭中国军队在湘西的野战军并占领芷江机场。

中方在湘西地区的全部兵力由国民党陆军总司令何应钦将军统一指挥,其参谋长为萧毅肃将军。何萧二公的关系与第一次世界大战中德国名将兴登堡(Von Hindenburg)和鲁登道夫(E. F. W. Ludendorff)之间的关系极为相似。兴登堡曾获得"你怎样说元帅"(Marshal Was-saget-du)的雅号,因为他凡事都要请教鲁登道夫。何公也几乎一样,有人问他什么问题,他总是回答说:"你去问萧参谋长!"所以,事实上,湘西会战的全盘战略指导都是由萧公负责。

2月初,中方即已获得了日军将蠢动的情报,萧公曾经指出,王耀武虽无他长,但他在会战前夕曾俘获日军官兵约百余人,实为一大贡献。这些日本人成为重要情报来源,尤其日本军官都有写日记的习惯,毫无掩饰地把许多机密资料都写上,遂使中方对于敌情获得"先知"的利益。

国民党陆军总部所指挥的兵力相当庞大,战区的面积也相当辽阔,部队的素质和数量有很大差异,尤其是地形恶劣,交通不便,而中国军队又缺乏运输工具,几乎全靠徒步行军,构成很大的困难。不过,有一重大优点就是空军实力已远超过日军。据日军的记录,中美空军的活动曾使日军的行动受到严重的影响,尤其是对于中方大规模空运更有叹为观止之感。其记录中有云:

第十章 论坎尼模式

本作战中,中国军队之特点为以强大美空军输送部队。日军攻势开始时,中国军队立即自昆明向芷江机场开始空运,四日之间约运一个师,迄月底以前,连续十数日,已将新编第六军空运完毕。

当时中国军队的全盘战略计划是以兵力最多的王耀武第四方面军(下辖第七十三、第七十四、第一百、第十八,四个军)守着正面,挡着进攻的日军,且战且走,但以退到洪江之线为极限。同时调集第三方面军的第九十四军和第十集团军的第九十二军,兼程向日军侧面及后方进逼。此外,又立即空运新编第六军为总预备队。等到日军进抵洪江之线,已成强弩之末时,中国军队即开始从三方面发动反攻,而以将日军围歼于新化和武冈之间为最后目的。

从以上的叙述中即可明了当时所采取者即为坎尼模式,但是诚如拿破仑所云,战争理论实在很简单,问题在于执行。又诚如克劳塞维茨所云,简单的事情并不容易。以湘西会战而言,最大的难题是中国军队机动力太差,行动非常迟缓,所以,真正的关键是正面上的兵力必须能苦撑达足够的时间,然后始能完成合围之势。

日军于4月上旬开始进攻,一路受到中国军队的阻击,到4月底已进至洞口和武冈附近,攻势始略告顿挫。此时退守最后防线的第四方面军也已疲惫不堪,损失重大。但正在向敌军侧面和后方压迫的国民党军兵力却还差一段距离。到5月初,日军开始发动最后的猛攻,王耀武此时精神上已经支持不住,一再向总部要求准许其所部撤退过沅江,而若干美籍将领也随声附和,但均为萧公所严词拒绝。

萧公事后曾告诉作者说,当时他真有度日如年之感,惟一的办法就是猛抽香烟，一天要抽一听（罐）"三炮台"。诚如鲁登道夫所云："一位将军要能负重，要有坚强的精神力。"假使当时若无萧公毅然坚持，则湘西会战不可能有胜利的结局。

5月8日，中国军队都已到达所计划的位置，于是开始全面反攻。作为总预备队的精锐兵力，也立即投入战斗。上文中曾经指出，在坎尼会战时有一决定性因素，即为迦太基的骑兵。湘西会战中也有一类似因素，那就是中方的中美联合空军。在会战期间，空军曾倾全力支援地面作战，并对敌军后方交通线予以重大打击。

据日方的记载，其所谓派遣军总部曾在5月8日命令停止作战，并撤退其深入湘西的兵力。但实际上，其兵力已陷中方包围之中，最后，日军虽有部分突围逃走，但其损失已超过万余人，为其在中国内地战场上罕见的大败。

国民革命战争史认为"此次会战，中国军队之战略指导成功，能依计划于预定地区，将日军大部击灭或击溃，使其损失重大，因之对双方士气影响甚大"。

美国人也盛赞中国军队的英勇："参加芷江会战的中国部队官兵并未领到编制上所规定的武器装备，也没经过有计划的训练，但已表现非常勇敢。"

不过，令人遗憾的是所有这些记载都不曾提到幕后真正的英雄，"中国陆军总司令部"的参谋长萧毅肃将军。萧将军已经逝世多年，我们应该替他向历史讨回这段公道，并向他致以崇高敬意。

结　　论

基于以上的分析，似乎可以获得两点综合结论。

第十章 论坎尼模式

1. "坎尼模式"的确存在，那就是两面包围。事实上，这种模式虽因坎尼而得名，但并非起源于坎尼，古今中外的名将采取此种模式者很多，非仅限于汉尼拔一人。甚至在西方历史上第一次决定性会战（马拉松会战）中，希腊军所采取的也是这种模式。

2. 不过，坎尼会战又自有其特点：（1）汉尼拔的兵力总数居于劣势；（2）他能在会战中歼灭敌军的极大部分。但那只能算是偶然，因为他在总数量上虽居于劣势，但其骑兵却在数量和素质上都占优势，而更重要的是法罗急躁无知、自投罗网。

所以，诚如史里芬所云，一个完全的坎尼会战在历史上是很少遇见。不过，采取此种模式的中外名将还是很多，而其成就也未尝不可与汉尼拔相比拟。

第十一章
亚历山大的将道

引言
亚历山大的生平
将道的分析

高加梅拉会战
亚历山大与拿破仑的将道比较
结论

引　言

在西方历史中真可以说是名将如云,但辈分最高、最受后世崇拜,而盛名也历久不衰的则莫过于亚历山大大帝(Alexander the Great)。汉尼拔、恺撒、拿破仑等人固然也都被后世尊为一代名将,但若与亚历山大相比较,则都不免瞠乎其后①。至少有两点是其他名将无法与他相比:(1)其他的名将在其一生当中总会有失败的记录,惟有亚历山大在其短短一生之中,几乎是攻无不克、战无不胜;(2)后世兵学家或史学家对于其他的名将都会有所批评,褒贬也不一致,但对于亚历山大则除了歌颂以外,几乎找不到任何其他的议论。

亚历山大真是如此伟大吗?是否由于时间太久远,信史已难考证,于是就自然地把他送入了神话的境界呢?这是一个非常有趣也非常有意义的问题,很值得作较深入的探讨。

在此又必须首先说明为什么要研究名将(great captain)及其将道(general ship)的理由。李德·哈特曾经指出,军人和其他的专业人员不一样,他并不能经常从事他的专业,战争似乎只是偶一为之,很多将军甚至一生都没有打过仗。

---

① 瞠乎其后,瞠:瞪着眼看;其:代词,他。在别人后面干瞪眼赶不上。形容远远落在后面。出自《庄子·田子方》:"夫子奔逸绝尘,而回瞠若乎后矣。"——编者注

不过，俾斯麦却曾提醒我们："愚人说他凭经验学习，我却宁愿利用他人的经验。"俾斯麦的话使我们认清有两种不同形式的经验，一种是直接经验，另一种是间接经验。后者的范围远较宽广，也较有价值。一位军人即令其一生多彩多姿，但他的直接战争经验仍然可能非常有限，而且这种有限的直接经验，其能应用的范围也必然相当狭隘。反而言之，间接经验的价值正是在于其较复杂的性质和较宽广的范围。

所以，李德·哈特认为"历史是宇宙经验"，它不仅是另外某一个人的经验，而更是许多其他的人在各种不同条件之下的经验。因此，以战争史为军事教育的基础实完全合理。

但是对于将道的研究而言，仅研读历史似乎还是不够，因为历史的优点是客观和简明的，但其弱点则为完全缺乏人情味，所以，我们在历史中所看到的人好像是 X 光片上所看到的，只见骨骼而不见血肉。假使军人想学习将道，则他必须把历史中的名将当作活人来模仿，甚至还应设身处地，把自己当作古人来考虑当时的问题。因此，学习将道要比研究战争史远较困难，因为后者只是一种科学化的努力，而前者则必须进入艺术化的境界。

诚如拿破仑所云："像亚历山大、汉尼拔……一样地采取攻势；一读再读他们 83 次战役的记录，以他们为模范，此乃成为名将和学会艺术秘诀的不二法门。"

简言之，想要学习将道的精华，必须研读名将传记，最好是他本人所写的回忆录，但不幸，只有较近代的名将才会留下这样的记录。尽管如此，经过若干前贤的发掘和整理，对于西方名将的言行，还是累积了不少资料可供后人作为研习将道的根据，至少对于一个初学的人而言，也许还会感觉到资料不少而嫌多。

第十一章　亚历山大的将道

说到这里，又不禁令我们感到惭愧，号称文明古国的中国，过去的史籍中却非常缺乏这种资料。一部二十六史对于战争的记载可以说是因陋就简，而对于名将的思想和战法则更是无从查考。这也使后人想研究都无法下手，至少我个人是常有望书兴叹之感。

闲话不说，还是回到本题来。这篇短文所要分析的主题即为亚历山大的将道，而尤其重视的是战术方面，并希望能从这种个案研究中提出有价值的教训。

亚历山大的生平

亚历山大出生于公元前 356 年，父亲腓力（Philip）是马其顿（Macedonia）的国王。历史上常有古今类似的故事，非常耐人寻味。亚历山大和 18 世纪普鲁士的腓特烈（Frederick the Great）非常相似，他们都有一个好爸爸。他们的事业都是爸爸替他们建立基础，假使不是这样，则他们未必能有那样的成就。

马其顿在古代希腊文明时代只是一个边陲小国。西欧世界是最先以雅典和斯巴达为重心，仅当伯罗奔尼撒战争之后，这两个巨强两败俱伤，北方文明水准较低的国家始得乘虚而入。首先称霸的是第比斯（Thebes），而后来居上的则为马其顿。

腓力花了 20 余年的时间，在希腊境内扩张其势力，直到公元前 338 年，才在柯林斯会议（Congress of Corinth）中被各国推选为希腊联盟（Hellenic League）的盟主（Hegemon），这是其一生事业的巅峰。此后，他就开始准备远征波斯，但不幸在公元前 336 年遇刺身亡，其未了的大业只好留给他的儿子去完成。

亚历山大立即承继大统，此时他只有 20 岁。不过，**他不仅已**

经学会了一身武艺,而且更曾拜希腊大哲亚里士多德为师,精研文史之学。至于他的将道则可能是出自其父王的亲授。腓力死后,众叛亲离,亚历山大立即着手恢复控制。在两年之内,他重建了马其顿的权威,并于公元前334年开始准备东征。

他一共花了4年的时间(前334—前331年),才进入巴比伦(Babylon),完成其征服波斯帝国的伟大目标。此后3年他继续在波斯东北部进行扫荡行动,最后在公元前327年,越过开布尔隘道(Klyber Pass)进入印度,并终于在公元前326年的希达斯皮河会战(Battle of the Hydaspes)中击败印度国王波罗斯(Porus),这是四大会战中的最后一个。

他还想继续前进,据说他想走到大地的终点为止,但他的部队此时已归心似箭,尚未进入恒河(Ganges)流域即拒绝再向前走。所以,亚历山大只好同意返回波斯。从马其顿到印度,他们已经走了大约2.7万公里的路程,可以说前无古人。

到公元前323年,亚历山大又准备离开巴比伦去进行另一次远征行动,他企图从海上环绕阿拉伯半岛航行,以建立波斯与埃及之间的交通线。但不幸突然患病,可能是疟疾,不过10余天即一病不起,到6月13日日落时,他永远闭上了眼睛。去世时他还不到33岁,一共统治了12年又8个月。他这样静悄悄地走了,没有留下遗嘱,也没有继承人。事实上,也无人能够继承他。诚如波里比奥斯所云:"这是大家所一致公认的,这位国王的天才超出人类标准之上。"

亚历山大在其短暂的一生中所历经的大小战役真是不计其数。最著名和最重要的当然是所谓四大会战:(1)格卡尼西亚斯会战(Battle of Granicus,前334年);(2)伊苏斯会战(Battle of

第十一章 亚历山大的将道

Issus,前333年);(3)高加梅拉会战(Battle of Gaugamelae,前331年);(4)希达斯皮河会战(前326年)。前三次会战都是以波斯人为对手,而最后一次则是以印度人为对手。这四大会战早已成为后世学习战术的范例,而其中最为重要也最具有决定性的则为高加梅拉会战。这一战不仅决定了波斯帝国的命运,而且对于亚历山大的将道也代表最高度的发挥。

除了四大会战之外,亚历山大还曾参加过许多次其他战役,其中包括各种不同形式的战斗,有围城战,有登陆战,有山地战,有反游击战,真是五花八门,不一而足。亚历山大真是像我国小说中所形容的,十八般武艺件件精通。无论任何环境他都能适应,并且更能随时调整其组织和战术以因敌制胜。孙子说:"故善攻者敌不知其所守,善守者敌不知其所攻。微乎微乎至于无形,神乎神乎至于无声,故能为敌之司命。"在西方战争史中也许只有亚历山大能够达到此种境界。

将 道 的 分 析

何谓将道?在此必须先作少许解释,然后始能作进一步的分析。"将道"这个名词虽然沿用已久,但始终只是一种模糊的观念,而缺乏明确的界定。尤其到今天,它已经不算是标准化的军事学术名词,不过我们研究战争史的人还要继续用它。

首先要指出,在古代所谓"将"者真是一个无所不包的职务。所以,今天英文中"general"一词仍然含有"总括"的意义。简言之,将军必须是通才(generalist),他样样要懂,无所不能。尤其是像亚历山大那样以国王的身份而身兼统帅,更是集军政大权于一身,事无巨细,他可能都要管。据我们所知,他既无一位参谋长(军师),也没有完整的幕僚体系。

因此,对于所谓"将道"必须采取最广义的解释,其所涵盖的范围应该是上自大战略,下到战术,而且还要包括后勤、行政、战地政务,以及领导(leadership)的艺术。换言之,作为一个总指挥(Commander in Chief)所需要的一切素质都应视为将道之一部分。

李德·哈特曾认为,亚历山大对后世的教训大致在两方面,即大战略与战术。这种说法似乎暗示战略非其所长。事实上,这多少代表一种误解,应该在此加以少许澄清。

李德·哈特对于名词的用法和我们今天的用法是有若干差异的。他对于战略和战术两个名词的解释大致还是遵从克劳塞维茨的传统。简言之,二者之间是以会战为分界。会战之内的一切行动为战术,会战之外(即其前后)的一切行动为战略。现代欧洲军语将后者称之为"作战"(operation),而我们的军语则称之为野战战略。

在古代战争中,会战居于非常重要的地位,这就是所谓"决定性会战"观念之由来。因此,战术遂成为将道(战争艺术)的主要部分,而战略(作战)则比较不那么重要。其原因又有两点:(1)古代军队的运动能力都很有限,而战场的空间和距离也很小,所以,在会战之前部队很难作大规模的调度;(2)在古代,几乎是必须双方同意然后始能会战,否则,任何一方均不能有所作为。换言之,会战之前的造势并无太多意义。

李德·哈特的话并没有错,而我们不要因此误以为亚历山大是长于战术而短于战略。反而言之,亚历山大在战术方面的造诣真是达到了炉火纯青的地步,而且确如李德·哈特所云,足供后世

第十一章 亚历山大的将道

作为学习的模范。

现在再回到字义的解释,到底"将"是在做什么?将的主要任务就是"将兵",所以,"将"就是指挥(command),而指挥的对象就是兵(部队)。没有兵也就不成其为将。有人以为只要将道高明,则所指挥的无论是何种兵力,都一样能够打胜仗。甚至孙子也说:"故善战者,求之于势,不择于人。"这种说法虽然完全不是这种意思,但多少也会使人有那种想法。

克劳塞维茨也曾以击剑为例。他认为将军和剑士一样,他只应注意如何用剑的艺术,至于剑的本身则与他无关,而且也与比赛的胜负无关。事实上,他的比喻颇有疑问。战争并非体育比赛,后者有规律,对双方都同样适用,前者则无规律之可言。在竞技场上,双方所用的剑是标准化的,所以,才可以完全凭用剑的技巧(剑道)来一决胜负。假使双方所用的剑在素质上并不一样,则此种比赛就不公平了。但在实际战斗中正是如此,所以哪一方面的剑比较好,则自然居于比较有利的地位,而假使他的剑道又比较高明,则与宝剑配合,也就更能得心应手,相得益彰。

从这个观点来看,名将与精兵不可分,名将若能指挥精兵,则如虎添翼,可将其将道发挥到最高限度。亚历山大的故事即为最适当的例证。

腓力首创一种新的军事组织,它用现代名词来形容,就是"联合兵种编组"。比起那个时代其他国家的兵力,马其顿部队在组织上是远较进步,因为它能把各兵种融合成为一个合作的整体。所以,也许以数量而言,它并不太大,但却有远较坚固的凝聚力和远较强大的打击力,而在战术运用上的灵活则更非其他国家兵力所能及。

此种军事改革原是由第比斯的名将伊巴密浓达(Epaminondas)①首开其端。当第比斯全盛时期(前371—前362年)腓力曾以王子身份在该国为人质,亲受艾巴米仑达斯教诲。因此,以后始能青出于蓝而胜于蓝,创立他的新军制。

不过第比斯军队与马其顿军队制度原本不同,在艾巴米仑达斯指挥之下的第比斯部队中,步兵仍然是主要兵种,而骑兵只是一种支援兵力。而腓力统治的马其顿本来就是强于骑兵,自从他征服了附近的色萨利(Thessaly)之后,其骑兵实力也更形增大。于是他不仅能够用他自己的骑兵击败敌人的骑兵,而且还能够从侧面攻击敌人的步兵。根据历史的记载,我们知道自马拉松时代开始,希腊的重步兵方阵在这方面是如何敏感。

所以,从此骑兵不再只是一种支援兵种,它不仅与步兵同等重要,甚至也能作为主力出击。有时在步兵交战之前,骑兵即早已在侧面发动攻击。有时甚至在这种打击之下,整个敌军即已放弃战斗,开始逃走,于是步兵方阵根本无须进入战斗。

---

① 伊巴密浓达(前418—前362年),希腊城邦底比斯政治家、军事战术家和领袖。前371年在留克特拉战役中以新战术击败斯巴达人,使底比斯成为希腊最强的城邦。此战术是在以压倒性的力量先对付敌军最强的部队。他另外四次成功攻入伯罗奔尼撒。前370—前369年,他从斯巴达人手中解放了麦西尼亚希洛人(helot)。前362年,他率领盟邦的军队在曼丁尼亚战役击败斯巴达、雅典和他们的盟邦。但是他也在战场上负伤身亡。在其死后27年,底比斯便被亚历山大大帝消灭。
伊巴密浓达对军事学的主要且伟大的贡献从战术学角度来讲就是"集中兵力"。集中兵力就是根据作战意图,将分散配置或者分散行动的部队调集到指定的地域,在主要作战方向上形成优势兵力,以多击少,歼灭敌人。他是首次运用集中兵力思想作战的古代西方军事家。在其指挥的著名战役琉科特战役中,创新布阵,将主力置于左翼,排成五十列长纵队,后紧跟300人"圣军"作为预备队。中央和右翼排成8列纵队,抵御对方中央和左翼的冲击。整个战队队形呈左翼突出靠前,右翼在后的斜状。这就是著名的教科书式的"斜型战斗队形"(亦称斜阵)。他依靠这一阵法将号称无敌的斯巴达军彻底击溃,取得了胜利。——编者注

第十一章 亚历山大的将道

因此,甚至有战争史学家相信骑兵现在已经变成主要兵种,而方阵仅是影子而不是灯光,它不再是军队的核心,而只是一般兵力。依照他们的见解,方阵的任务现在只是维持战斗,构成一道不能穿透的防御墙,等待骑兵去主动进攻,赢取决定性胜利而已。不过,若对亚历山大的战斗记录作精密的分析,即可发现这种看法多少有一点言过其实。实际上,重步兵和方阵在其取胜中仍然扮演一种正面的、积极的角色。在另一方面,骑兵也经常受到机动轻步兵的支援,后者不但替骑兵开路,并且用标枪、弓箭、投石等提供一般支援(马其顿军事组织参看图1)。

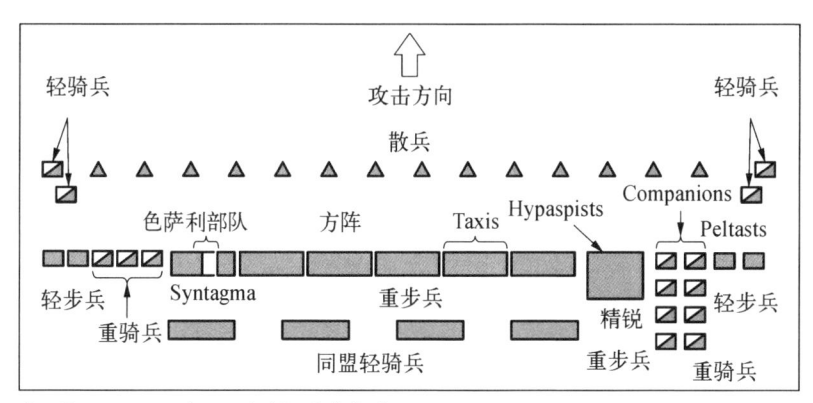

注:① Syntagma 为 256 人所组成的方阵(Square)。
② Taxis 为 6 个 Syntagma 所组成的大方阵,约 1 500 余人,Taxis 是现用军语"营"(battalion)之原始。
③ Hypaspists 为精锐步兵团(Corps)约 3 000 人。
④ Companions 为国王的亲兵,含有伴侣的意义,共有重骑兵约 3 000 人,分为 15 个"中队",现代军语之"连"(Company)即以此为来源。
⑤ Peltasts 为持轻便小皮盾的步兵,即轻步兵。
⑥ 整个序列称为 Phalanx(方阵),由 Taxis 组成。

图1 马其顿军的战斗序列

马其顿军事组织的特长为其所有战斗单位之间都能有严密的整合,构成一种统合战斗力,而能采用德尔布吕克所谓的"联合兵种战术"(tactics of the combined arms)。所谓兵种,在英文中的原文就是(arm),这个词的原意即为"手臂",所以说,联合兵种战术,就是在搏斗时,能够把几只手臂联合使用的艺术。在此还要提醒大家,手臂并非仅限于两只,亚历山大时常就是由于能够伸出第三只手,所以能够取得胜利。

马其顿的联合兵种军队,固然是腓力所首创,但带着他们去打天下的人却是他儿子。仅仅由于在亚历山大指挥之下,这支兵力才能百战百胜。亚历山大的战术,严格说来,并无固定模式。诚如孙子所云:"形兵之极,至于无形。"高谈所谓模式,都是后世附会之词,其虽有助于解释,但究属皮相之谈,并非将道的精义。

依照一般研究者的看法,亚历山大所惯用的战术是一种所谓"hammer-and-anvil tactics",若予以直译则应称为"锤砧战术",但似乎不如意译为"打铁战术"。过去铁匠把铁块烧红后,把它放在铁砧(anvil)上,然后用铁锤(hammer)猛打,就能打出他想要制造的东西。这种程序就叫做"打铁",俗语"趁热打铁"就是由此而来。

亚历山大经常是将其一部分兵力(不一定是步兵)当作铁砧,再把其他兵力当作铁锤,于是在双方夹击之下将敌军击碎。事实上,此种"打铁战术"并非亚历山大所发明,其来源也已不可考。古今中外的名将使用此种"模式"的人也很多。不过,能像亚历山大如此得心应手,马到成功的人却不太多。

亚历山大所常用的"打铁战术",一直到今天仍为基本战术,虽然亚历山大从未完成一次典型的两面包围(double envelopment),实际上那也是"打铁战术"的变体,不过这种包围作战在执行上常较困难,因而汉尼拔在坎尼会战中所实施一次非常漂亮的两面包围,后人遂称之为"坎尼模式"。

第十一章　亚历山大的将道

为了说明"打铁战术"在战争中的一般重要性，我们还可以引述第二次世界大战中的一段往事来作为例证。根据战争史学家的评论，麦克阿瑟从荷兰地亚（Hollandia）进攻莱特（Leyte）的战役远比巴顿在欧洲的战役更勇敢也更微妙，整个战争可以代表最卓越的战略观念和战术执行。麦克阿瑟在其回忆录中曾经指出："在此战役中，莱特就是铁砧，我希望在菲律宾中部把日军锤击成碎片。"

在将道的分析中，最后还有两点值得简明地指出：

第一，亚历山大不仅每战必胜，而且他更能够把部队的损失减到最低限度。汉蒙德（N. G. J. Hammond）解释说："从来未有一位征服者在战争中的损失会如此轻微。其原因是亚历山大善用头脑来避免'老鼠战'（the battle of rats），意即消耗战，他不仅要赢而且还要赢得最经济。"亚历山大的此种成就也暗示一项事实：一支有良好训练，严格纪律和旺盛斗志的部队，自然会避免不必要的损失。

其次，亚历山大不仅智慧过人，更神勇无敌。这一点在古代的战争中尤其重要，因为在那种冲锋肉搏的战斗中，将领的个人英勇程度实为决定胜负的主要因素。他不仅每战必身先士卒，而且武艺超群，常能化险为夷，转危为安。他曾多次负伤，这是现代指挥官所很难想象的。

富勒将军对此有很精深的解释。他说："要正确欣赏这个时代的战术，必须了解英雄决斗的重要性。"所以古代历史学家对于这种决斗常作详细的描述，因为这正是战斗中最具有决定性之一幕。

高加梅拉会战

要想对亚历山大的将道作认真的研究，则必须对他的战争记录作深入的分析。这当然不是本章所能尽述,现在为了示范起见,只准备以其一生中的一次最重要会战为例,来简略说明亚历山大是如何运用其将道的。即令如此,这种工作似乎还是费力不讨好,因为所要参考的资料实在太多,而想把它浓缩成为几千字,真有不知怎样下笔之苦。

据推断,高加梅拉会战发生在公元前 331 年 10 月 1 日,高加梅拉是一片平原,在底格里斯(Tigris)河以东,接近古城尼尼微(Nineveh),在小镇阿贝拉(Arbela)以西约 110 公里处,所以,有时也称阿贝拉会战。

波斯军的数量极占优势,虽然亚里安(Arrian)所说的百万以上是过分夸大,但可能在 10 万到 25 万之间。至于马其顿军则仅约 4.7 万人,其中步兵 4 万人,骑兵 7 000 人。此外,波斯王大流士还有装着镰刀的战车(scythed war chariot)约 200 辆,据说他计划凭此种秘密武器制胜。概括地说,波斯军是量多而质不精,尤其缺乏坚强的步兵,稳定性严重不足。

双方的战斗序列都是步兵居中,两翼为骑兵。由于波斯军兵力居优势,作战正面远比马军要宽,故当双方接近时,亚历山大发现在波军战车部队前方的地面已被碾平,不利抵抗,他立即命令其所部向右斜行前进,迫使波军战车移往崎岖的地形,以削弱其战斗力,而使大流士企图采取两个包围,用其大量骑兵绕过马军两翼进攻,同时在中央发动战车攻击以震撼马军步兵的战术失败。

关于亚历山大的战术部署,陶奇(Col Dodge)指出,"此种部署曾被称为一种大空心方阵(grand hollow square)",但实际上不仅如此,此种部署旨在保证比一个方阵更能获得较大的机动性,使其能够应付多方面的威胁(参阅图 2)。

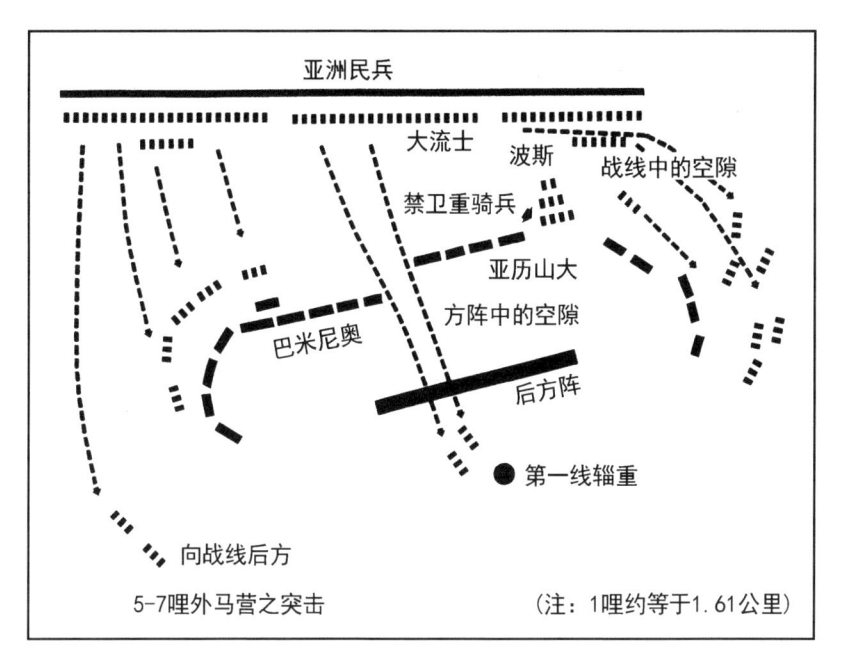

图 2　高加梅拉会战（前 331 年）

不过，从会战过程中显示，比战前部署更重要的是其弹性的心灵。他不仅能猜透敌人的意图并准备其对策，而且还能依照自己的理想来发展战术。他之所以获胜主要还是由于他有先见之明。

当其兵力右移时，遂与由帕尔梅尼奥（Parmenio）所指挥的左翼之间发生空隙。为了预防后者被包围，他就命令部队采取梯次队形（echelon formation）。其整个计划也是由帕尔梅尼奥在左方担任防御性和牵制性的奋斗，而亚历山大本人则在右方找机会亲率精锐骑兵突破波军的战线，然后使大流士陷在"锤"（马军骑兵）和"砧"（马军重步兵方阵）两面夹击之间。

当大流士看到马军向右斜行时，就命令其左翼的骑兵单位去攻击马军的右翼。亚历山大也派出若干骑兵单位来与之对抗，于是双方开始发生激烈的绪战。此时,大流士即向马军步兵方阵发动战车攻击。但散布在马军主战线前面的轻步兵(以标枪手为主)并未用整齐队形,所以能迅速向两侧散开,然后在战车通过时,袭击其驭手和马匹。等到战车冲到方阵前,马其顿重步兵凭着熟练的操练,严格的纪律,并未发生惊扰,而能迅速把正面让开,然后由骑兵从后方将那些战车击毁。简言之,大流士的秘密武器未能发挥想象中的威力,马其顿的联合兵种战术却稳住了阵脚。

此时,马军战线已断裂为两段,于是大流士遂命令对左翼马军(帕尔梅尼奥)发动猛攻。这是一个错误的决定,只是徒然分散其兵力和注意力。事实上,他应该倾全力来攻击右翼马军(亚历山大)。帕尔梅尼奥受到包围,情况极为紧急,几濒于危。但由于波军纪律废弛,士兵纷纷去抢劫在后方的马军营地,才使他得以渡过难关。

在右翼方面,波军仍在继续攻击,有若干骑兵单位单独前进过远,遂使波军左翼步兵与骑兵之间呈现出一个空隙,这也正是亚历山大梦寐以求的机会。他立即亲率精锐骑兵以楔形队形向空隙钻入。突入之后又立即向波军中央后方疾驰,那里是大流士本人所在的地点。此时,马军步兵正向前推进,一部分甚至跟在骑兵后面冲进了突破口。在这样惊心动魄的前后夹攻之下,大流士已经精神崩溃,立即弃军而逃。

不过,亚历山大并未立即追击,因为在孤军苦战中的帕尔梅尼奥亟待援助。所以,他立即赶往解围。等到解围之后再企图追捕大流士,已经太迟了。不过,这位波斯王是仅以身免,他不仅输掉了一场会战,而且也丧失了他的帝国。

马其顿部队在这一战中的表现可谓异常卓越,而亚历山大在将道方面的成就更可以说已经达到超凡入圣的境界。不过,若仔细观察,可以发现有两点是一般评论家所不曾注意,或至少是不曾强调的。

1. 亚历山大的智勇固然高人一等,但真正的决定因素还不是智勇,而是意志(Will)。假使大流士能有较坚强的意志,不弃军而逃,死拼到底,则鹿死谁手实难逆料。在滑铁卢之战时,英军主将威灵顿(Wellington)以将才而论虽不如拿破仑,但因其具有坚定的意志,故终能获得最后胜利。所以富勒将军有云:"**将道在其最高的境界,即为意志与理想的结合,而并非单纯的计算。**"

有关滑铁卢与高加梅拉之比较详见下文。

2. 诚如史里芬所云,想完成一个"坎尼",一方面需要一个汉尼拔,另一方面还需要一个法罗。这也说明战争是一种相对性事务。其结果由双方的互动关系来决定。在高加梅拉会战中,不仅大流士不是亚历山大的对手,波斯军在素质上也远不如马其顿军。前者人数虽多,但训练不佳,纪律松懈,近似乌合之众,自难敌马其顿的百练精兵。譬如说,当他们包围帕尔梅尼奥时,若不去抢劫马军辎重,则也许能迅速将马军左翼击溃,于是即可转过头来对亚历山大的右翼兵力加以前后夹攻。果能如此,历史可能就要改写了。现在再以滑铁卢为对比:威灵顿所指挥的英国步兵,人虽不多,但训练有素,纪律严明,所以能死守阵地,一再击败法国骑兵的攻击,而终于获得胜利。

古代历史对于会战死伤数字的记载一向不太可靠。依史料记载波军已全部崩溃,非死即逃。但狄奥多(Diodorus)估计马军大约战死500人,另有非常多的负伤者。德尔布吕克认为这似乎较为可靠。

亚历山大与拿破仑的将道比较

研究将道和战争史有一重要方法即为比较法,把不同的人物和时代做一对比,往往能够发现个别研究所不能发现的特点。所以,假使想欣赏亚历山大的将道精华,最好是把他拿来与其他古今名将作对比研究。现在,就以亚历山大与拿破仑作一比较,以加深对亚历山大的认识。

选择拿破仑作为比较的对象也并非随意,因为他们的性格和事业都很类似,而且早已经有著名的史学家曾做过这样的比较。康德勒(David Chandler)为当代研究拿破仑将道的最著名学者,他曾认为:"拿破仑为近代史中最伟大的军人,若非有亚历山大和成吉思汗在前,则可能是有史以来最伟大者。"

研究亚历山大的史学家也曾发现二者之间颇为类似。马斯登(E. W. Marsden)曾指出,他们面临着显明相似的战略问题,一个要征服波斯,一个要征服俄罗斯,但前者成功而后者失败。拿破仑在埃及时,要秘书把亚里安的《远征记》(*Arabasis Alexandri*)[①]读给他听,但显然他未能由此而学会成功的秘密。

当然,从亚历山大到拿破仑,历史已经前进了两千年,战争形态已有很大的改变,但若作较精密的观察即可发现,改变并不像一

---

① 亚里安(FLAVUS ARRIANUS,约 96—180 年),希腊历史学家,曾参加罗马军队,后为卡帕多西亚总督,147 年在雅典当执政官。著有《亚历山大远征记》,描写了亚历山大大帝东征作战的过程,其主要参考史料来自亚历山大的身边史官阿里斯托布鲁斯所作的记录和重要将领亦是继业者的托勒密一世回忆录,被认为有较高的可信度,几乎完整地流传至今。阿利安另外著有《师门述闻》(*Enchiridion*),记录其师艾希克提塔斯,一位雅典斯多亚学派哲学家的教学记录。——编者注

般人所想象的那样巨大。而古今的比较仍足以显示亚历山大对战争艺术的重大贡献。

为简便起见,还是以滑铁卢来作为比较的基点,因为这是一场许多人都知道的会战。现在首先提出一个玄想的问题,假使当时法军是由亚历山大指挥,他是否能赢得这场会战?

滑铁卢会战发生于1815年6月18日。对于会战的经过不拟在此细述,我们假定读者对拿破仑战争史已有相当了解,以下的分析都是以这样的假定为基础。如果读者对于滑铁卢的故事还不太清楚,请自己去找一本参考书看看。

拿破仑在上午9时召开了一次御前会议,高谈阔论花了不少时间,所以延迟了战斗发动的时间。直到上午11时30分才发射第一枪,到下午1时,主战斗才开始。假使是亚历山大,他决不会浪费这么多时间,于是会战可能会提早开始,提早结束,这也会带来一个重大的结果,那就是敌方援军(普军)可能赶不上。

拿破仑的计划是要对英军阵地发动一系列的正面攻击。他命令他的勇将内伊(Marshal Ney)元帅指挥第一线兵力。他本人亲率禁卫军(Imperial guard)留在后方,这支精兵准备在决定性时刻始投入战斗。

一直大约到下午4时,内伊才决定对威灵顿的阵地发动大规模骑兵攻击。他出动了5 000骑兵,但值得注意的是并无步兵支援。猛攻了1小时,英军还是守住了阵地。到下午5时,内伊在盛怒之下,又把其最后赌本——另外5 000骑兵攻进去,而英军仍能坚持不退,尽管其方阵所承受的压力极为沉重。但此时,布吕歇尔(Bluucher)所率领的普军也已经逐渐接近。

下午6时，内伊始要求拿破仑动用禁卫军。下午7时，拿破仑把禁卫军——他的精锐步兵，带到距离前线600米处，交给内伊指挥，此时，普军已在战场上出现。下午7时半，禁卫军在"皇帝万岁"呼声中向英军发动最后一次攻势，但他们不仅没有骑兵的支援，而且还受到侧面的威胁。不久，在气衰力竭之后，败下阵来。于是在夜幕低垂时，拿破仑输掉了这场会战，也断送了他的帝国。

所有战争史学家都认为拿破仑和内伊在滑铁卢会战时曾犯不少错误，根据前人对亚历山大的研究，似乎可以合理地假定他绝对不会犯这样的错误。拿破仑的第一大错误已见前述，而亚历山大是从来不会这样拖拖拉拉的。内伊对于骑兵的使用简直不可理解，充分显示他完全不了解"联合兵种战术"，而那正是亚历山大所擅长的。最后，亚历山大决不会像拿破仑那样一直不亲临前线，这似乎很难理解。威灵顿曾说过，"拿破仑在战场上的出现可值4万大军（Worth 40 000 men）"，但在滑铁卢，很奇怪，他却一直留在很远的后方，当然也就不能发挥这样的心理效果。甚至据说他对于内伊的指挥方式感到很不满意，但因为距离太远而无法加以矫正。像这样的错误，对于亚历山大而言，是绝对不可想象的。

在此还可以提出一点比较性的解释。亚历山大在高加梅拉之战时只有25岁，真是少年俊才。拿破仑在滑铁卢之战时已经46岁，不仅人到中年，而且养尊处优，早已发福了。尤其征俄失败，以致放逐厄尔巴岛，此次卷土重来，他的意气已不免消沉，意志也已开始动摇。所以，他的身心状况都已过巅峰而呈现疲态，这也许即为他所以比过去远较消极懒散的原因。

第十一章 亚历山大的将道

结　论

亚历山大逝世距今已两千余年，当然，要把这个时代的战争和那个时代的战争相比较，的确是很难，因为有许多因素根本无法比较。不过，他在两千年前即已把将道提升到最高水准，则应为大家所公认的事实。以后，罗马人对步兵的组织虽曾加以改进，但历数古代名将，从无任何人在将道的贡献上能超过亚历山大。

诚如陶奇所云："以为将而论，亚历山大的成就超过任何人。在他以前，没有任何人替他留下榜样，但他却能以身作则，指导后人应该如何作战，并建立了第一套战争艺术原理，而汉尼拔、恺撒、古斯塔夫斯、屠云尼、尤金亲王、马尔波罗、腓特烈和拿破仑都只是将其发扬光大而已。"

亚历山大的将道，就历史而言，虽称得上是"前无古人"，但就战争未来发展而言，却不一定就是"后无来者"，只要我们学习其将道精髓，并有效融会现代战争特质与艺术，仍可有"青出于蓝而胜于蓝"的机会。

第十二章
腓特烈大帝与其将道

引言　　　　　　腓特烈二世的生平
18世纪的欧洲　　鲁腾会战
普鲁士的兴起　　腓特烈的将道

引　言

18世纪中叶的普鲁士国王腓特烈二世（Frederick Ⅱ），不仅是一位明君，更是一代名将。在欧洲战争史上，他应该与拿破仑列于平等的地位。但到了近代，他却比较不为人所注意，尤其在台湾地区更是如此。我还记得30多年前与老一辈的将领（例如方天逸将军[①]）闲谈时，还偶然提到鲁腾会战（Battle of Leuthen），因为当他们在陆军大学受教时，教官还曾以这次会战为范例。如今这一代的青年军官对于腓特烈的生平可能已经感到相当陌生。事实上，战略思想是源远流长的，不了解过去就会无法预测未来，**战争史始终是战略研究的根本**。从战略家的观点来看，历史研究不仅是为了通古今之变，而更是想要识事理之常。所以，诚如英国已故战争史大师富勒将军所云："除非历史能告诉我们如何展望未来，否则战争史就不过是一种血淋淋的浪漫故事而已。"

以上所云为本章写作之动机，现在就要对腓特烈的时代背景、生平大事、将道精华，以及其对后世的教训分别扼要检讨如下。

---

① 方天逸（1900—1993年），国民革命军陆军中将，字天逸，号空如，江西省赣县人。毕业于黄埔军校第二期工科、陆军大学十一期、"革命实践研究院"第二十五期。早年从军，自排长累升至司令官，后任军政部署长、国防部厅长、参谋次长。后转入政界，任江西省政府主席。赴台后任"国家安全会议国防计划局"副局长，"国家总动员委员会"副主任委员等职。后任"国大代表"、国民党十二届中央评议委员。——编者注

18 世纪的欧洲

被后人尊称为"大帝"(the Great)的腓特烈二世出生于1712年,即位于1740年,崩逝于1786年,所以他的一生都生活在18世纪。要研究他的事业和思想,则必须了解其时代背景,因此我们首先应对18世纪的欧洲,尤其是有关战争的方面,加以简略的概述。

从历史的观点来看欧洲的过去,真可以说是多灾多难。诚如布朗(R. H. Brown)所云:"欧洲的原始是从战火中锻炼出来的。"17世纪有一次长期大战,即所谓"三十年战争"(1618—1648年)。这次大战使欧洲各国都元气大伤,于是此后遂有一段比较缓和的阶段出现,同时,欧洲的学术文明也进入一个新阶段,即所谓"理性时代"(Age of Reason)。人道主义与国际主义的结合使许多人认为国家之间的关系,无论为平时或战时,都应受法律的限制。荷兰法学家格芬秀斯(Hugo Grotius)在1625年出版的《战争与和平的权利》(*Rights of War and Peace*)是全世界第一本国际法著作,它代表时代思想的结晶。

三十年战争还结束了私人性的佣兵战争。18世纪,欧洲的战争都是由专业性(professional)的军队来进行,这样也就使社会组织中的"军"(military)"民"(civilian)分离,其结果遂使战争形态也随之而改变,此即所谓"有限战争"(limited war)。

欧洲各国在表面上虽已统一,但国王的权力仍相当有限。他不能充分动员其国家的潜力。军官必须贵族出身,他们占全国人口还不及2%。一般老百姓除守法纳税之外,与政府则毫无关系。兵员的招募都是以最无经济基础的平民为对象,有时还包括大量的外国人在内。这样的军队成本非常高昂,差不多要花两年的时间才能把一个无业游民训练成职业军人。军队的纪律也非常难于维持,在战时的逃亡率更是高得可怕。

由于受到三十年战争的影响,欧洲许多地方都已残破不堪,几乎成为废墟,军队必须自备给养而无法就地取食,所以后勤尾巴又长又大,成为作战行动的重大障碍。这也限制了部队的数量,再加上欧陆的交通情况十分恶劣,遂使部队的调动益增困难,在这样的环境中,大军会战自然也就非常稀少。

在战争进行的同时,一切商业、旅行、文化学术交流仍维持不断,战争是国王的战争,与老百姓殊少关系,而启蒙时代的人也不再认为战争是人类的必然命运。简言之,许多复杂的因素加在一起,才产生了所谓"有限战争",那是为了有限的目的、用有限的工具来打的战争。腓特烈一生所打的都是这样的战争。

普鲁士的兴起

从历史的观点来命名,普鲁士应该叫做布兰登堡普鲁士(Braudenburg Prussia),因为前者才是其王室发祥之地。普鲁士的正式建国是在17世纪,但其根源却可以追溯到10世纪。三十年战争是日耳曼中世纪文明的坟墓,也是法兰西与日耳曼对抗的起点,以后300年的欧洲历史都深受影响。日耳曼民族精神是在这次战争中培育出来的,其象征即为1640年即位为布兰登堡侯的腓特烈·威廉(Frederick William)。他是腓特烈二世的曾祖父。三十年战争结束之后,他开始生聚教训,奠定普鲁士的开国基础。

威廉死于1688年,王位由他的儿子腓特烈继承。1701年,后者自封为普鲁士国王,上尊号为腓特烈一世,也就是腓特烈二世的祖父。1702年,腓特烈一世参加反法大同盟,把他父亲所遗留的军队2.5万人扩充到4万人,出兵参战。当西班牙继承战争结束时(1713年),普鲁士对法兰西已经变成一种经常存在的威胁。

腓特烈一世崩逝后,由其子腓特烈·威廉一世接任(与其祖父同名)。这位腓特烈·威廉就是腓特烈二世的父亲,他即位于1713年,崩逝于1740年。腓特烈·威廉一世即位时只有24岁,但立即显示出他是一个重要的历史人物。他严厉而勤勉,其自奉的节约在国王中真可以说是前无古人。他的一生可以作为勤俭建国的最佳榜样。

他一方面把总数达4万的南日耳曼人移民到东普鲁士以充实国力,另一方面厉行经济改革,广辟财源。在这样不断努力之下,他终于能够将其常备军从5万人扩充到8万人。这样就使普鲁士开始有资格变成欧陆四大强国之一,尽管还是名列最后(其他三强为法、奥、俄)。

他的军队的数量在欧洲虽不是最大的,但其纪律和训练却是最严格的。这位国王对于军事具有癖好,但一生却不曾打过仗。他似乎只把军队当作玩偶。他对于操练极有心得,算是一流的专家。他最喜欢的"玩偶"就是由"巨人"组成的禁卫团,他甚至不惜到欧洲各地去绑架身材特别高大的人来充数。实际上,这种巨无霸并无任何军事价值。

他一共有14位子女,其中第4位就是以后在历史中被尊称为"大帝"的腓特烈二世。这位王子的个性至少在表面上与他的父王完全相反,他似乎是一个活泼浪漫、崇尚法兰西文明的青年,所以父子之间的代沟极深。老王训子极严,对子女近乎虐待,有几次若

第十二章　腓特烈大帝与其将道

非群臣力劝,腓特烈二世险些被老王盛怒之下处死。

腓特烈·威廉一世一生尽瘁国事,到1740年生命垂危时,他听到环绕着病榻唱圣诗的人唱出:"我赤裸裸地来到世界也赤裸裸地回去"时,他还挣扎着说:"不,我要穿上我的军服。"

腓特烈二世的生平

若照个性来判断,腓特烈二世应该是一位与我国历史中李后主或宋徽宗类似的皇帝,但事实上却完全相反。他一即位,立即显示他在政治上和军事上都有过人的天才,而且那都是其父王所预想不到的。不过,他还是应该感谢他的父亲,因为他所获得的遗产是一个高效率的政府、一个充实的国库和一支欧洲训练最佳的陆军。

英国大文豪卡莱尔(Thomas Carlyle)①称腓特烈为"国王中的最后一位"(the last of the Kings)。事实上,他是另一种新类型的国王,与当时的那些国王都不一样。概括地说,他正是马基雅维利(Niccolo Machiavelli)理想中的"君主"(或"君王"The Prince)。他的一切行为几乎都能达到《君王论》所揭示的标准。

腓特烈是一位博学多才的人,他在治国治军之余,还有许多著作,足以证明其精力过人。不过同时也显示其思想相当复杂,甚至

---

① 托马斯·卡莱尔(Thomas Carlyle,1795—1881年),苏格兰评论家、讽刺作家、历史学家,其作品在维多利亚时代甚具影响力。主要著作有《法国革命》(3卷,1837)、《论英雄、英雄崇拜和历史上的英雄事迹》(1841)和《普鲁士腓特烈大帝史》(6卷,1858—1865)。

他的人生态度:我们没有能力去阻止已经发生的事情,但我们却有能力去改变已经发生的事情对我们现在生活的影响。接受已经发生的,改变可以改变的。——编者注

相当矛盾。他有一点犬儒主义(cynicism)的倾向,相信性恶论,并把战争视为一种"原罪"(original sin)。

作为一位国王,他非常开明,他说:"我和我的人民有一种双方都满意的谅解。他们说他们想说的话,我做我想做的事。"他开放宗教自由和言论自由,禁止刑求拷问,提倡学术,救济贫民,不愧为一代贤王。

当他即位之时,普鲁士的战略地位相当脆弱,既无天然的疆界而又为强邻所包围。因此,他认为普鲁士若欲保持强国的地位则必须扩张。但扩张必须有借口,于是他立即抓住奥匈帝国继承问题来大做文章,结果到1740年12月,他就进军西里西亚(Silesia),这也是他走入名将之列的第一步。

在第一次战役中,腓特烈并不曾充分表现出其军事天才,西里西亚战役之于腓特烈正像高卢战役之于恺撒。这次战役使他的战略思想得以结晶,并使他有机会衡量其对手。到1745年圣诞节,普奥两国签订合约,腓特烈获得了西里西亚和格拉兹(Glatz),这使他的领土增加了2.56万平方公里,臣民增加了100万人,并且在返回柏林时上尊号为"大帝"。这些收获对于初出茅庐的腓特烈而言,可以说是非常丰硕。

这场奥匈帝国继承战争继续拖了3年才全面结束,但腓特烈非常聪明,他像赢了钱就退出赌场的赌徒一样,乘机休养并准备在有利时机再下场捞一把。

从1746年到1756年,这10年要算是太平无事,腓特烈就利用这个空隙来改进其国家和军队。如上次战争中他发现当时各国军队都缺乏机动性,所以遂决定建立一支骑兵,这也成为其以后决胜的主要工具,因为他的骑兵之精锐为任何国家所不及。

第十二章　腓特烈大帝与其将道

1752年，腓特烈发现奥匈帝国、俄罗斯、瑞典和撒克逊（Saxony）正阴谋对付普鲁士，同时，他也知道英法两国之间的战争可能一触即发。腓特烈基于经济上的考虑，决定与英国结盟，但这样引起了法国的反感。到1756年，他又发现奥匈帝国已与多国合作，并正在备战。

腓特烈遂决定先发制人，于1756年8月29日发动七年战争（1756—1763年）。他计划在其强大邻国尚未压倒普鲁士之前，先主动击败撒克逊，然后再强迫奥匈帝国人在其同盟国尚未来得及救援之前与他媾和。在开战时，普军约15万人，而敌军则接近45万人。不过，地理位置却使腓特烈可以在内线上作战，这在当时环境中实乃巨大利益。

战争开始之后，进展并不理想。普军虽然能消灭撒克逊的兵力，但俄、瑞、法、奥四国兵力已形成合围之势。腓特烈必须连续痛击敌军，始有转危为安的机会。1757年11月，他在罗斯巴赫（Rossbach）会战①中，以2.2万人击败法军5万，而普军的死伤仅为300人，诚可谓杰作。接着在12月5日，他又在鲁腾会战中大败奥军，而这一战也被战争史学家认为是腓特烈的代表作。

拿破仑曾评论如下："鲁腾会战是机动和决断的杰作。仅凭这一战即可使腓特烈不朽并成为最伟大的将才之一。"他以残破之军击强大之敌，不仅大获全胜，而且损失也远较敌军轻微，对于攻势、机动、奇袭、节约、集中等原则的应用，鲁腾会战都是一个典型。

虽然有这样两次惊人的胜利，但战争还是继续发展下去，又拖

---

① 罗斯巴赫会战是七年战争中普鲁士与法国神圣罗马帝国联军在1757年11月5日的战役，以普军大胜作结。此战被誉为是腓特烈大帝最辉煌战绩，18世纪欧洲经典战役之一。——编者注

了 5 年才告结束。在这 5 年之内,腓特烈的处境非常艰苦,全凭其超人的耐力、机智和勇气才渡过许多难关。最后终于出现转机,其敌人逐一退出战争,同盟开始解散。到 1763 年 2 月,签订胡贝尔茨堡条约(Treaty of Hubertsburg),结束了 7 年的苦战。

这场战争确定了普鲁士欧洲强国的地位,同时证明腓特烈不仅是他那个时代的最伟大将领,而且被列入古今名将集也无愧色,但更令人佩服的是腓特烈深明"持盈保泰"①的哲理。七年战争之后,他就开始偃武修文,一心治理国家,从事复兴重建的工作,而不再作任何扩张的企图。这也正是拿破仑所望尘莫及的。

鲁腾会战

七年战争中有许多次会战,虽然规模大小不一而且胜败互见,但其中最受战争史学家重视的则莫过于罗斯巴赫和鲁腾两次会战。以战果而言,罗斯巴赫似乎代表一个较大的胜利,不过其制胜的主因与其归之于腓特烈的将道,则毋宁归之于法军的腐败无能;反而言之,鲁腾对于腓特烈的将道可算是一次真正的考验,尤其是其最负盛名的"斜行序列"(oblique order)在这次会战中作了最完善的表演。所以,凡是研究腓特烈和七年战争的人对于鲁腾会战必须给予最大的重视。

在正式讨论会战本身之前,又必须先了解腓特烈所采用的部署,那就是所谓"斜行序列"。腓特烈本人对此所作的解释可以引

---

① 持盈保泰,盈:盛满;泰:平安。保守已成的事业,保持安定。旧指在富贵极盛的时候要小心谨慎,避免灾祸,以保持住原来的地位。——编者注

述如下:"你把对着敌人的一翼缩回并同时增强准备用来攻击的另一翼。你尽量利用后者从侧面攻击敌人的一个翼。一支 10 万人的兵力若遇到 3 万人的侧击,都很可能在极短时间内被击败……这种安排的优点是:(1)一支小型兵力可以和远较强大的敌军交战。(2)它在决定点上攻击敌军。(3)假使你失败了,那也只是你全部兵力之一部分,而你还有 3/4 的兵力可以用来掩护退却。"

事实上,这种观念并非腓特烈所发明,而是古已有之。希腊时代的名将伊巴密浓达(Epaminondas)在公元前 371 年的留克特拉会战中(Battle of leuetra)就曾使用这样的部署。此后,其他名将也常作类似的部署,但不一定能保证胜利。要想获胜则攻击者必须有优越的机动性而守者却缺乏这种性能。所以诚如拿破仑所指出的:"腓特烈的斜行序列仅在对付一支不能运动的军队时始能保证成功。"

腓特烈之所以能战胜,不是由于他的斜行序列,而是由于他的部队素质较佳。从早年的战役中,腓特烈认清了当时的战术是如何的人工化和笨重迟缓,于是他立即决定要训练普鲁士陆军使其获得当时他国陆军所未有的能力。他用苦练的方法使其部队能够走得更快,能够迅速变换队形(由纵队变成横队),尤其是能够射击得较快和较准。腓特烈曾经这样说:"一个普鲁士的营就是一座活动的炮台……其装弹的速度可以使其火力比其他所有部队快 3 倍,这样普鲁士军也就可以获致 3∶1 的优势。"

普鲁士部队行动的迅速和精确扩大了腓特烈将道运用的范围,使其能对部队作一种空前未有的艰巨要求,并确信他的命令能够彻底执行。在罗斯巴赫会战之前,他的部队曾在两星期之内走 270 多公里,在当时是一种破纪录的行军速度。而在会战时,部队的行动能够那样整齐精确,则更是苦练的成果。

腓特烈治军极严,因为很明显,那些由社会中的渣滓组成的军队若无严格的纪律则可能未战先溃。所以他讽刺地说:"士兵必须害怕其长官过于敌人。"他在当时所下的命令使人感到毛骨悚然:"在战斗中若有士兵似乎有逃走的模样,又或脱离他的战线,则站在他后面的士官就应立即用刺刀将其当场正法。"

尽管如此,他对士兵还是相当宽厚,他不仅重视他们的给养医疗,而且有时也非常有人情味。有一次,一个逃兵被送到他的面前。他问:"你为什么想离开我?"逃兵答:"陛下,我们的情况的确已经坏透了。"他说:"好吧,好吧,让我们今天再打一仗,假使我打败了,明天我们一同逃走!"于是他没有处罚那个逃兵而把他送回原单位。

另一方面,腓特烈对于军官的素质十分重视。从本质而言,普鲁士军官团完全是由贵族所组成,但他们与其他国家的贵族有一点不一样,那就是他们与王室有长久共患难的经验,所以乐于为王室效命。从腓特烈曾祖父的时代开始,普鲁士即相当重视军官的教育,而腓特烈本人则更强调军官的精神教育,使每个人都有为普鲁士王国而战的决心。他尤其重视军官的勇敢和决断。他说:"一个勇敢的校官构成一个勇敢的营,而在危机时一个校官的决定可能左右国家的命运。"

综合言之,在鲁腾会战之前,腓特烈虽居于数量劣势,但享有素质优势。奥军有84个步兵营,146个骑兵连,火炮210门,总数在6万到8万人之间。普军共3.6万人:步兵48个营(2.4万人),骑兵128个连(1.2万人);火炮共167门,但其中有61门重炮和10门超重炮。战场是一个开阔平原,腓特烈平时曾在该地演习,所以对地形非常熟悉。

1757年12月5日上午5时,普军从新市(Newmarkt)向鲁腾前进。走了一半时,他命令全军暂停,把所有的将领集合训话。他说:"查理亲王(Prince Charles)的兵力要比我们强三倍,但我还是要违反一切固有的规律,决定攻击。我必须冒险采取这种步骤,否则就会一败涂地。我们必须击退敌人,否则宁可全军死在他的炮口下。现在你们回去把我的决定向各团宣布。"

奥军分两线展开,在他们前面为坟场,而鲁腾村位于其阵地的左端。普军在与敌军一接触时即首先攻占波恩(Borne)村,这对于胜负是一重要因素。因为从那里腓特烈可以看到敌军的全部部署,而且这片高地也使敌人看不见正分为4个纵队向该村前进的普军主力(参看图1)。

腓特烈用他的前卫向敌军右翼发动佯攻,以吸引其预备队,而主力则向右转,从坟场后面经过,再梯次地打击在敌军的左侧上。每个营相距50步,所以普军战线右端要比左端前进1 000米,每个营都可以各自为战而不需要特殊的命令。这样的队形使普军的战线一直绕过奥军的侧面而达到他们的后方。奥军企图挽回危局,遂在鲁腾村附近组成一条新战线,但普军骑兵向他们进攻并将其击溃。最后,腓特烈夺占利萨(Lissa,在图以外)桥而切断了奥军的退路,并结束了会战。

在实际战斗中,普军损失5 978人,奥军损失7 400人,可谓大致相当,但在追击时,普军却俘获奥军2.1万人,遂使腓特烈获得大胜。从表面上看,这是斜行序列的胜利,但决定胜利的因素却不仅此而已,它还包括平时训练、火力、地形的利用、兵种联合作战等,而更重要的还是腓特烈的将道。

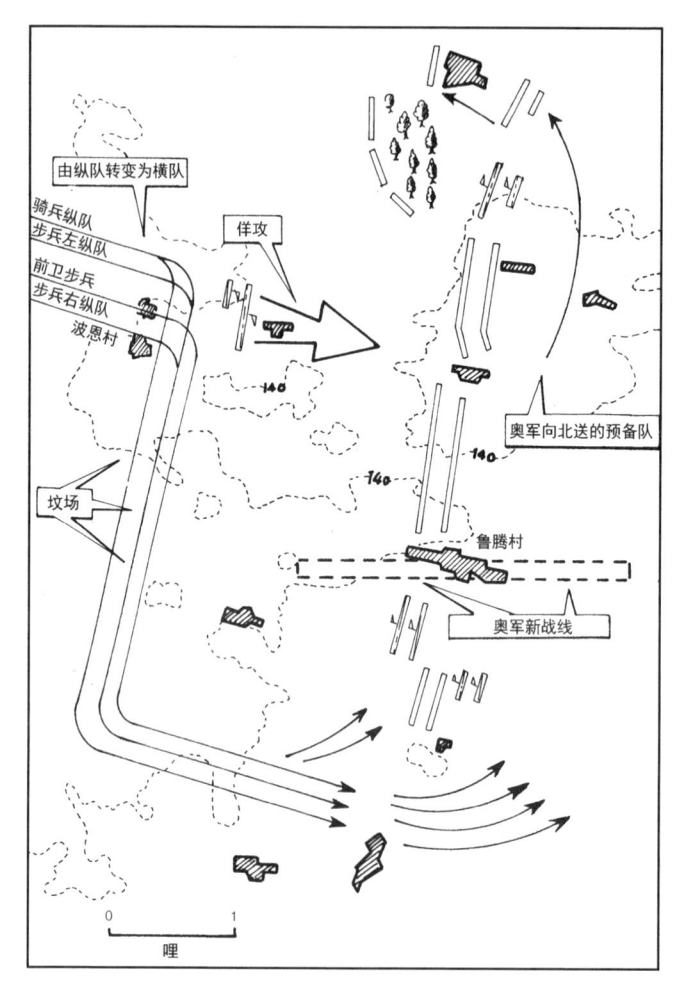

图 1　公元 1757 年鲁腾会战要图

第十二章 腓特烈大帝与其将道

腓特烈的将道

伟人的范例常被后世盲目模仿。自鲁腾一战腓特烈成名之后，斜行序列不仅为其部下所仿效，甚至他本人也不免一再尝试想重演一次"鲁腾"。事后回顾，我们却发现腓特烈将道的精华是远较深奥，而并非仅限于此种形式化的外表。

概括言之，其最大的特点就是他虽然受到18世纪环境的限制，但他还是竭尽全力以求突破那些限制。这也正是他制胜的秘诀。在那种困难的环境中，他仍然尽量设法寻求决战。也许除了亚历山大大帝和查理十二世①之外，腓特烈要算是所有名将中最具有攻势心灵（offensively-minded）的人。

柯林（J. Colin）说："腓特烈二世所呼吸的完全是攻势的空气。无论在何种情况中，他都想发动攻击，即令面对着优势的强敌也仍然如此。有一次他说，任何军官，若不立即攻击而等待敌人的攻击，他马上就会叫这人滚蛋。他不仅经常攻击，而且也总是先发制人。他说，部队的全部力量在于攻击，若无良好理由而放弃攻击实乃愚不可及。"

拿破仑对腓特烈的评估极有趣味，值得引述如下：

> "他在最紧急的时候也表现得最伟大，这也是对他所能做的最高称赞。"

---

① 查理十二世（1682—1718年），瑞典军队统帅，发萨王朝的第10代国王。有学者将其称为"18世纪初的小拿破仑"，表示他和拿破仑相似，具有军事天才的能力与征俄失败的命运。——编者注

"使腓特烈最杰出者不是他在调动部队时的技巧而是他的大胆。他曾做过许多我绝对不敢做的事情。他会放弃他的作战路线,他时常采取若干行动好像他完全不懂战争艺术一样。"

"面对欧洲三大强国,保卫普鲁士达 7 年之久的不是普鲁士的陆军,而是腓特烈大帝。"

事实上,拿破仑在思想上与腓特烈有非常微妙的关系,而这种渊源又是约米尼首先发现的。这个故事可能不太为人所知,值得在此简述一次。约米尼说:"腓特烈的遗著使我开始探索其鲁腾大捷的秘密,然后我又发现拿破仑在意大利的成功也是应用了同一套原则。于是我才开始写作。"结果他在 1804 年写成《大军作战论》(*Treatise on Great Military Operations*)。这本书深获拿破仑的激赏,并且认为约米尼的确了解其内心深处的奥秘。

七年战争结束时,腓特烈恰好 50 岁,他又继续统治普鲁士达 24 年之久,到 1786 年才以 74 岁高龄辞世。他在晚年有很多著作,那都是为了留给后世而写的。本章由于篇幅的限制无法加以详述,却可以概括地指出其思想的日趋成熟,而且饶有哲学家的风味。他有许多话相当风趣而深刻。譬如当他论及为君(或为将)之道时,特别强调必须独断。他很幽默地说道:"假使牛顿首先与笛卡儿和莱布尼兹商量,那么他将永远不能创造他的思想系统。"

从这一点来看,即可暗示腓特烈具有一种独来独往的性格。他生在 18 世纪,由于客观环境之所限,不能不打有限战争,尽管如此,他还是竭尽全力以求突破环境限制,并了解即令在有限战争中也仍然需要寻求决战的道理。

对于后世而言,腓特烈的贡献在于"身教"而不在"言教",他的书今天也许很少有人阅读,但他的功业却永垂青史,并且**对于战略家应如何突破困境获致成功提供了最佳的模式**。

第十三章
论拿破仑的成败

引言　　　　　　拿破仑的失败
革命的遗产　　　结论
拿破仑的天才

引　言

想写一篇关于拿破仑的文章，真是一件费力不讨好的工作。世界上有关拿破仑的文献真是汗牛充栋，不可胜数。要想阅读那样多的资料，一位学者即令穷毕生的精力仍会感到非常困难。以我个人而言，曾经阅读的书最多也不过一二十种，严格说来，实在没有资格写这样的文章。

拿破仑，其个人和事业，战争与时代，若加在一起，那会构成一个非常巨大的研究范围。其中有许多问题都值得精密分析，而且前人已经做过的研究也着实不少。尤其是拿破仑的成就是立功多于立言，他自己从来不曾有一本完整的著作，其思想的表达多分散在许多不同的文件中。所以，研究者的结论也就时常见仁见智，甚至互相矛盾，于是更使后学者有莫衷一是之感。

我现在想要分析的只限于一个主题，那就是探索拿破仑先胜后败的理由。这虽然是一个单纯的主题，但其牵涉的因素依然相当复杂。坦白地说，我并无特殊的创见，而只是把西方若干名家的意见加以综合并作成扼要的结论而已。

革 命 的 遗 产

本章首先分析拿破仑早期几乎战无不胜的理由，这又可以分为两个方面来说：第一是客观因素,包括时代背景和物质条件;第二是主观因素,那就是拿破仑个人所具有的特质。现在就从第一方面说起。

克劳塞维茨是一位亲身经历拿破仑战争的人,他称拿破仑为"革命皇帝"(Emperor of the Revolution),这个称呼有其非常微妙的含义而值得详细解释。

18世纪最后10年间,欧洲社会架构,包括社会、经济、政治、军事方面在内,发生了根本动摇。那就是法国革命(French Revolution)造成的后果。法国由一个古老的王朝变成革命的共和国。诚如克劳塞维茨所指出的,战争并非独立的实体,而是国家政策的表现。当国家的性质改变了,其政策会随之改变,而其战争也会同样地改变。

拿破仑战争为法国革命的延续和扩张。拿破仑不仅接受了革命的遗产,而且也变成革命的人格化代表。所以,克劳塞维茨称其为"革命皇帝",的确是有其深刻的意义。

革命带来的第一项重大改变就是征兵制的采用。欧洲旧王朝(ancient régime)政府对于军事预算无一不精打细算,因为在平时要维持巨大数量的常备军(由职业军人组成),对于国家财政是一种沉重负担。但是革命政府却采取完全不同的政策和制度。

1792年革命战争开始,到1793年,志愿从军的人已经日益减少,于是在当年8月23日,革命政府宣布:"自即日起到敌军完全被逐出共和国领土时为止,所有法国公民都有服兵役的义务。"结果在1年之内,法国境内已无敌踪,但征兵制却继续执行达20年之久。

18世纪,法国人口有稳定的增长,到1800年,人口总数已达

第十三章　论拿破仑的成败

2 700万,每7个欧洲人中就有1个法国人。除俄罗斯以外(约4 000万人),法国是欧洲人口最多的国家。这个巨大数量也就构成其军事权力的主要基础。所以到1794年底,法国陆军总数已超过100万人。

兵员数量的大幅增加使法军在任何战场上几乎都能获得压倒性的数量优势,使法国指挥官敢于打硬仗。诚如当时的军政部长卡诺(Lazare Carnot)所云:"不再需要什么军事艺术,而只需要火力、钢铁和爱国心!"此种"全国皆兵"(the nation in arms)的观念和制度以后也使拿破仑坐享其利。

拿破仑的"大军团"(grande armee)是靠征兵制建立起来的。那是自罗马兵团(Roman Legions)之后的欧洲最大兵力。其征俄时所统率的兵力接近50万人。有了这样巨大的兵力,拿破仑始能纵横欧洲,所向无敌——至少在其早期的确如此。

人民既然可以征召入伍,而国家的资源也就自然可以动员。革命政府以严刑峻法(其象征就是断头台)为基础建立了一种史无前例的统制经济。人民的消费被压低到最小限度,一切工业生产都被收为国有,以应战争的需要。

这也是科技首次对战争作全国规模的应用。法国的科学家被迫对冶金、炸药、弹道以及其他与战争有关的问题从事研究制造工作。革命军与18世纪的旧皇军不一样,他们尝试把科学知识用在军事方面。也有人指出,拿破仑是第一位企图利用科学家才智的指挥官,实际上,他不过是把革命时代的传统加以发扬光大而已。

"全国皆兵"意味着拿破仑的军队是人民的军队。革命之前,只有贵族才有资格任高级军官;革命之后,军队也变得像其他行业一样,有才能的人都可出头。革命之前,军队是国王的私人武力,为他的目标和荣誉而战；大军团，至少就理论而言，是为自由、平等、博爱和法兰西而战——不是为波旁(Bourbon)王室，甚至也不是为拿破仑个人。

革命产生一种威力远超强大的军队，那是旧欧洲所未有者。法国军队的勇敢善战、视死如归是以法国的社会、政治、经济改变为精神基础的。克劳塞维茨对此深有认识，他说："很明显，法国革命在国外所产生的重大影响，由于新军事方法和观念的程度远不如由于政策和行政的彻底改变、政府的新特点、法国人民生活条件的改变等等因素的程度那样巨大。"

尽管如此，又并非暗示"新军事方法和观念"不重要。事实上，那些方法和观念对于拿破仑的胜利同样具有重大贡献，它们一部分正是革命的产品，另外有一部分虽然早已发源于革命以前的时代，但仅因为有了革命发生，然后才会彻底地付诸实行。概括言之，在军事组织、战术、技术等方面的创新可以归纳为下述四点：

（1）师(division)的编制。

（2）轻步兵。

（3）野战炮兵。

（4）攻击纵队。

现在分别讨论如下。

"师"在今天已经成为常用的军语，大家也许已经忘记了它的演进经过。首先应指出，此种组织上的创新与步兵武器的进步有密切的关系。大致在 17 世纪末叶，由于燧发式步枪（Flintlock musket）和刺刀的使用，个别步兵获得了远较巨大的独立战斗能力。于是步兵在作战时可以不必完全集中在一起，而把一小部分步兵从主力中分派出来，充任前卫、后卫或侧卫，也就变成一种很普遍的措施。

七年战争（1756—1763 年）之后，法国包色特（Pierre de Bourcet）将军首先主张把整个陆军（军团）照这种方式加以划分，这就是"师"的观念之起源。"division"这个词的原意就是"分"。包色特在 1775 年所著的《山地战原则》（*Principles de la Guerre des Montagnes*）中这样建议：把兵力分为独立的"师"，其中包括所有不同的兵器。每个师沿着自己的路线运动，彼此互相支援，但每个师又都能持续地行动。这不仅可以获得远较巨大的运动速度，更可以获得新的调度弹性。

包色特的这种观念到拿破仑时代才完全发展成熟。其原因又可以分述如下：

1. 假使兵力数量不大，这种划分也就没有太多的意义。等到实行征兵制之后，军队的人数急遽增加，于是这种组织方式遂具有重大：价值。

2. 武器的进步尤其是火炮，增强较小型单位的独立战斗能力（关于这一点下文中还要详细分析）。

3. 欧洲在 18 世纪后期，道路系统有显著的改进，而耕地的面积也随之增加，于是部队在行军路线上有较多的选择机会。

从上述第三点遂又导致一种新的战略计算。过去，部队的人数很少，行动也很慢，所以其所需要的补给可以从后方用所谓"补给序列"（supply train）源源送达战场而不虞匮乏。等到部队数量增多时，这个老办法就行不通了。于是惟一的办法就是就地征收，亦即所谓"以战养战"（la guerre nourrit la guerre）。拿破仑在其全盛时期曾经这样说："知道如何从你所占领的国家抽取各种补给，构成战争艺术的大部分。"

这种"因粮于敌"的系统构成了拿破仑战略的基础。拿破仑的大军团分成许多个师，每个师都由步、骑、炮三兵种以及其他支援单位联合组成。在师以上，他更有"军"（Corps）的组织。在战役中，这些大单位通常采取不同的道路，负责自己的地区，但能互相支援。这样则每个单位行动都能较迅速而有弹性，同时也使统帅有较多的战略选择。从1792年（法国革命战争）到1815年（滑铁卢会战），法国人首创的这种模式也逐渐为他国所采用，而且在整个19世纪，甚至于以后，仍被继续采用。但严格说来，拿破仑并未创新，而只是把前人的思想遗产加以充分利用。

直到腓特烈大帝时代，欧洲军队在战场上还是采取密集的横线队形，他们在军官的监视之下战斗。但在许多特殊的环境中，这种战术却相当不适当，例如在山地、森林和村落中。在这些情况中必须使用一种自由运动，自由射击的"散兵"（skirmishers）。在巴尔干半岛和北美洲，这种轻步兵都曾有很好的表现。所以到法国革命的前夕，几乎所有欧洲国家都有这种部队，但只被视为一种辅助兵力。

到法国革命时，遂产生新的改变：（1）革命军人数众多，但缺乏严格训练，不能适应要求严格的横线战术；（2）革命军是自由人，为保卫自由而战，他们以受军官监视为耻，以各自为战为荣；（3）军队火力的增强，尤其是炮兵，已使密集队形的损失太大，遂迫使欧洲的"正规（Regular）军"也不得不尽量采取过去所谓的"非正规"（Irregular）战术。

炮兵与拿破仑有极微妙的渊源，值得作较深入的分析。在七年战争时，奥普两国的炮兵技术和训练都远优于法国，但战后法国急起直追，在格里包发尔（General de Gribeauval）将军指导之下，

第十三章　论拿破仑的成败

法国炮兵在1760年代达到了标准化、机动化和精确化的要求。此后又有杜特(Du Teil)兄弟对于炮兵战术作了很多改进。法国革命时,许多贵族出身的军官纷纷逃亡,但以中产阶级为主的炮兵军官则效忠革命政府,并变成军事组织中的主力,拿破仑即为其中之一人,而他也正是杜特兄弟的入室弟子,在思想上深受他们的影响。

在拿破仑执政之后,炮兵更成为他的宠儿。法国炮兵在全欧洲不仅效率最高,而且机动性也最强。这也是有史以来第一次,步兵在各不同的战斗阶段都能获得野战炮兵的密切支援,于是也使法军的打击力获得巨大增强。

最后一种战术革命就是在攻击中用纵队来代替横队,换言之,所强调的是攻击冲力(offensive shock)而非守势火力(defensive fire)。这种思想是以吉贝特(Count de Guibert)的《战术概论》(*Essai general de tactique*)为源头(该书出版于1772年)。

革命后的法军所采取的正常攻击队形为密集纵队而以一群散兵为掩护和前导。他们以高速前进,直扑敌军并企图用白刃来决胜负。这种攻击队形不能充分发挥步兵火力,而且有时损失也很惨重(不一定比密集横队高),但其优点则为军官容易掌握部队,并让训练不足的新兵可以保持信心和团结。

综合言之,法国革命带来战争的革命,此种革命把政治、经济、社会、心理、军事、技术等方面都包括在内。拿破仑不仅能充分认清此种革命的巨大潜力,还能发现将其中各种不同因素加以整合运用的秘诀。诚如克劳塞维茨所云:他把那些创新中的弱点都改正了,于是效力遂能充分发挥。把法国的全部资源用来替一种新系统服务,所以也就能够一度获得绝对优势。

拿破仑的天才

根据前一节的分析，我们可以看出法国革命的遗产实为拿破仑手中的最大资本，甚至可以说是赌本。其中最主要的因素即为数量优势。诚如法国大文豪伏尔泰（Voltaire）所云："上帝经常站在最大兵力的一边。"（God is alwarys on the side of the biggest battalions）不过话虽如此，拿破仑的伟大胜利又并非唾手可得。事实上，若无他那样的天才，则革命的潜力还是不能充分发挥。至少应该说，拿破仑的天才与法国革命的遗产是彼此配合，相得益彰。

拿破仑被公认为自亚历山大大帝以来，西方世界中最伟大的军事天才。他打过的会战的次数要比亚历山大、恺撒及腓特烈三人的总和还要多，他所打的战争是大规模的征服战争，自查理曼（Charlemagne）[①]以来，在欧洲也无前例。

拿破仑是天才虽已成定论，但他是哪一类的天才，天才本身又应怎样界定，却是一个经常引起辩论的课题。在此为篇幅所限，无法列举各种见解，只能解释若干名家之言来作一综合说明。

拿破仑是一个天生的领袖，其心灵和体力都有一点异于常人。

---

① 查理大帝（法语、英语：Charlemagne，742年4月2日—814年1月28日）或作查理曼，卡尔大帝（德语名称）。法兰克王国加洛林王朝国王（768—814年），800年由教皇利奥三世加冕于罗马，后人称其查理曼。

他建立了囊括西欧大部分地区的庞大帝国。他在行政、司法、军事制度及经济生产等方面都有杰出的建树，并大力发展文化教育事业。他引入了欧洲文明，被后世尊称为"欧洲之父"。

查理曼还是国际上最流行的法国式扑克牌上的红桃K人物。——编者注

第十三章 论拿破仑的成败

英国大文豪卡莱尔在《英雄与英雄崇拜》(Heroes and Heroworship)一书中说："他是一个敢作敢为的人。他自然应该为王。所有的人都认为他是如此。"

梅纳瓦尔(Meneval)说："他不仅在思想上居于主动，而且事必躬亲。他有超人的精力，好像有充分的时间来管理一切事务。"科兰古(Caulaincourt)则认为："很少有人能像他那样在同一时间内完全专心于一个思想或一个行动。"这两位发言人都曾在拿破仑手下工作很久，其意见代表他们长期的经验。

拿破仑在1812年出发征俄时曾说："我感觉到我是被某种力量驱使着向一种我所不知道的目的前进。"他像一位艺术家有一种创作的狂热。诚如施本格勒(Oswald Spengler)[①]所云："拿破仑的生活是一种无限的劳苦，不是为他自己，不是为法兰西，而是为未来。"

一般人所尊重和分析的都是拿破仑的军事天才方面，但德国伟大史学家德尔布吕克却认为，尽管拿破仑具有战略眼光和指挥会战的天才，但其真正的才能却是政治多于军事。他并非把战争当作一种最后手段和用它来补救外交的失败，战争是其外交政策中的一个中心因素。而且除非为环境所迫，否则他也从不用不适当的军事资源去追求重要的政策目标。

---

① 施本格勒(Oswald Spengler，1880—1936年)，德国唯心主义哲学家、史学家。他认为，历史只是若干独立的文化形态循环交替的过程，任何一种文化形态，像生物有机体一样，都要经过青年期、壮年期以至衰老灭亡。他把第一次世界大战中德国的失败和战后西欧资本主义的危机看作"西方文化的没落"，主张为了挽救这"悲剧"的命运，必须建立一种由军国主义和社会主义结合而成的"新文化"。鼓吹侵略战争，颂扬"恺撒"式的"英雄人物"，是希特勒"国家社会主义"的理论先驱者。随着德国法西斯的灭亡，他的理论被束之高阁，鲜有人问津。著有《西方的没落》《抉择的时刻》等。——编者注

拿破仑身兼国家元首和最高统帅达15年之久，很少有人能限制其行动自由，所以他的确做到政治与战争的密切整合。集军政大权于一身，他可以消除组织上的摩擦，尤其是能够迅速做出决定和迅速加以执行。其外交手段也有惊人的弹性，能适应军事情况的变化。反而言之，其战略又经常有一个明白的政治目标。

因此，政治目标支配战略计划，而战略计划的要旨即为找到敌军位置上的决定点，然后再以雷霆万钧的力量向它发动打击。拿破仑从他的老师（杜特兄弟）思想中学会了下述的秘诀。他说："战略计划像攻城战（Sieges）一样。集中火力对准一个单独的点。只要打开一个缺口则敌军就会随之全部崩溃。"

拿破仑不大喜欢战略计划（strategic Plan）这个名词，他认为那具有一种固定和不变的含义，所以他宁愿用"战略准备"（strategic preparation）。战略在他那个时代要比今天更具有在不确定领域中思想和行动的意义。这又表示必须考虑各种不同的情况，包括最坏的在内。所以，拿破仑说："除非计算，否则在战争中将一无所获。"正像我国孙子所说："多算胜，少算不胜。"拿破仑又说："我的习惯是要作多种预防措施，而不把任何事委之于机会。"

实际上，拿破仑使用的都是当时已经存在的制度和方法，所以，他的战略有许多也是出自他人的思想。**柯林为20世纪前期研究拿破仑的权威**，他曾这样指出："假使把拿破仑最卓越的计划拿来与其对手的相当计划作一比较，我们将很难发现其间有太多的差异。"但拿破仑的特点却是能把军政大权都控制在手中，并能充分发挥战争革命的潜力。他始终相信："战争艺术很简单，一切都只是执行的问题。"

第十三章　论拿破仑的成败

拿破仑虽然强调计划和准备的重要,但实际上,有时也不免采取临时拼凑(improvization)的办法。不过**他有一个中心思想始终不变,即寻求决定性会战。他总是尽可能把优势兵力集中在决定点上,为了达到这个目的,他甚至宁愿让次要的基地或交通线暂时居于无保护状况之下。**

由此遂导致另一个最重要的原则,那就是"指挥统一"(unity of command)。拿破仑在这一方面说过的"格言"(maxims)非常多,甚至到今天也仍然常被引用。但很具讽刺意味,"指挥统一"一方面是拿破仑辉煌胜利的基础,另一方面也正是其最后失败的根源。(其说词见后)

拿破仑说:"在战争中许多人是轻若鸿毛,而一个人则重如泰山。"他又说:"一位坏将军要比两位好将军还较好一点。"拿破仑自视颇高,目无余子。他说:"我之所以为我者就是意志、性格、勇气所使然。"然后他又反而言之:"由一头鹿所领导的狮军(an army of lions)根本上不是狮军。"

自法国革命以来,法军在组织上分成若干大单位,这虽然带来了作战的弹性,但也使各单位之间缺乏协调,各自为战。拿破仑决心要矫正这种毛病,实施严密的集中控制,因为必须如此,始能把优势兵力集中在决定点上。

拿破仑经常采取攻势,甚至在战略上采取守势时(1813—1814年),他仍然在战场上发动攻击。他几乎永远保持主动,他曾经这样说:"我的想法和腓特烈一样,必须经常先攻击,容许自己受攻击实乃大错。"他又说:"像亚历山大、汉尼拔、恺撒、古斯塔夫斯、屠云尼、尤金、腓特烈等人一样地发动攻势战争,把他们当作模范,那是成为名将和了解战争艺术秘密的惟一途径。"

不过,他并非有勇无谋,像查理十二世(Charles Ⅻ)那样。他说:"是否应该进攻,必须事先慎重考虑,但一经决定发动攻势就必须坚持到底。"他还说:"当决心入侵一个国家时,不可害怕决战,必须到处寻觅敌人而将其歼灭。"

攻势作战必须要求旺盛的精神和士气,拿破仑在这方面有其惊人的成就。他有一句流传千古的名言就是:"**在战争中精神之于物质是三比一。**"他个人的魅力和信心对于他的部下和敌人同样能够产生重大的精神冲击。诚如他的劲敌威灵顿所说,拿破仑个人的出现相当于4万大军。克劳塞维茨对此也深有认识,他曾剀切①地指出任何战争理论若不考虑指挥官和部队的心理则毫无意义。

拿破仑对于心理问题有非常深入的了解,他善于用种种方法来激励士气。他深知"重赏之下,必有勇夫"的道理,威灵顿对于这一点有非常生动的描述:

"拿破仑是国家元首也是最高统帅,其国家的组织建立在军事基础上。一切制度都是为了发扬其军队的攻击精神,国家对军人给予特殊奖赏。任何军人,甚至一个二等兵,都有封王拜将的机会。"

但仅凭物质奖励还是不够,拿破仑说:"英勇不是用金钱可以买到的。"所以他的秘诀是诉之于"荣誉"(la Gloire)。他了解人之所以愿意牺牲生命,往往是由于一种其本身并不了解的原因。他深知心灵感应的微妙,经常与部下保持个人接触。他说:"官兵对我有信心,精神力量往往比人的数量更能决定胜利。"

---

① 剀切,恳切规谏。切实,恳切;切中事理。——编者注

第十三章　论拿破仑的成败

拿破仑的失败

尽管如此,拿破仑最终还是不免失败。其原因安在？这也是一个永远争论不休的问题。曾经是拿破仑手下大将、以后又背叛他的贝纳多特(Bernadotte)说过一句公道话:"拿破仑不曾为他人所击败,但因为他只依赖自己的才智,所以上帝才会惩罚他。他把他的才智用到最大限度遂终于难以为继。任何东西最后总还是会破裂的。"

首先从军事方面来看。拿破仑的最大本钱就是他有素质和数量都远较优越的兵力。但当战争旷日持久之后,这两方面都难于继续保持优势。法国部队连年征战,损失重大,新兵的素质逐渐低落。而其敌方(普鲁士、奥匈帝国、俄罗斯)也已经实施征兵制,并厉行军事改革,所以到了后来,拿破仑也就不能赢得会战,于是其整个战略开始破产。

拿破仑一向坚持由他一人指挥,但当他的大军人数多到了6位数字时,这种办法也就开始行不通了,战场的辽阔、单位的众多,已经无法再由他一人控制。简言之,拿破仑未能建立一套适当的C3I系统(指挥、管制、通信、情报),实为其失败的主因之一。

拿破仑对他手下的大将(元帅)只要求他们服从,而不要求他们指挥,诚如他的参谋长贝尔蒂埃(Berthier)所云:"无人知道他的思想,我们的职责就是服从。"这也正是古今独裁者的通病,对于奇才异能之士往往不敢重用,而庸才却能获得信任。

拿破仑的最大弱点也许还不是在军事方面,而是他未能从大战略的层面上来考虑战争与和平的问题。他是法国革命的儿女,但他并不了解工业革命的意义。他只想推翻旧秩序,却完全忽视"权力平衡"(balance of powers)的原则,尤其是他缺乏全球性的眼光,他的战略始终是以欧陆为范围。到最后,他丧失了平衡的战略意识,也用尽了其国家资源和部队精力,遂终于难免败亡。

拿破仑在陆军或陆战方面的成就固然有目共睹,但他对于海权(sea power)却几乎毫无了解。他想用所谓"欧陆体系"(continental system)来封锁英国使其经济崩溃,那完全是幻想,因为英国握有海权可以继续与全世界维持贸易关系。反而言之,由于他企图严格执行其封锁禁令,遂终于导致入侵俄罗斯,从而敲响了其大陆帝国的丧钟。

结　　论

以上分析的是拿破仑为什么在其全盛时期能够赢得辉煌的胜利,而最后又终于不免败亡的原因。虽然这种分析很简略,但至少都是以西方名家的著作为依据的。

从现代战略研究的观点来看,战略的范围早已不仅限于纯粹军事领域。不过,以往研究拿破仑的人,无论为军人或文人,其重点几乎还是放在纯军事方面。许多人都企图发现拿破仑在战略思想和作战技术方面的秘密,并希望这对于未来战争的准备有所贡献。

拿破仑的丰功伟业对于欧洲,甚至全世界,都已留下非常深刻的印象,而其晚年的失败也未降低其在后人心目中的地位。因此,从19世纪开始,一个拿破仑传统学派遂终于发展形成,直到今天

第十三章 论拿破仑的成败

仍继续保持相当巨大的影响力。

欧洲参谋本部的精英分子,无论是德国人还是法国人,都同样地对拿破仑推崇备至,他们的言论可以摘要引述如下:

> "虽然拿破仑时代距现在已经很远,但拿破仑战争的研究对我们还是有重大价值,因为这些战争的教训构成今日军事思想的基础。"

> "虽然我们不能照抄拿破仑的模式,但它还是能够给予我们很多的启示。对于拿破仑战争若能作反省的思考,则所产生的理念是可以应用于20世纪的。"

在此,对于所谓"启示"和"影响"应有辨别之必要。前者只是一种暗示,它是属于心理方面的,后者则比较具有实质的意义,那就是认为拿破仑的战略与后世的战略,其间有一脉相传的关系。关于后述这一点,似乎有存疑之余地。

法国当代大师阿龙(Raymond Aron)有一句传诵一时的名言:"**战略思想是在每个世纪中,又或,在历史的每一阶段中,从事件本身所提供的问题内吸收其灵感。**"简言之,不同的时代有不同的战略。诚然,战略思想都有其历史背景,但更重要的是战略若欲成功则对于当时的政治、经济、社会、技术条件必须能作适当地运用并适应它。

我们时常会发现有某种战略要比其当时的现实情况落后甚远。所谓将军们老是在准备打上一次的战争,那不仅是一种讽刺,而且也是一种悲剧。拿破仑的最大成就也许就是他最初充分了解当时的现实条件,并能发展一套战略来加以利用。但是等到后来条件改变了，他却未能作有弹性的适应，遂终于不免失败。

现在还是引述克劳塞维茨说的一段话来作为结论的结论：

"应知对于战争艺术根本不可能建造一套模式，足以当作鹰架，好让指挥官在任何时候都可依赖它的支持。"

第十四章
第一次世界大战的缘起

引言　　　　最后阶段
战争的远因　结论
七月危机

引　言

　　1914年的7月,欧洲正处于和战之间的平衡点上,但不幸战祸终于发生,它给整个世界带来难以估算的灾难。究竟第一次世界大战(World War Ⅰ)是为何爆发的,这个问题曾经引起诸多的争论,可以说甚至到今天还没有完全定案。尤其是根据战后百年来所发现的新资料,翻案文章的出现更是层出不穷。此种研究不仅具有学术上的意义,也具有相当重要的实际价值。自第二次世界大战之后,人类进入核子时代,战争的威胁变得比过去更可怕,于是"危机处理"(crisis management)成为一门新兴的热门课题。要想阻止未来战争的发生,则对于过去战争的缘起(origins)实有深入探讨之必要。尽管第一次世界大战已经是百年前的旧事,但在今天冷战虽已结束,而在中东、阿富汗等战火不时燃起的环境中,对于1914年"七月危机"(July Crisis)的分析,还是能够帮助我们加深对和战问题的了解。所以,本章之作,不仅具有抚今追昔的纪念意义,更有激发读者温故知新的教育目的。

　　第一次世界大战是从东欧开始的,但研究第一次世界大战的历史学家对于当时东欧的情况反而多未给予应有的注意。此种现象似不足怪,因为**战争结束之后,德国成为公认的罪魁祸首,于是原来放火的人反而被忽视了**。不过,最近的研究发现,东欧国家在战前的决策和行为对于战祸的爆发具有重大的影响,这方面的史料也是我们研究战争史的学人感到比较缺乏者,所以本章把分析重点放在这一方面,敬祈读者注意。

战争的远因

研究战争史的人,往往遵从修昔底德的传统,把战争的起因分为远因与近因两大类,虽然此种分类在最近所有的历史著作中仍然存在,但我们对于战争起因的认知已有很大的改变,即发现许多因素都有复杂的互动关系而很难予以硬性地划分。从1911年起,欧洲在同盟关系、军事计划、政府形态、民族意识等方面,都已发生巨变,而这在当时并不为人所重视。

1912年,所谓三国协约(Triple Entente)和三国同盟(Triple Alliance)都已形成。前者为俄、英、法三国,并协同塞尔维亚;后者为德、奥、意三国,而德国又与罗马尼亚秘密结盟。因此,欧洲已经形成两大权力集团,在基本问题上彼此针锋相对,虽然有时也会出现暂时的合作或和解。

从1912年到大战前夕,双方都在增强其内部的团结。法国的行动最为积极,它一方面加强与英国的军事合作,另一方面向俄国投资协助其发展铁路交通,以便能加速俄军的行动,同时采取三年期的兵役制来增加其现役人数。

俄国则加强其在东欧的活动。1912年春季,俄国策划建立了一个所谓"巴尔干联盟"(Balkam League),来共同地对抗奥斯曼帝国(土耳其)和奥匈帝国,其成员为希腊、塞尔维亚、保加利亚和门的内哥罗四国,结果导致了1912年、1913年间的两次巴尔干战争。虽然那只是一种短期局部战争,但可视为第一次世界大战的

第十四章　第一次世界大战的缘起

序曲,没有任何其他的事件更足以引起1914年的浩劫,因为它破坏了原有的权力平衡。

俄奥两国关系变得日益恶化,因为奥匈帝国认为俄国对于权力平衡的破坏实应直接负责。反而言之,塞尔维亚因战胜而态度日益骄横,更想向奥匈帝国在波黑两省(Bosnia and Herzegovina)的统治挑战。这自然引起奥匈帝国的强烈反应,并认为在外交上绝对不能让步,否则,其帝国威望将会受到严重打击。

各国的决策者中,再没有人比军事首长对于这种新形势的反应更较迅速而强烈。所谓"攻势崇拜"(cult of the offensive)和"速战速决"(short war and quick decision)的军事思想几乎在所有的国家中都已成官方的教条。法国人在1911年后修改其战争计划,来配合这种教条。德、英、奥、俄等国也都分别拟定其攻势作战计划,并深信其攻势能迅速获致成功。在各国军人之中,从未有人敢向这种教条挑战,更无人提出如果不能速战速决,则又将何以善其后的问题。此时各国都已有相当规模的情报组织,对于假想敌的人力、装备和一般意图都能获致足够的信息,所不能完全确定者仅为兵力部署的位置和开战的时机。很少有人考虑到僵持(stalement)也可能是攻势作战的结果,尽管老毛奇(Helmuth C. B. Moltke)在1890年就曾提出预言式的警告:"假使战争爆发,则谁都不能预知它会打多久,或如何结束……它可能是七年战争,也可能是三十年战争。那个首先引燃欧洲火药库的人是死有余辜的。"

在各国参谋本部中,那些被视为军中最优秀的人才自认已经算无遗策,尤其对于动员更是有精密计划,但他们从未考虑其本国的动员对于他国的意义是什么,他国又会有何种反应。简言之,**他**

们都是明察秋毫而不见舆薪,换言之,根本不懂大战略。

　　各国之中,又以奥匈帝国将领在1912年之后所面对的问题最为严峻。南面的塞尔维亚为其劲敌,该国在巴尔干战争中有良好的战绩,其领土和人口几乎已增加一倍。罗马尼亚在战时可能倒向对方,而使奥匈帝国增加一条需要防守的边界。保加利亚在第二次巴尔干战争中的失败,使其丧失了牵制塞尔维亚或罗马尼亚的能力。从柏林传来的情报更令人忧虑:俄国正在设法将其动员时间表缩短5天到7天。这对于史里芬-小毛奇计划(Schlieffen-Mohke Plan)的执行构成压力,并使德国强烈希望奥匈帝国能够在东线对俄国作较大的牵制。1914年5月,奥匈帝国的参谋总长康拉德(general Franz Conrad)与德国参谋总长小毛奇会商如何应付俄国威胁日益增大的问题。康拉德要求德国把较多兵力留在东线,而小毛奇则要求奥军应立即用主力对抗俄军,并视塞尔维亚为次要的战场,结果二人未能达成协议。康拉德希望迅速地击败塞尔维亚,但他又不能忽视俄国的威胁,对此两难问题他始终无法解决。

　　1912年之后,欧洲各大国的陆海军当局对欧洲的前途似乎都不看好,因为从统计数字来看,各国的陆军人数都在增加,而海军造舰计划也都在加速推进。军人遂一再向其政治领袖提出警告,要他们重视军备竞赛落后的危险。军备竞赛不仅劳民伤财,而且更能产生恶性循环,结果是军力愈强,则愈缺乏安全感;反而言之,军备竞赛本身若已形成一种动力,也就很难加以制止,就像吸毒者一样,上了瘾就很难戒绝。这是一个严重的历史教训,值得警惕。

　　与军备竞赛具有密切关系的还有另一种战争远因,那就是帝国主义(imperialism),而它又受到所谓社会达尔文主义和种族主义(racism)的加强。一般研究者只注意到帝国主义在亚洲或非洲的侵略,而忽视了其在东欧所产生的影响。1911年俄国开始争取土耳其海峡的控制权,于是与德国在该国的势力发生冲突。1912年德意两国计划对小亚细亚划定双方的势力范围,英法两国也同样企图对正在崩溃中的奥斯曼帝国开展趁火打劫的行动。最值得注意的还是波黑两省的问题。它们本是奥斯曼帝国的一部分,在1908年为奥匈帝国所兼并,但现在又成为南斯拉夫主义或大塞尔维亚主义的煽动焦点。当然,奥匈帝国皇帝约瑟夫(Franz Joseph)自然不会同意放弃这两省,于是民族主义(nationalism)遂又与帝国主义发生了严重冲突。

民族主义在20世纪本是一股极强大的力量,德、英、俄、法等国莫不利用民族主义来作为一种加强政治团结的向心力。但对于由10个不同民族混合组成的奥匈帝国,民族主义不仅是一种破坏团结的离心力,而且更与外来的威胁互相呼应。最危险的地区是其南疆,由于巴尔干国家在对土耳其的战争中获致胜利,遂使奥匈帝国境内的南斯拉夫人对于民族的前途满怀信心,他们的政治领袖甚至公开谈论大南斯拉夫的统一建国,而这也得到以大斯拉夫主义(Pan-Slavicism)为号召的俄国的幕后支持。

奥匈帝国对于这种发展当然感到非常忧虑,并认为塞尔维亚应负直接责任,而这也确有真凭实据。塞尔维亚不仅发动宣传,而且资助分离运动,更恶劣的是还组成一个号称"黑手"(Black Hand)的秘密组织从事暗杀以及其他的非法暴力活动。所以,奥匈帝国自然视塞尔维亚为头号敌人,因为它不仅威胁国家安全,更威胁皇室生存。

此时,奥皇约瑟夫已经是80多岁风烛残年的老人,所以对于奥匈帝国在其逝世后的前途,国际社会早已有人做出各种不同的评估。约瑟夫的继承人为其侄子斐迪南大公(Archduke Franz Ferdinand),他自然成为一身系天下安危的人物。斐迪南是一位颇有才华的人,一心只想努力使其帝国能够维持生存,并且相信若采取亲俄的政策则也许有助于目标的达成。他所代表的是一股寻求和平的力量,因此在国内受到强硬派的反对。1914年6月28日,斐迪南在萨拉热窝(Sarajevo)遇刺丧命,他的死使维也纳不再有主和的呼声,并且对第三次巴尔干战争的发动决定提供了一个合理的借口。

七 月 危 机

所谓"七月危机"早已成为历史名词,有关这一复杂主题的著作可以说是不胜枚举,而且见仁见智,仍有许多争论无法解决。以本章的篇幅而言,自不可能作详尽的分析。为了便于综合判断,只拟选择在7月全部过程中所作的若干关键性决定作为分析焦点。大致说来,每一个决定导致下一个决定,如果这一系列的决定中缺少了任何一个决定,则危机也许即能化解。当然对于本章所作的选择,也许有人还会表示不同的意见,但整合许多著作的观点之后,作者仍认为本章所讨论的决定在走向战争的道路上,足以代表最重要的里程碑。

走向战争的第一步在维也纳开始。斐迪南的遇刺使奥匈帝国的外长贝希托尔德(Leopold Berchtold)以及其他内阁成员都大感震惊,他们要求立即对塞尔维亚采取行动。参谋总长康拉德和军政部长亚历山大也都表示支持。所以,7月初,早在德国表示强烈支持之前，奥匈帝国政府即已计划惩罚塞尔维亚，只有一个人不表赞同，那就是匈牙利首相蒂萨（Istvan Tisza）。

在说服了奥皇（兼匈牙利国王）同意采取报复政策之后，贝希托尔德在奥匈帝国政府中已无任何反对者。7月3日奥皇正式宣布有采取行动之必要，因为萨拉热窝的审讯已经确定凶手属于黑手组织，与塞尔维亚政府有密切关系。简言之，维也纳是自动做出这个决定的，并未受到来自柏林的任何压力。

"七月危机"中的第二步，为德国决定支持奥匈帝国对塞尔维亚采取军事行动。德皇威廉二世（Wilhelm Ⅱ）及其首相贝特曼（Bethman Hallweg）都真诚地对斐迪南的死深表悲痛，并要求应对塞尔维亚采取行动。7月5日，德国通知奥匈帝国保证支持其行动。贝希托尔德遂认为德国的保证将足以威慑俄国的可能干涉。

德国为何要支持奥匈帝国的行动？传统的解释为对同盟的忠诚、个人的情感以及国际威望。不过，也许还有恐吓三国协约和彻底解决巴尔干问题的意图。不管怎样，德国的决定遂又引起许多不幸的后果。

若无柏林的保证，维也纳也许还不会悍然发动战争。现在由于柏林已经表示赞成，于是维也纳更无顾虑，其结果却把德国卷入危机之中。

虽然7月6日维也纳即已获柏林保证支持的承诺，但又拖了两个多星期，维也纳才在7月23日向贝尔格莱德（Belgrad）发出最后通牒。有人认为奥国人做事一向拖拖拉拉，所以才会延误这样久的时间，此说并不恰当。实际上，这一事实另有合理的解释，概括言之，可分下述三点。

第一,奥匈帝国军方有一种放"助割"(Harvest)假的传统政策,准许士兵在农忙时回乡助割。当萨拉热窝事件发生时,大量士兵正散布在各地度假。假使立即下令停止休假,则会使整个欧洲都知道军事行动已迫在眉睫,同时也会扰乱农业生产,甚至还会使铁路的动员计划发生混乱。所以,康拉德决定不立即收假,只是不再放假,直到收假时间7月21日或22日,大多数士兵才能回营。这也是军方给予外交部的时间表。

第二,因为匈牙利首相蒂萨仍继续反对军事行动,在未获其同意之前暂不能有任何动作。7月7日蒂萨在奥匈两国内阁联席会议上仍坚持其立场,稍后又直接向奥皇(匈王)陈诉,而后者则表示他强烈主张行动,于是蒂萨的态度始略软化。贝希托尔德在说服蒂萨时,除强调德国已同意支持其行动外,更指出若不严惩塞尔维亚,则罗马尼亚将起而效尤,向特兰西瓦尼亚(Trunsylvania)地区施压,直接受害者将为匈牙利。7月15日,这位匈牙利首相始同意对塞尔维亚采取行动,其所提出的惟一要求是应先向塞尔维亚发出最后通牒,并说明保证不兼并任何斯拉夫领土。

第三,还有一个更偶然的理由。法国总统普恩加来(Poincaré)和总理维维亚尼(Viviani)恰好预定在7月20日至23日到俄国访问。贝希托尔德当然不想当他们正在圣彼得堡时发出最后通牒。所以,最后通牒在7月23日下午6时发出,而此时法国领袖正在返国的航行途中。

虽然拖了半个月,但贝希托尔德仍能利用这一段时间来掩饰其意图。7月12日以后,他开始封锁新闻,并限制媒体评论塞尔维亚问题。康拉德已去登山,奥皇留在郊外的离宫中,其他的官员则照常办公,维也纳似乎已经恢复常态。贝希托尔德采取此种欺

第十四章 第一次世界大战的缘起

敌手段还另有动机。他发现德国外交部在 7 月 11 日曾致电其驻意大利大使，告知奥匈帝国有对塞尔维亚用武的可能，而后者又将其转告意大利外交部。这一事件使贝希托尔德对于德国的不能保密深感不满，此后他也就不再让德国人事先知道其计划的详细内容，甚至连最后通牒的全文，也是在最后一分钟才通知德国。

7 月 19 日，奥匈两国内阁在维也纳举行秘密会议对最后通牒作最后的讨论。虽然与会者并无一人相信塞尔维亚会接受最后通牒中所列举的条件，但还是一致通过发出，同时也接受了蒂萨的建议不要求兼并任何领土，仅要求在胜利后对边界作少许战略性调整。不过，康拉德在散会时带有讽刺意味地说："我们走着瞧吧！在巴尔干战争之前，各国也是高谈维持现状，战后却不再有人提它了。"他的话足以暗示奥匈帝国对战争的期待。总而言之，1914 年 7 月，奥匈帝国的确是想对塞尔维亚发动战争，并且不惜冒与俄国冲突的危险，但又希望，甚至相信，德国的支持足以威慑俄国。

当奥匈帝国的最后通牒送达之后，塞尔维亚的首都贝尔格莱德也就变成新的焦点。虽然以帕希茨（Pasic）为首揆[①]的塞尔维亚政府并未保有详细记录，但从最近公开发表的战前文件上看，该国政府早已知道"黑手"是受军事情报单位的控制，并曾企图阻止暗杀事件的发生。不过文人政府对于骄横的军人感到无可奈何，于是斐迪南终于遇刺身死。此后，帕希茨不得不隐瞒真相，硬说其政府对此事件毫无所知，当然更不能把幕后的真凶交给奥匈帝国处理。

[①] 首揆，首相。揆，宰相的职位。《明史·宰辅年表一》："诸辅之中，尤以首揆为重。"清·陈康祺《郎潜纪闻》卷一："时倭文端公方以首揆掌院，偶有违言，遂疑倭公迂阔沮大计。"——编者注

不过有一点可以断定，塞尔维亚在此事件发生之后，其人民反奥情绪仍然高涨，所以任何最后通牒只要内容对于其主权有极轻微的损害，都绝对不可能被接受。7月18日，帕希茨可能是从意大利驻塞尔维亚公使馆获知奥方的意图，于是他立即发表一份备忘录明白宣示不容许该国主权受到任何侵犯。以后在接到最后通牒时，其政府在7月24日和25日曾作冗长的讨论，此种原则仍一再为发言者所坚持。因此，事实与过去流行的解释相反。塞尔维亚并非由于已经获得俄国的支持，态度始趋于强硬，而是早在奥匈帝国发出最后通牒之前，即已主动表示其坚定立场。当然，在采取这种立场时，帕希茨和他的同僚又显然确信俄国会给予援助。简言之，在1914年7月间，塞尔维亚政府从未考虑用妥协方式来委曲求全。这种生硬的态度当然足以导致危机的升级。

基于上述背景，则法国总统和总理的访问俄国遂又显示出新的重要意义。当意大利政府将奥匈帝国可能对塞尔维亚用武的消息通告其驻外使馆时，其驻圣彼得堡的使馆当然也会收到通报，因为情报单位通常都会破解外国使馆的密电码。所以，法国领袖在俄国访问期间，他们与俄国当局必然曾就此事进行讨论。7月21日，法国总统接见奥匈帝国驻俄大使时，曾很不寻常地当面向其提出警告，表示法国反对奥匈帝国对塞尔维亚采取任何行动，并将给予后者坚决支持。在整个危机中，法俄两国所采取的一系列行动都足以暗示双方是以先知的情报作为协调政策的基础。无论这些假定是否正确，但很明显，法国从未劝告俄国应慎重并对塞尔维亚加以约束。俄国从7月25日起即开始进行军事上的准备，这又可以显示该国对于法国的支持具有足够的信心。此种信心，很可能是出自法俄两国领袖在圣彼得堡所秘密举行的会谈。简而言之，

第十四章 第一次世界大战的缘起

俄国此后所采取的一切行动都是事先已获法国的同意。

7月23日下午6时,奥匈帝国驻贝尔格莱德的公使把最后通牒送交塞尔维亚政府,并说明限48小时答复。次日,该国即将答复送到奥匈帝国使馆,其速度之快令奥国人感到惊讶,而其内容更令他们啼笑皆非。从表面上看,帕希茨的态度非常恭顺,他接受了奥方要求的大部分,于是也就赢得了欧洲诸国的同情,但他对于最重要的要求却采取非常巧妙的回避方式而毫不妥协。最重要的一点即为不同意奥匈帝国派员参加调查工作,除此以外,塞尔维亚人表现得楚楚可怜,好像他们已经受尽了委屈。不管怎样,奥国人在心理上也早有准备,对此表态自然无动于衷,他们对这种答复不仅立即予以拒绝,并同时宣布与塞尔维亚断绝邦交。在7月25日,奥匈帝国政府下令局部动员,并从7月28日开始执行。

俄国的高级人员7月24日和25日也在会商该国所应作的选择。非常荒谬,在知道塞尔维亚是如何回答以及奥匈帝国是如何反应之前,他们即已作成其决定。经过沙皇批准后,俄国政府即开始采取一系列的动员准备措施(ple-mobilization measures),例如:军校学生提前毕业、沿着边界加强防御工事、驻东方的军队奉命准备向西方调动,等等。从7月25日到30日,塞尔维亚驻俄武官每天都把俄国军事措施的详情向本国提出报告,并直称之为局部动员。简言之,俄国比任何其他大国都更早采取一系列的军事措施,而奥匈帝国的局部动员反而迟一步。

这些措施实际上即相当于局部动员,并对危机的升高产生加速作用。过去史学家都认为俄国是在7月29日始下达局部动员令的,实际上并非如此。奥德两国都认定俄国在危机时的行为经常是老成持重,这一次却让他们跌破了眼镜。于是两国的预定时间表都受到扰乱,而有手忙脚乱之感。这当然也使他们感到心理上和时间上的压力,在决策时难以作较周详的考虑。

最 后 阶 段

奥匈帝国于 7 月 28 日向塞尔维亚宣战并于同日夜间对贝尔格莱德城作漫无目标的零星炮击。此后数日内更无进一步的敌对行动,但双方从未表示有进行谈判的意愿,或考虑折中的措施。虽有人主张奥匈帝国应以"到贝尔格莱德为止"(Haltin Belgrad)为军事目标,但遭到康拉德的反对,他要求和塞尔维亚结一次总账。过去反对行动的蒂萨现在却强烈要求应迅速行动,因为他们害怕若旷日持久,则罗马尼亚将乘机向匈牙利的领土发动攻击。不管怎样,奥匈帝国既已对塞尔维亚交战,迟早要面临战争扩大的危险。

当"七月危机"发展到这个阶段时,外交活动突然从东欧转向西欧,现在该轮到德英两国来共同努力阻止战争的升级了。威廉二世还是像往常一样地轻浮,他从北海度假归来,看到塞尔维亚对奥匈帝国最后通牒的答复不禁赞不绝口,并且认为只要大国出面调解,两国之间的纠纷还是很容易解决的。的确,德国曾一度向奥匈帝国施加压力,要求其适可而止,但德国还是不能舍弃其惟一的忠实盟友,并宣布收回其支持奥匈帝国一切行动的诺言,所以对于奥匈帝国也就不能产生威慑作用。

英国外相格雷(Edward Grey)也同样帮不上忙。是否英国若能采取较明确的政策,则对于危机的控制即能产生决定性影响,长久以来一直是许多史学家深感兴趣的问题。也许可以说危机的发

第十四章　第一次世界大战的缘起

展实在太快,以至于外交家的努力赶不上变化,尤其是当时的通信工具还相当原始化,一封电报的传送往往需要几个小时。不过事后回顾,格雷在整个危机处理过程中还是犯了一项严重错误,那就是未曾认清想要战争的是维也纳而非柏林。英国人一向视奥匈帝国为德国的附庸,并相信德国能够控制奥匈帝国。但事实上,奥匈帝国是欧洲大陆上的第三大国,人口超过5 000万,有其古老的光荣传统,有其独立的国家政策。格雷对于东欧的情况似乎并不太了解,尤其不曾认清此次危机与过去的危机在性质上有很大的差异。这种认知上的错误,严重地减弱了英国调处争端并达成和平解决的能力。事实上,自8月1日之后,英国所采取的一切行动都似乎只具有防御性,而缺乏积极进取的精神。因此,其被迫陷于被动而不能突破困境,正像俄国的行动使德国不得不投入战争,而且德国入侵比利时也同样使英国不得不投入战争一样。

在7月将近终了之时,俄国的总动员终使危机的控制变为不可能。史学家无不重视俄国在7月30日所下达的总动员令,并认为这是问题的一个关键。于是有人不禁要问:在第一次巴尔干战争时,俄国只下局部动员令,为什么这次不一样呢?根据上文所述的事实,俄国政府在7月25日所采取的措施,完全属于局部动员,所以不可能再下局部动员令。现在剩下来的就只有最后一步,那就是总动员。沙皇尼古拉二世(Nicholas Ⅱ)在7月29日本已同意采取这一步骤,但由于他收到德皇威廉二世的一封来函,临时收回成命。最后,俄国外长萨宗诺夫(Sazonov)和参谋总长雅鲁希克维奇(Yanushkevich)一再请求,到7月30日终于获得沙皇同意正式发出总动员令。据说参谋本部在下达命令后立即切断电话线以免再生枝节。当俄国总动员之后,德国立即被迫面对两面作战的两难问题。德皇威廉二世及其文武大臣此时不可能作任何其他的选择，而只好如法炮制发动其自身的动员机器。于是"动员的意义即为战争"(mobilization means war)之语也就不幸而言中。

几乎所有研究第一次世界大战的人，在战争计划方面都是把注意力集中在德国的计划上，即所谓史里芬计划，而对奥匈帝国的计划则无人问津。康拉德的计划是以攻击塞尔维亚为主题，在北面沿着俄国的边界上，他计划只留下极少量的防御兵力，尽管已有充分的证据足以确定俄国决不会坐视，但他仍然坚持其观念，不愿做任何改变。虽然两个月前，他曾与小毛奇会商德奥两国之间的战略协调问题，并明知德国的战略是东守西攻，不可能给予奥匈帝国以太多的支援，而当时来自圣彼得堡的情报更已明白显示俄国正在准备动员，但康拉德似乎冥顽不灵，依然坚持其原有的南攻北守计划。这种心态好像很难解释，但也并非不可解释。康拉德自1908年发生波士尼亚问题以来，就一直主张武力解决争端，他对于战争的确是盼望已久，而且相信，最直截了当的方法就是挥军南下，速战速决；等到后来发现俄军已经深入奥地利境内时，遂又不得不把已经南下的兵力调回北线，来阻挡俄军的攻势。毫不足怪，当这些奥军在加里西亚(Galicia)面对俄军时都已疲惫不堪。

康拉德如此的求战心切使他在"七月危机"中所扮演的角色变得与众不同。其他的人都心存戒惧，而他则一心盼望危机的升级。这位奥匈帝国的参谋总长在决策过程中实处举足轻重的地位，只要他向奥皇或外长说"No"，则战争可能不会爆发，而危机也会获得和平的解决。康拉德的反常心态又可能与女人有关，这也不足怪，因为古今中外的战争与女人有关的例证实在太多了。他正在热恋着一位名为吉纳(Gina von Reininghaus)的女人但却不能与

第十四章　第一次世界大战的缘起

她结婚,因为她已婚并且是6个孩子的母亲。从1907年到1915年,他写了几千封情书给她,其中的要点经常为"假使战争发生,我成为英雄,我就可以和你结婚"。但他必须先有一个战争。1914年他终于如愿以偿。

当康拉德仍在迷恋着他的南进计划和他的吉纳时,德国人正忙于应付俄国的总动员,于是"七月危机"也就将近尾声。面对着两面战争的威胁,德国终于要求俄法两国停止他们对战争的准备,但两国都不曾接受其要求。此时德国参谋本部指出,已有确实的证据,足以显示俄国正在对其兵力进行全面的调动和部署,要求依照既定的计划开始行动。8月1日,德国才正式下达动员令并向俄国宣战。8月2日,在距离萨拉热窝非常遥远的西欧,德军进入卢森堡,次日又进入比利时。当德国破坏比利时的中立之后,英国也就不得不投入战争。于是诚如格雷所云,"欧洲明灯已经熄灭",第三次巴尔干战争终于变成第一次世界大战。

结　　论

从历史记录来看,第一次世界大战的爆发是长远原因与短程决定二者联合造成的结果。虽然危机处理在不同的国家有其不同的过程,但为什么那些政策作为者都感到力不从心,认真分析还是可以解释的。同盟关系的束缚,官僚体系的压力,认知的差异,个人的动机,都扮演着相当重要的角色。而这许多复杂因素的交相为用,遂使和平的机会在1914年的7月底到8月初这一阶段中变得日益渺茫。

就战争的起因和预防的理论而言,"七月危机"又能提供何种概括性的结论呢？至少有几点值得强调，尽管那的确是老生常谈。

第一，民族主义和种族意识的力量绝对不容低估。

第二，国家威望和生存的考虑，经常构成沉重的压力，使决策者难以保持其应有的理性。

第三，军事计划本身非常复杂，且具有高度的隐秘性，所以政治家不仅对军事缺乏了解，而且也难以否定军人的要求。

第四，攻势崇拜的战略思想已经成为公认的教条，这使政治领袖不但不敢对其表示疑惑，而且根本没有时间来作任何其他的再考虑。

同盟与协约两大权力集团的对立，于各国的行动曾产生重大的影响。诚然，同盟的目的本是要保护缔约国的安全，而结果却可能适得其反。某国可能因有同盟的支持遂敢于冒险，奥匈帝国是也；某国又可能因受同盟的拖累而被卷入危机，德国是也。概括地说，同盟关系愈强固、愈密切，则对和平的威胁也就愈大。反而言之，比较宽松模糊的同盟关系将使同盟国在采取行动之前必须先行协商，因而对危机足以产生冷却作用。

我们从对危机的处理中也可以获得两点教训。

第一，政治家在决策过程中往往由于心理和时间的压力，只能作反应性的决定（reactive decisions），而不能作冷静的深思熟虑，以寻求最佳的选择（best option）。所谓"成本效益分析"（cost-benefit analysis）只是一种理论，在危机中很难应用。

第二，情况的研究判断深受认知（perception）的影响，而认知又是以过去的经验为基础的。政治家和将军经常由于他们对未来感到忧惧而做出孤注一掷的决定。

第十四章 第一次世界大战的缘起

对于前途最为缺乏信心者莫过于奥匈帝国当局,巴尔干战争、塞尔维亚的扩张、斐迪南的遇刺,都在心理上对他们构成重大打击。他们迫切地想要控制未来,而不愿受到世局的控制。内忧外患迫使他们铤而走险,于是在其认知中战争也就成为合理的选择。

当奥匈帝国为挽救其垂危的国运而不惜诉诸武力时,欧洲各国便立即产生反应。1914年的战争开始还只是一个局部冲突,不过它却具有国际性的联系,而这种联系遂又终于将其变成一场浩劫。因此,"七月危机"一个最深远的教训即为:局部冲突并非经常仅为局部问题。此即所谓"星星之火可以燎原"。一切武装冲突都必须避免,因为只要和平的界线一经突破,想用外交手段来恢复和平或阻止战争的炉火都会非常困难。要想维持和平必须对外交不丧失信心,永远不关闭谈判之门。兵凶战危,古有明训,认为战争能够带来真正的和平,实属荒谬的幻想。百年后再来回顾第一次世界大战,我们最大的感想就是即令到今天,仍有许多人还不曾吸取它的教训。

第十五章
从史里芬计划说到马恩河会战

引言
克劳塞维茨的遗产
坎尼模式
攻势崇拜
计划的真相

小毛奇接棒
计划的修改
马恩河会战
结论

引　言

谈到史里芬计划(Schlieffen Plan)和马恩河会战(The Battle of the Marne),我想读者一定不会感到陌生,甚至也许有人会认为像这样人所共知的故事已经没有什么好讲的了。事实并非如此,尽管是古老的历史,但其中仍然蕴藏着许多宝贵的资料,假使能作比较深入的研究,则不仅可以解破若干疑问,更能增加治学者的智慧。所以诚如克劳塞维茨所指出的,历史虽不是一本模范书,但能扩大学者的视野,增强其精密判断力。

关于史里芬计划,笔者过去曾写过两篇论文,但仍意犹未尽。现在所要分析的是其在思想方面的渊源,以及它与马恩河会战的真正关系,同时也想指出若干过去不曾为论者所注意的因素,并提有若干意见的确是前人所未言者。

史里芬(Alfred von Schlieffen)为德意志帝国时代的第三任陆军参谋总长,生于1833年,死于1913年。他的前任为老毛奇和瓦德西[①],他从1883年起到1906年退休为止,24年不曾离开参谋本部,首先任高级幕僚,1891年始接替瓦德西出任总长。

---

① 阿尔弗雷德·冯·瓦尔德泽伯爵(Alfred Graf Von Waldersee,1832—1904年),在中国通称瓦德西。德意志帝国第二任总参谋长,陆军元帅,与他的前任伟大的沉默者毛奇和他的后任伟大的计划者阿尔弗雷德·冯·史里芬伯爵相比,他在德国是以政治将军闻名的,他的外号"狐狸"就说明了这一切。他为中国人所知是因为他晚年担任了有名无实的八国联军统帅。——编者注

史里芬是一位内向的人,其作为学者的成分高于军人。他一生不曾实际指导过战争,而只是专心致力于战争的研究。假使若无"史里芬计划"的存在,则今天可能已经无人知道他的大名。事实上,除了他在总长任内留下来的那些"备忘录"(memorandum)以外,史里芬还有若干战争史著作,其中最著名的就是《坎尼研究》(*Cannae Studies*)。假使我们想了解他的思想,则必须从他的著作中去寻找线索。这种工作固然很困难但也很有趣味。

由于资料浩繁,而篇幅有限,所以本章的分析只能选择几个问题为焦点:(1) 史里芬与克劳塞维茨在思想上的渊源;(2) "坎尼"模式;(3) 攻势崇拜;(4) 计划的真相。现分别检讨如下(图1 史里芬计划要图):

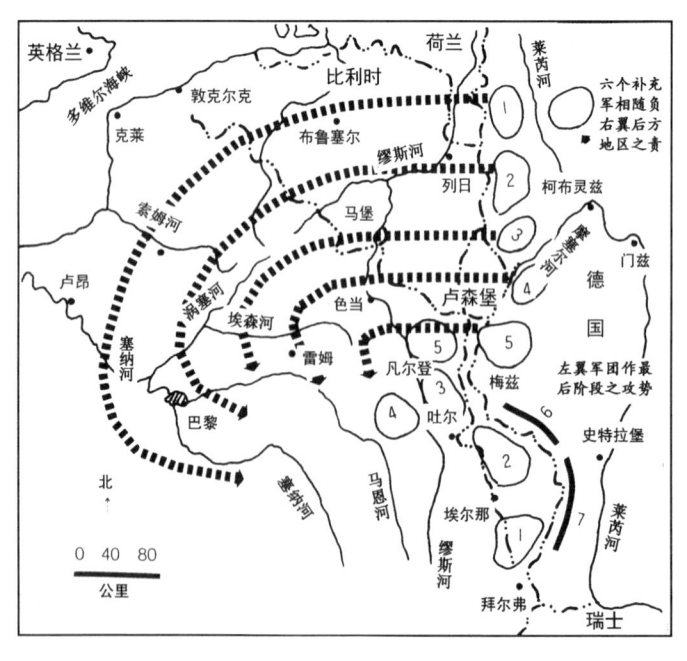

图1 史里芬计划要图

第十五章　从史里芬计划说到马恩河会战

克劳塞维茨的遗产

克劳塞维茨死于1831年,他的遗著(以《战争论》为主)次年由其夫人出版。但最初这本书并不畅销,而对于德国以及全欧洲的军事思想影响也很小。直到他的弟子老毛奇三战三胜之后,世人始对这一著作作新的再评价。毛奇对他的老师推崇备至,他指出,《战争论》与《荷马史诗》和《圣经》同为铸造其思想的真正不朽名著。自此之后,克劳塞维茨的著作才被世人视为经典。

史里芬最多只能算是克劳塞维茨的再传弟子,但是,他对于克劳塞维茨的推崇绝不逊于老毛奇。当1905年《战争论》第五版问世时,他以参谋总长身份为之作序。他说:"其思想之深入和完美可谓前无古人。其思想中的许多原则都已纳入我们的教范。今天任何人若欲教战,则必须以其思想为源头。"

以上所云并非官样文章,从《战争论》中的确可以找到克劳塞维茨和史里芬的思想渊源,这是一种十分有意义和有趣味的发现。《战争论》第八篇第九章是全书最后一章也是最长的一章,其章名也很冗长——"设计导致敌军完全失败的战争计划"。克劳塞维茨一向不赞成用任何"原则"来作为行动的指导,但在此章中却一反常态,一开始就提出两项原则:(1)在行动时对于目标和兵力都必须尽量保持集中;(2)在行动时必须采取最大速度。

只要略加思考,即可发现史里芬计划是以此原则来做其观念架构的基础。克劳塞维茨又说:"当同时要打两个不同的战争时,必须视其中某一方面为主作战,给予其大部分资源……最好只在主战区采取攻势,而在其他方面采取守势。"很明显,这正是史里芬计划中分配兵力的原则。

最有意义的是下面的一段话:"法国的重心在于其武装部队和巴黎,所以联军的目的必须是在一次或多次大规模会战中击败法军,攻占巴黎,把敌军残部赶过卢瓦尔(Loire)河。法国最易毁地区在巴黎与布鲁塞尔之间,那里的国界距离其首都仅为 240 公里。"

即令是心灵最不敏感的人,看了这几段话也一定会恍然大悟,原来史里芬简直是在照抄其太老师的杰作。尽管如此,史里芬对于克劳塞维茨著作的研究并不深入,他似乎只是断章取义,而未能真正了解其思想的精髓。至少有三点他几乎与他很崇拜的太老师背道而驰。

克劳塞维茨确认战争乃政治现象,战争为政治目的而进行,并具有政治后果。这种政治与战争之间的微妙关系为他毕生所重视。他曾明白指出:"战争并非独立现象而是政策使用不同手段的延续。所以,任何大规模战略计划的主要路线都是政治性的……基于这种观点,不可能对一重大战略问题作纯军事研究判断,也不可能用纯军事计划去求解。"

史里芬是一个标准职业军人,代表 19 世纪后期专业主义的精神,他的思想局限在纯军事领域中。他不仅不懂政治,甚至厌恶政治。老毛奇虽也不参与政治,但他却了解政治并尝试使其战略适应政策。史里芬一生考虑的仅为军事问题,所以,他的伟大计划是在政治真空中作成的。有一点特别值得提出,那就是侵犯比利时中立的问题。当克劳塞维茨写《战争论》时,他所假定的情况是当普鲁士进攻法国时,英国和荷兰、比利时都是同盟国,俄国则守中立。但等到史里芬拟计划时,法俄已结同盟,荷比已成中立国,而

第十五章　从史里芬计划说到马恩河会战

英国的态度与比利时中立是否受到破坏有密切关系。在这样的新形势之下,史里芬照抄克劳塞维茨的老文章,真令人有啼笑皆非之感。

其次,克劳塞维茨对于攻守两种战争形式有其独到的看法。他一方面一再强调防御是战争的较强形式,另一方面又指出防御只能达到消极目的(保持),要想达到积极目的则必须采取攻势。所以,他的思想是客观的、平衡的,对于攻守的利弊得失并无任何偏见。尤其值得注意的是,克劳塞维茨深切了解近代国家的防御潜力,他说:"政府必须永远不假定国家的命运、整体的生存寄托在单独一次会战的结果上,姑无论那是如何具有决定性。即令在一次失败之后,经常还会有时来运转的可能,或由于新的内力来源,或由于一次攻势,或由于外来援助。……不管一个国家与其敌人比较是如何弱小,它仍不应放弃最后的努力,否则就应认为其灵魂早已死亡。"

这些话对于后世既可以算是忠告,也可以算是预言。但是,史里芬对太老师的遗训似乎不曾了解,至少未予重视,他还是继续崇拜攻势,并且把国运孤注一掷地寄托在一次"大"会战上。

最后,克劳塞维茨对于战争的研究有一重大发现,那就是他指出在现实战争中有所谓"摩擦"(friction)之存在。他说:"战争中一切事情都很简单,但最简单的事情也就是最困难的事情。这些困难累积起来最终产生摩擦。除非已有战争经验,否则那是难以想象的。""摩擦是区别真实战争与纸上战争的惟一观念。""军事机构……每一部分都由个人所组成,而每个人都保留其潜在的摩擦。""在战争中行动好像是在有抵抗的物质(例如水)中运动一样。""摩擦是一种理论永远不能完全确定的力量。"

很具讽刺意味,史里芬正像克劳塞维茨所说的,是一位没有战争经验的人,所以他在计划中几乎从未考虑到摩擦因素的存在。史里芬的确做了一件前无古人的事情,他对于未来的战役拟定了一套完整的计划。老毛奇曾说:"只有外行才相信能事先对战役全部过程作详细规划,并能把最初的观念推进到底而不作任何改变。"史里芬似乎真是如此外行,至少他是把事情看得过分容易,他几乎不承认敌人有"独立意志"的存在,而一心相信他的计划可以贯彻到底。

坎 尼 模 式

许多人都注意到史里芬计划与坎尼会战之间的关系,但其间的真正关系究竟怎样,则不免有很多不同的看法,而且似乎很难定论。首先必须确定的是时间的先后。史里芬于接任参谋总长之后,即不断地从事于计划作为的工作,而其最后一个方案是在1905年提出的。至于他何时开始从事对坎尼会战的研究虽已不可考,但其"坎尼研究"的著作却是在退休之后才发表的,所以至少不能肯定地说,史里芬计划是根据坎尼模式来拟定的。

美国学者贺布恩(Hajo Holbom)[①]认为,史里芬并非一位历史学家,其对坎尼的研究是以德尔布吕克所著的《战争艺术史》为根据的。这部书的第一卷出版于1900年,史里芬所用的模式也就是采自该书。严格说来,史里芬并非一位纯正的学者,他对历史的研究并不深入,而且有一种简化史实的倾向。他从近代战争研究中

---

① 贺布恩(1902—1969年),美国历史学家和现代德国史专家。——编者注

第十五章　从史里芬计划说到马恩河会战

所获得的战略观念也就很自然地被投入到过去的历史中,甚至可以说其目的为利用历史来证明其固有观念的合理。因此,有时不惜扭曲史实。尤其令人奇怪的是,他对战术和战略之间的区别也时常混淆不清。

史里芬认为,历史中一切伟大的指挥官都是以坎尼为模式:腓特烈虽无足够兵力来完成歼灭性打击,但其重要胜利仍为不完全的"坎尼";拿破仑在其全盛时期曾显示汉尼拔的风格,而其失败也是坎尼战略的结果。对于老毛奇的萨多瓦和色当两次会战,史里芬也一律归之于坎尼模式,而尤其认为后者是一个真正的"坎尼"。

史里芬深信,包围会战,尤其是最好能对敌军两翼同时发动攻击,实为战略领域中的最高成就。至于其他的方法则仅能获"一般"的胜利而已。对于史里芬而言,侧面攻击已成一种"教条",他说:"侧面攻击为全部战争史的精华。""大包围为万无一失的手段。"史里芬常以克劳塞维茨和老毛奇的传人自居,像这样武断的说法,那两位已故大师若地下有知,真不知会作何种感想。

不过,必须指出,这些理论都是史里芬的晚年产品,也就是在其大计划已经交卷之后。事实上,计划本身并未采取真正的坎尼模式,尽管它仍强调侧面攻击的重要。标准的"坎尼"为两翼包围的形式,而史里芬计划则仅采取一翼包围的形式。所以,英国富勒将军认为那是腓特烈鲁腾会战(1757 年)的放大。不过,照史里芬的解释,鲁腾应该算是不完全的"坎尼",腓特烈当年是因为兵力不足始采取所谓"斜行序列"。尽管如此,他还是以 3.5 万人击败奥军 7 万人,足以证明侧面攻击观念之正确。

基于此种分析,可以看出史里芬对于坎尼模式只是师其意而已,并未加以刻板的模仿。他之所以采取一翼包围的形式,主要的原因是他也自认为兵力不够,他曾亲口说过:"对于这样伟大的事业我们的兵力是太弱了。"至于富勒,他认为小毛奇把史里芬的鲁腾式改变为坎尼模式,因为前者把兵力平均分配在两翼上,而不像史里芬那样集中在右翼上。这种种看法实似是而非,因为小毛奇心中根本没有一个完整一贯的战略观念,更谈不上坎尼模式。

法国博弗尔将军曾认为,史里芬计划是一个完全没有战争经验的人的思想产品。他说:"史里芬梦想他可以作一个大迂回运动,足以与坎尼会战中的汉尼拔比美,但他并未认清在运动距离上的差异(坎尼会战时只有几百米,而在史里芬计划中则长达330公里)。"此种批评可谓一针见血。

不过,这并非说史里芬已经完全缺乏现实感,沉醉在他的坎尼梦想之中。史里芬在其《坎尼研究》的结论中曾这样指出:"一个完全的坎尼会战在历史上是很少见的。要完成这样的会战,一方面需要一个汉尼拔,另一方面还需要一个法罗。双方合作始能达到这个伟大目的。……历史中的其他将领都只能具有汉尼拔所具有素质中的少许部分。尽管在所有的历史时代中都不乏法罗的存在。"

攻 势 崇 拜

诚如克劳塞维茨所云,防御虽是较强的战争形式但却不能达到积极目标,所以攻击具有必要性。尤其是一般职业军人所受的教育几乎都是强调攻击精神,所以对于攻击有所偏好也是事理之常,甚至头脑非常冷静的克劳塞维茨在其巨著中对于有关攻击的

第十五章　从史里芬计划说到马恩河会战

讨论有时也不免使用激情的文字。

对于这种攻势思想的趋向至少可以提出下列两点解释：(1)在国际无政府状况之下，每个国家都会认为其邻国具有敌意，所以先下手为强的意念也就相当强烈。同时，也认为必须彻底击败对方始有安全的保障；(2)从计划作为的观点来看，攻击计划要比守势计划易于拟定。诚如波兹南所云："采取攻势，发挥主动，为构造会战的一种方法。"反而言之，守势是被动的，不易确定，所以也较难计划。简言之，攻势计划至少可以提供一种确实性（certainty）的幻觉。

不过，军人崇尚攻势固无可厚非，但发展成为一种"攻势崇拜"（the cult of the offensive）则未免走火入魔。这固然是20世纪初叶的一种共同趋势，但在史里芬计划中却有超正常的表现。

史里芬常说，"攻势是最佳的防御"，"攻势为保证胜利的惟一方法"，其整个计划都是受到这种思想的引导。他所想象的是一种诚如日本人所形容的"乾坤一掷"①的壮举，在一击之下把敌人赶尽杀绝，并迅速地结束战争。这也正是当时各欧洲强国的军事教范和战略著作中所提倡的观念，史里芬只不过是将其数量化并纳入其计划作为之中而已。

非常具有讽刺意味，不仅克劳塞维茨曾明白地指出防御为较强战争形式，并对近代国家抵抗力不可低估提出警告，史里芬本人也曾指导兵棋演习来证明敌人利用铁路运输之便可以击败他的计划。尽管如此，他对于其计划的胜算仍然坚信不疑。尤其是到了

---

① 乾坤一掷，乾坤：天下；掷：扔，投。把天下作为一次赌注。形容下的赌注极大。唐·韩愈《过鸿沟》："谁助君王回马首，真成一掷赌乾坤。"——编者注

晚年，他的头脑似乎更僵化，于是坎尼模式和攻势崇拜的结合遂使史里芬计划升入了神话的境界。

计 划 的 真 相

所谓"史里芬计划"是一个意义相当含混的名词。史里芬任参谋总长达14年之久，其主要工作即为计划作为。他所拟的计划不止一个，其性质和内容也常有不同。所有这些计划似乎都可称之为史里芬计划，然则所谓"史里芬计划"究竟又是指何者而言，这是一个必须澄清的问题。

世人所称的"史里芬计划"是指这位老元帅在退休之前所提出的最后一个"备忘录"而言，这可以算是他的"遗嘱"，它完成于1905年12月到1906年1月之间，并于1906年2月间，由他本人郑重地交给他的后任小毛奇。

不过，这只是指官方文书而言。事实上，史里芬的思想和计划有其长时间的演变过程，所以，必须从头说起。此外，史里芬退休之后，并未放弃其研究，他还在继续宣扬他的思想和补充其计划。他死于1913年，其退休后的最后一个备忘录是在1912年12月28日提出的，真可谓鞠躬尽瘁，死而后已。

史里芬在1891年4月提出其就任参谋总长之后的第一件备忘录，这可以算是史里芬计划的起点。他开始对老毛奇的传统表示怀疑，并且考虑到应如何改变的问题，尽管他自己的思想尚未定型。他对于两面战争的威胁感到忧虑，他怀疑"是否法国边境要塞足以构成重大障碍而使西线的攻势变为不可能"。最后他认为，"面对如此巨大兵力（指德军而言），法国的要塞（因为可以从比利

第十五章 从史里芬计划说到马恩河会战

时绕过)将不能构成足够使攻势变为不可能的巨大障碍"。由此可知他完全是从军事观点来考虑战略问题的,对于破坏比利时中立的政治问题却从未予以重视。

1892年,史里芬又提出第二个备忘录,确认较大的威胁为法国,并主张应在西线寻求速决。尽管如此,他还是没有做出最后决定,而继续企图寻求折中的解决。直到1894年再提出新的备忘录时,始确定东守西攻的基本观念。他此时假定在战争爆发时法国人会立即发动攻势,所以必须先发制人。他说:"欲战胜敌人则必须在冲击点上居于优势。惟一的希望在于能选择我方的作战原则,而不可消极坐待敌人来替我们做选择。"这句话也正代表了德国参谋本部的基本战略思想。

概括言之,史里芬计划的要点大致都已包括在1894年的备忘录中。不过,史里芬并未停止他的研究工作,虽然基本观念已不再改变,但是在兵力分配上、进攻路线上,仍然曾用兵棋演习的方式做继续不断的推敲。所以,其伟大计划是逐步完成的,而非一朝一夕之功,甚至可以说永远不曾完成,因为,史里芬是一位学者而不是军人,他有一种追求真理、精益求精的性格,所以他对自己的成就永远不会满足。

从文献上看,在1905年以前史里芬似乎还不曾决定孤注一掷,他把一切希望都寄托在越过比利时的大包围作战之上。反而言之,他还提醒其部下应该慎重。但到1905年,他的态度却变得空前坚定,在兵力的分配上也使东西之间达到1∶8的悬殊比例,其原因安在似乎值得研究。也许这是受到俄京圣彼得堡在1905年1月发生革命的刺激。所以,史里芬认为,至少在最近的将来,俄国可以不算一个对手,于是也就可以把德军的极大部分用在西线上。

以最后文件为依据,史里芬计划的要点就是通过比利时中部做一大迂回运动,其兵力的右端将在里尔(Lille)附近进入法国。史里芬曾对其部下说:"当你们进入法国时,让右翼最后一人的袖子擦过英吉利海峡。"这样就可迫使法军向东南撤退,德军则可打击其侧背而将其歼灭,并且可攻占巴黎,这也正是克劳塞维茨所说的两个重心。史里芬想象的作战进程像火车时间表一样准确,他估计从动员后第17天开始行动,到第36天至40天之间即应结束全部战役。

在兵力分配上,东西两线兵力之比为1∶8(已见前述),史里芬解释说:"腓特烈认为宁可牺牲一省,而不可分裂必须用来求胜的兵力。"至于在西线南北两翼之间的兵力分配也是同样悬殊。大致说来,右翼占总兵力的7/8,而只留1/8的兵力在左翼方面去抵挡法军可能发动的攻势。李德·哈特认为这是一种可与拿破仑媲美的勇敢观念,并且指出这是一种像旋转门一样的运作,当法军在左翼方面愈深入时,则德军从右翼方面回旋过来的兵力打击在其背上的力量也就愈大。

史里芬的计划要求在执行时必须有极高度的准确性,这是他与老毛奇在思想上的最大差异。毛奇认为,战略是一种随机应变的系统,所以他的战争指导充满了弹性。史里芬却认为当德军通过比利时前进时应该像"教练营"一样整齐,所以他特别强调思想的统一。他说:"各军团司令都必须完全了解最高指挥官的计划,只应有一个思想贯彻于全军之中。"

因此,他特别重视参谋军官团的教育,这也正是他在参谋总长任期内的主要工作。就这一方面来说,他几乎像大学教授指导学生写论文一样诲人不倦。严格说来,若无一个完整的参谋网,则如此复杂的作战计划将根本无法执行。但非常具有讽刺意味,他的计划经过变质之后,1914年终于毁在一位参谋军官的手中。

老毛奇认为,敌人有其独立意志,所以对于战争的发展不可能事先预测。他很幽默地说:"你认为敌人可能有三种选择,但他却选择了第四种。"史里芬却相信从一开始就应迫使敌人陷于挨打的地位,这样他就没有选择的自由。基于这种想象,他对当时的技术发展寄予厚望。他相信利用现代技术工具可以控制整个战场和整个战役的进行。他近似幻想地说:"现代亚历山大从地图上俯瞰全部战场,用电话发出命令,并接受军团司令及气球飞艇的报告。"

总而言之,史里芬的思想和计划的确有其过人之处,任何人都能欣赏其观念的雄伟和精神的勇敢。但整个计划只是一种纯理论的研究,对于许多现实因素都缺乏考虑。也许史里芬已有自知之明,因为有一次他说那计划是"纯学术"(purely academic)的。

小毛奇接棒

当1905年史里芬达到73岁高龄时,德皇威廉二世决定请他退休,对于继任人选德皇不曾征询任何元老重臣的意见,因为他心里早有一个人。这个人是他青年时期的好友,他称之为"裘里亚斯"(Julius),这个人就是小毛奇,全名是Helmuth Von Moltke,他是老毛奇的侄子。

小毛奇虽是将门之子,但性格和体力都不适宜做军人。他心地善良,体弱多病,爱好文学,年轻时每当参加军事演习他都带着一本《浮士德》(*Faust*)。他从未接受参谋本部军官的严格训练,大部分时间都是充任威廉二世的侍卫官。在正常情况下,派他当个旅长都很勉强。

当德皇决定派他接任参谋总长时,小毛奇却不乏自知之明,立即向德皇说他的性格和健康状况都不适合,但后者回答说他的能力在平时足可胜任,至于到战时德皇将自己接管指挥权。要是一位有个性的人,会坚决拒绝,小毛奇自然不是这种人。

当时,瓦德西还健在,他在日记上这样写着:"皇上想自兼参谋总长,盼上帝佑吾祖国!"史里芬在被免职之后也说:"一位统帅已经被放在陆军的头上。作这个指派的君主相信他所指派的是一位战略家,他将完全失望。因为战略家不是可以指派的,他是天生和命定的。"

诚然,小毛奇绝非战略家,但这个人不乏聪明的头脑。从若干记录上发现他很有一些特殊的见解,甚至可以说他要比史里芬以及其他的德国军人都有较大的现实感。他在战前说过的话,事后看来都像是预言一样。1905年当德皇决定派他接替史里芬时,小毛奇报告威廉二世说:"我们已经过了30年太平日子,我相信我们的思想都已变成了平时的观念。对于我们正在建立的庞大陆军,是否可能用统一指挥来加以控制,以及应该如何做法,无人能事先知道。"

他的伯父在1890年曾预言下一次战争可能要打7年(甚或30年),因为现代国家的资源太巨大,仅一次会战失败并不能迫使它放弃战争。小毛奇在1906年说得更彻底:"那是一种民族战争,不是一次决定性会战所能完成的,必须经过长期苦战把全部国力都耗尽,否则一个国家不会屈服,而在这样的战争中,即令获得胜利也还是得不偿失。"

第十五章　从史里芬计划说到马恩河会战

但是非常可惜,小毛奇虽不乏智慧,但却完全没有魄力。他既然不能根据自己的理想来重新拟定一套战略,而对于前任所移交下来的计划也感到无可奈何。他内心里对史里芬的思想不敢苟同,甚至对它缺乏信心,但他对于这位德高望重的老元帅有一种自卑感,在表面上不敢明确地表示反对,尤其是那无异于向整个参谋本部挑战。

甚至史里芬本人也有力不从心之感,他知道自己的伟大计划并非一种必胜的公式,那实在是一种极端冒险的赌博。他常说,对于这样的伟业我们是太弱(too weak)了。他做了 15 年参谋总长,并未能把德国陆军扩大到实现其计划时所需要的数量。他曾想至少应拼凑编成 8 个"暂编军"(Ersatz Corps),这个理想也未能达到。假使连史里芬都办不到的事情,而希望小毛奇能够办到,那实在未免太过奢望。

真正的原因安在?从 1905 年到 1914 整整 10 年中,德国在表面上是强盛繁荣,实际上则外强中干。威廉二世好大喜功,一方面与英国之间进行海军造舰竞赛,另一方面对于国力也未作合理的分配与动员。所以到 1914 年开战时,法国征集了其全部适龄壮丁的 80%,而德国仅仅征集了 50%。法国全部军事人力仅为德国的 60%,但法国能动员 62 个师,而德国也不过 87 个师。这个责任当然是威廉二世和其政府所应负的,不过小毛奇(甚至史里芬)也未尝没有责任。

小毛奇在这 10 年内可以说是生活在一种矛盾之中,他明知世界情况正在改变,史里芬计划即令毫无缺点,也不可能完全适应 10 年后的情况;另一方面他又没有能力来做彻底的改变,同时他对于威廉二世的政策也没有任何影响力。所以,他只好得过且过,苟延岁月。在战争前夕,他已经66岁,并患有严重的神经衰弱症,体力早已不支。他听从医师的忠告正拟向德皇乞骸骨告老还乡,哪知道造化弄人,战争就在此时爆发,于是遂决定了他要扮演这个悲剧角色。

计划的修改

首先要指出的是,后任对于前任所移交的计划绝对有权加以修改,尤其是10年是一段很长久的时间,即令史里芬本人仍任参谋总长,他也可能会修改自己的计划,所以小毛奇的错不在于修改计划与否而是怎样修改。

严格说来,小毛奇对于史里芬的基本思想几乎是完全接受,未加任何修改,这可以分条列举如下:(1)在未来战争中德国必须两面作战;(2)采取东守西攻的原则;(3)在西线的攻势主力指向右翼;(4)德军必须假道比利时,即必须破坏该国中立。以上4点在1914年完全没有任何改变,所以小毛奇实际上是在执行10年前由史里芬所拟定的计划。

然则小毛奇对史里芬计划又作了何种修改呢?只有一点,也可以说是致命的一点,那就是兵力的分配。史里芬计划的最大特点就是其兵力的分配非常不平均:东西线兵力之比为1∶8;在西线上,其右翼又占总兵力的7/8,只留下1/8的兵力部署在左翼。计划中的西线总兵力共72个师:53个在旋转的右翼上,10个师面对凡尔登(Verdun),构成整个部署的枢轴,而沿着洛林省的要塞线上(左翼)则只有9个师。

照李德·哈特分析,这是很精明的计算,把左翼兵力减弱到最

第十五章 从史里芬计划说到马恩河会战

低限度以使右翼达到空前的强度。即令法军攻入洛林,压迫德军左翼后退,也仍不能阻止德军右翼的攻势,而且愈深入则愈危险。这好像一扇旋转门一样。若法军向前推这一面,则后面的一面就会倒转过来打在其背上。压迫得愈重则反击也愈加重。

富勒也指出史里芬计划的要点是:(1)右翼在对攻势有利的地区中作战,其兵力足够包围安特卫普、那慕尔和巴黎。(2)左翼在对守势有利的地区中作战,其兵力的强度仅以能诱敌深入为限度。

这种兵力分配实为史里芬计划成败之关键。若不这样分配则史里芬计划就不可能作有效的执行。小毛奇一方面改变兵力分配比例,另一方面又照原案进行,其结果当然是两面不讨好。平心而论,小毛奇改变兵力分配并非没有道理,但要改变则计划也会随之改变,总而言之,二者不可两全。

到1914年,俄国在日俄战争中所受的创伤早已恢复,其兵力的数量和动员的速度都已超过史里芬当年的估计。此时德国由于人口的增加,可用的兵力也随之略有增加,小毛奇都用来增强东线,结果西线的兵力反而相对减少,照原计划西线兵力约180万,现在反而减到140万。也许有人会替小毛奇辩护,认为若非他增强东线兵力,则不仅坦能堡(Tannenberg)的胜利将不可能,甚至普鲁士王室发祥之地(东普鲁士)也可能不保。但这显然与史里芬的原意相违,因为他曾引述腓特烈大帝的名言作为解释:"宁可牺牲一省,但在寻求胜利时决不可分散兵力。"

增强东线虽情有可原,但改变西线兵力分配则实无异于直接破坏史里芬计划。小毛奇对于西线兵力的分配大致为:左翼30万,中枢40万,右翼70万(共140万)。原计划左右之比为1∶7,

现在大约变成1∶3。当然，这些数字的计算不一定精确，但右翼不曾照史里芬遗训所要求予以增强，反而相对减弱则为无可否认之事实。

小毛奇为什么这样分配兵力，对此也有很多不同的解释，但均为事后之论，所以在此也毋庸细述。有人指出，即令右翼兵力不减弱，史里芬计划也未必能生效（在下文中将再详论），但这是另外一回事，与小毛奇的功过无关。严格地说，小毛奇的最大错误也许还不是减弱右翼而是增强左翼。史里芬计划是右攻左守，并尽量引诱法军向左深入，这样就可以间接帮助右翼的成功。小毛奇不仅增强左翼兵力而且更容许左翼发动攻势，结果遂把法军从左向右赶，反而增强了他们对抗德军右翼的能力。

马 恩 河 会 战

马恩河会战是第一次世界大战中的第一次大会战，在历史中也算是真正的决定性会战。在第二次世界大战之前，该战例被列入世界各国陆军大学的标准教材。关于这次会战的文献更是汗牛充栋，所以要想对这样的重大会战作一种简明扼要的述评，其困难可以想见，但我还是要勉为其难，希望读者指教。

首先要说明开战时（8月4日）德法两军的战斗序列。准备集中在法比边界上的德军分为7个军团，从右到左一字排开，其中第一、二、三军团为右翼，第四、五军团为中央，第六、七军团为左翼。法军分为5个军团，从右到左，其第一、二两军团，面对德军左翼，准备攻入洛林省；其第三、四、五3个军团则集中在凡尔登左面，准备向德军中央（第五军团）突入，至于对德军右翼的强大攻势则暂

第十五章 从史里芬计划说到马恩河会战

置不理。

战争开始后,德军右翼照计划通过比利时前进,大致相当顺利。法军也照计划(即所谓第十七号计划)发动攻势,但不久即发生顿挫。到8月25日,法军即已累次败退,损失惨重,所以,在最初阶段的战略态势,德军远占优势。8月18日,小毛奇批准左翼兵力发动反攻,于是德军变成左右并进的态势,这是其第一个错误决定。

诚如富勒所云:"这既非坎尼也非鲁腾。无论把它称为二者中的哪一种,都会使汉尼拔或腓特烈在地下为之叹息。"事实上,史里芬之所以不采取两面包围,而决定把攻势重点放在右翼上,主要是他完全知道左翼方面的地理情况利于守而不利于攻。结果德军不仅把已经自投罗网的法军赶出去,而且自己也被陷在法国的要塞地区中,并迫使小毛奇不得不再对左翼增援。

在德军左翼发动攻击的前两天,右翼3个军团也开始向比利时境内挺进,比军残部退向安特卫普。在最右端的第一军团奉命派一个军去监视该城,于是也就减去了3.5万人的兵力。等到德军到达那慕尔时,第二和第三两军团又奉命各派一个军去围攻该城(到8月25日始攻下)。所以,当21日,德国第二军团与法国第五军团接触时,遂感兵力薄弱,于是司令贝洛(Von Below)遂命令由其控制的克卢克(Von Kluck)第一军团改向西南靠拢,而不再向西延伸。这也是史里芬计划的第一次缩水,其原因是前线兵力已经不够,而并非出于小毛奇的命令,甚至他可能还不知道。

在西战场上对命运影响最大的一天就是8月25日。小毛奇受到其作战处长塔本(Tappen)的影响,决定再派两个军和一个骑兵师往东线增援,尽管第八军团参谋长鲁登道夫说无此必要。前前后后,所有抽调的兵力都是出自右翼。3个军团原有兵力为34个师,现在已减到25个师,再加上死伤数字,实力已减少1/3以上。

同一天,法国方面也作了一个重要决定,霞飞元帅决定从洛林地区抽调兵力组成一个第六军团用来对抗德军的右翼,同时请老将加列尼(Gallieni)出任巴黎卫戍司令。德法双方在同一天所作的决定都产生了重大后果。

此时,法军的目的是争取时间,并重组战线。德军的目的则应该是加速前进,不让法军有喘息的机会。德军一路战斗,到8月底已疲惫不堪,其第一军团14天走了400公里,创出徒步行军的空前纪录;同时后勤系统也无法配合,所以当他们进到马恩河上时,已成强弩之末。

小毛奇此时尚留在科布伦茨(Coblenz),距离战场在320公里以外,对于前线的真实情况几乎毫无所知。他在8月28日下达下述命令:

第一军团经瓦兹河(Oise)向西进到下塞纳河(lower Seine)。

第二军团直向巴黎前进。

第三军团进向蒂耶里堡(Chateau Thierry)(马恩河北岸上)。

第四军团进向埃佩尔奈(Epernay)(马恩河南岸上)。

第五军团进向凡尔登并围攻该要塞。

第六七两军团阻止法军向亚洛二省前进。

最后又加上一个"尾巴"说:

"假使敌军在恩河(Aisne)上,或以后在马恩河上作强烈抵抗,则可能有放弃向西南前进而改向南旋转之必要。"

这一命令具有极大重要性。从表面看来,仍然保持史里芬的构想,其第一军团准备从巴黎的西面通过,整个右翼仍采取西南走向,不过却已留下"向南旋转"的尾巴。

事实上,由于兵力之不足,前线部队的位置早已使这个命令无法执行,尤其是第一和第二两军团早已为了彼此靠拢,自动向内(南)旋转,而这一命令也就恰好做了他们的护身符,结果是所有军团都未趋向命令中所指定的目标而偏向东面前进(参看图2)。

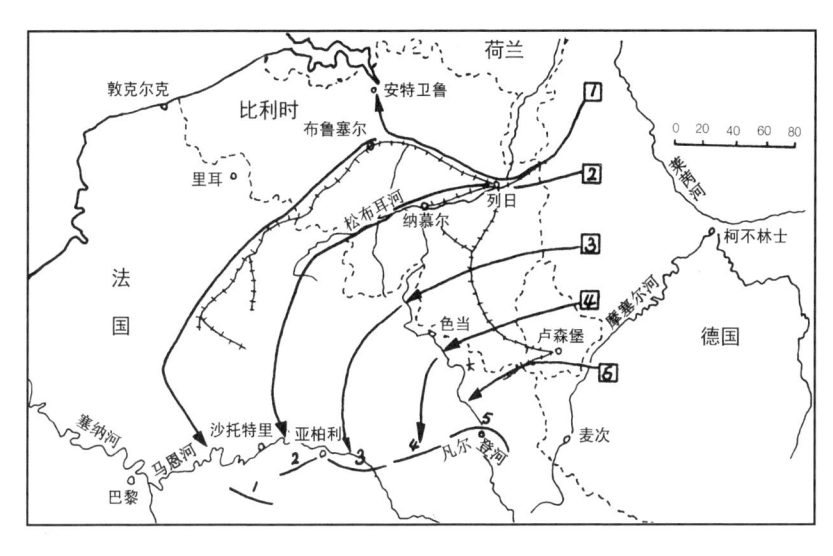

图 2 德军在西线的前进图示

当德军在巴黎以东南下,达到马恩河时,其右翼(第一军团)侧面也就自然受到巴黎方面法军(第六军团)的威胁。尽管已有这样的机会出现,但法军统帅霞飞并不以为意,他一心只想退到塞纳河再决一死战。仅由于加列尼的坚持,几经争论之后,霞飞始被说服同意在马恩河上决战,并由第六军团首先发动攻击。

所谓马恩河会战,概括地说,是始于9月5日,终于9月9日。9月5日,德国第一军团已经渡河并向南前进,获知法军已从巴黎方面发动攻势威胁其侧背时,克卢克遂撤回其南下兵力改向西增援,于是在第一与第二两军团之间遂产生了一个宽达48公里的缺口。而英国远征军(共3个军)遂小心翼翼地爬进这个缺口,这样就创造了所谓"马恩奇迹"(The Miracle of the Marne)。

尽管9月5日法军已经停止撤退,但英军仍继续撤退,这对联军的胜利却产生了意外的效果。由于英军的撤退,克卢克才敢不顾留在两个军团之间的缺口,而把兵力都向西调动。于是到9月6日英军开始前进时,便如入无人之境。英军前进速度极慢,3天只走了40公里,但到9月8日已经达到德国两个军团之间的空当。霞飞遂决定次日发动全线反攻,但此时德国方面又发生了变化(参看图3)。

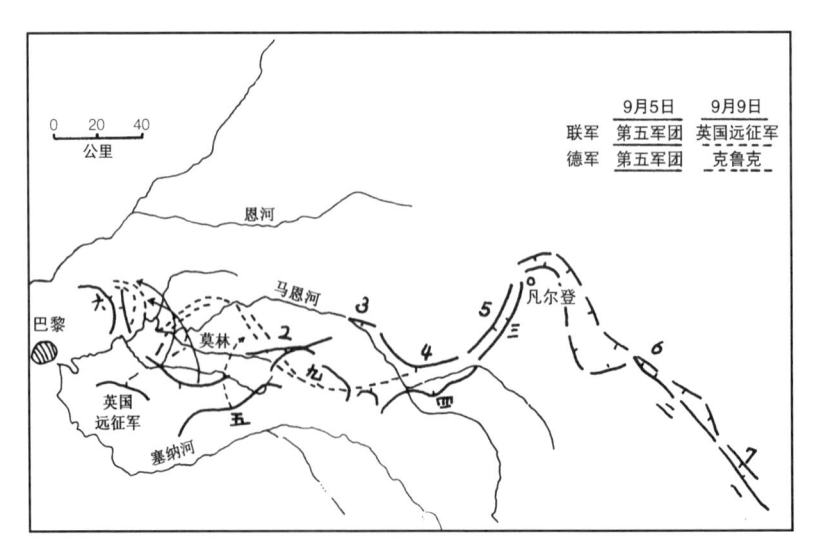

图3 马恩河会战

留在卢森堡的小毛奇对于局面已经完全丧失控制,他的通信系统也完全失灵。假使是一位正常的指挥官,一定会亲自赶往前

第十五章　从史里芬计划说到马恩河会战

线,就近指挥。但他根本不配做指挥官,只是一位伟大的指挥官的侄子而已。他此时所采取的措施真是非常奇怪,他派了一位青年军官,其情报处长韩迟(Lt. Col. Hentsch)中校前往前线视察。他到底对韩迟作了何种授权,已成千古疑案,尽管韩迟说:"参谋总长曾授权,必要时可命令5个军团撤退。"像这样重大的事情而无书面的命令,真是不可理解。

韩迟于9月8日上午离开卢森堡,首先顺次访问第五、四、三3个军团,下午7时始到达第二军团的司令部。他发现贝洛非常忧虑,对克卢克全军西移极表不满。贝洛认为第一军团必须撤退,否则将在联军前后夹击之下被歼灭,而他自己也已决定命其第二军团退却。韩迟同意他的看法。

9月9日,韩迟前往第一军团司令部,由于克卢克在前线,他只与其参谋长进行了会晤。后者告诉他有好消息,法国第六军团已在败退中。韩迟大感意外,但仍坚持第一军团必须撤退。双方发生争执,韩迟就凭参谋总长的"授权"而命令第一军团撤退。韩迟始终未和克卢克见面,而且也不征得其同意。后者对于这个命令只能无条件接受,这足以反映参谋本部军官的权力实在太大,已经侵越指挥官的权力。非常具有讽刺意味,这个恶例又是史里芬所首创。当他任参谋总长时,时常指派非常年轻的参谋军官去指挥大兵团的演习。当然,他做梦也想不到他的伟大计划会这样毁在一位徒孙的手中。

由于德军不战而退,联军遂轻松地赢得了马恩河会战。对于会战的胜负并无任何争执,但这次会战还是引发了许多问题值得研究,现在准备提出两大问题来加以分析,并且以此作为本章的结论。

结　论

第一个问题是理论性的,即史里芬计划的原案如在正常情况之下,是否有成功的希望。对于这个问题,有许多名家曾提出他们的看法。现在择要简述如下:

李德·哈特认为,史里芬的观念像拿破仑的一样果敢,但是,史里芬却不曾注意他自己的时代与拿破仑的时代有巨大差异,那就是铁路的出现。德军部队必须徒步在弓背上运动,而法国人则可以在弓弦上利用铁路调动兵力。尤其是比利时和法国北部的铁路和桥梁一定会被破坏,所以德军在后勤方面也一定会遭遇严重困难。史里芬计划在拿破仑时代有成功的可能,在下一个时代也有可能,因为制空权可以瘫痪敌方的兵力调动,而机械化部队的发展又可以加速包围运动的速度。但在史里芬拟定其计划时,获得决定性成功的机会不会太大。

博弗尔的看法也大致相同,他认为那是一个没有战争经验的人的幻想。史里芬必须花几个星期的时间去迂回一个机动性不比他差的敌人,而且只要敌人不是笨蛋,他也一定可以摆脱撤退,而不会陷入陷阱。

斯塔强(Hew Strachan)认为史里芬计划有其内在的弱点,他根本不曾考虑所谓"摩擦"(friction)问题,克劳塞维茨是根据自身的战争经验,体会到摩擦的重要,而史里芬完全缺乏这种经验,所以他的计划实无异纸上谈兵。

艾维拉(Stephen Van Evera)认为史里芬计划若欲成功则必须有法军的合作。假使法军不向亚洛二省进攻,而在法国北部严

第十五章　从史里芬计划说到马恩河会战

阵以待,则德军在边界上即可能发生顿挫,而使其计划半途而废。史里芬几乎不了解克劳塞维茨所云"防御是较强战争形式"的理论,他也低估了现代火力对于防御的增强效力。

基于以上的分析可以断言,史里芬计划只是一种赌博,要想赢必须靠运气。从这个观点来看,我们对于它实不应给予过高的评价,尤其是它明知兵力不够,仍不曾采取任何补救措施,更令人难以谅解。史里芬当时只有两条路线可走:(1)要求政府对资源作合理分配,停止浪费的造舰竞赛,而增加陆军的兵力。(2)也许更重要的是应该向德皇提出警告,说明德国国力有限,不宜冒战争的危险,而应面对现实调整其外交政策。但是在他长达15年的任期中,对于这些问题几乎都毫无考虑,所以严格地说,史里芬不能算是一位"大"战略家("Grand" Strategist)。

现在再来谈第二个问题:以当时的情况而言,德军假使不自动撤退,则胜负之数又将如何。博弗尔认为,假使德军是由霞飞指挥,法军是由小毛奇指挥,则德国可能已经赢得1914年的战争,而历史也将改写。

我个人则有不同的看法:(1)即令德军不退,两军会战,胜负仍为未知数。因为在决定性的右翼上,德军共有13个师,而联军则有27个师。诚然,德军素质较佳,但已疲惫不堪。(2)即令德军能在右翼上险胜,其兵力也已经太弱,不足以照史里芬计划席卷全部法军将其一网打尽。所以即令能赢得会战,也还是不能赢得战争。

富勒将军也有其独特的想法:假使德国只与法俄两国为敌,而史里芬计划的执行又完全符合理想,则在开战后6星期内,法国可能已被彻底击败,于是接着俄国也可能获致谈判的和平。但是在1914年8月,实际情形并非如此,英国也已投入战争。虽然英国陆军可能在欧陆上与法军同其命运,但是英国本身仍然屹立无恙。所以若要问马恩河会战的胜负能否结束战争,历史的答案是"否"(No!)正像拿破仑时代一样,英国人还是会继续打下去,于是战争就不会迅速结束。(第二次世界大战也能提供同样的证明。)

在回答了这两个问题之后,也就使我们联想到克列孟梭(George Clemenceau)的那句名言:"战争是一件太严重的事情(Too serious a business)。"19世纪后期的专业主义养成了狭隘的战略思想,终于导致1914年的悲剧。因此,到了战后,弱冠①从戎的李德·哈特在痛定思痛之后说:"想获得和平必须了解战争。"

---

① 弱冠,男子20岁称弱冠。这时行冠礼,即戴上表示已经成人的帽子,以示成年,但体犹未壮,还比较年少,故称"弱"。冠,帽子,指代成年。后世泛指男子二十左右的年纪,不能用于女子。——编者注

第十六章
兴登堡与坦能堡会战

引言　　　　　　　从会战的经过看兴登堡的将道
兴登堡的生平　　　综合评述
兴登堡临危受命　　结语

引　言

　　研究战争史的人往往喜新厌旧，对于古老的记录比较不愿意作深入的分析，因其不仅距离现在较远，战争史记录不够完全，而且时代背景亦有差异，对于现在和未来所能产生的启示作用也可能较小。因此，克劳塞维茨曾主张引用史例必须从近代军事史中去抽取，因为从那里可以获得对现在及未来战争更允当的了解和评估。

　　第一次世界大战（1914—1918年）到今天已经有百年，照史学家所订的标准它固然仍属近代的范围，但距离现在的确已相当遥远，尤其是由于科技的进步，战争的形态已有很多改变，百年前的经验对当前的战争研究是否还能提供有价值的贡献呢？

　　就战术和技术的层面而言，第一次世界大战所能提供的启示也许真是有限，但从战略和将道的层面上来看，第一次世界大战争史还是有许多部分值得作较深入研究。首先应指出，战争的本体是人而不是物。尽管武器和技术可以有很多改变，但是战争基本原则（尤其是作战的指挥）的改变通常较少。在第一次世界大战中曾出现不少名将，同时也打过很多重要的会战，这些记录到今天仍然相当完整，若能对其作精密分析，则不仅有益而且也很有趣。

　　很可惜，我们研究西方战争史的人并不多，而且研究对象也多限于第二次世界大战，第一次世界大战似已为人所遗忘。所以，本章的目的有二：一方面提醒大家对第一次世界大战战史的注意，另一方面则为从这个时代中提出一个个案，来作为研究将道和战略的参考。这一个案包括一位名将和一场决定性会战，那就是兴登堡（Paul von Benechenhorff Hindenburg）元帅和坦能堡会战（The Battle of Tannenberg）。

兴登堡的生平

兴登堡生于1847年，死于1934年，活到87岁，在第一次世界大战期间由中将升到元帅，战后在1925年当选德国魏玛共和国的总统，一直连任到逝世为止。他可以算是标准的福将，同时也是德国人心目中的民族英雄。

他出身于一个低级贵族（Junker）家庭，从军是其世业。他曾参加普奥战争（1866年）和普法战争（1870—1871年），那时他还是尉官，但颇有战功。所以，当普鲁士国王威廉一世在凡尔赛宫加冕为德意志皇帝时，他曾受邀参加观礼。此后，他的事业就一帆风顺。史里芬任总长时他曾在参谋本部中服务，史里芬很赏识他，曾经说："我认为他有能力指挥作战。"这也是史里芬对其部下所给予的最高评语。

兴登堡最后升至军区司令，并且预定在战时出任军团司令（当时德国计划在战时编成8个军团）。但到1910年，他已达法定退役年龄，遂以中将退役，并迁居汉诺威（Hanover）。1914年第一次世界大战爆发，他曾奉命准备随时接管1个军团，但事实上，8个军团司令都已内定，不是比他资深的将领，就是皇亲国戚。因此，他依然赋闲。据说他当时曾致书正出任副参谋总长的老友斯坦因

(Von Stein)说:"假使情况发展,任何地方需要指挥官人选时,不要忘记我。"同时他又说他的身体还很强健。这封信开启了他后半生的伟大事业。

由于东线情况危急,德国统帅部决定阵前换将,斯坦因立即推荐兴登堡接任第八军团司令(详情见下文)。此时,他将满 68 岁,坦能堡会战后他威名大振,不久即升任东线总司令,最后又调升参谋总长直到战争结束时为止。

兴登堡与鲁登道夫的合作,已成战争史中的千秋佳话。鲁登道夫出身于中产阶级,含有瑞典人的血统。他在德国军中能够出头,完全是由于他有超人的能力。他这个人头脑敏捷,精力充沛,是一流的组织家,而且勇于负责。但他只有在兴登堡领导之下,才识始能充分发挥。从他充任兴登堡第八军团参谋长的那天起,后者对于他就一直是言听计从。以后兴登堡曾获得"你怎样说元帅"的雅号,因为他已经养成习惯,无论什么问题都会问鲁登道夫:"你怎样说?"

但事实上,兴登堡并非傀儡,而是大智若愚。一切构想固然是出自鲁登道夫,但权威还是属于兴登堡。在整个德国军事组织中,鲁登道夫只是令人佩服,而兴登堡却受到敬重。尤其状况到了最后关头,鲁登道夫以及其他的人在精神上都已感到无法再支持下去的时候,兴登堡却仍然能够镇定如常,而且从不规避其所应负的责任。其最让部下感到不可及的地方,就是他的定力。无论情况如何危急,他总是在 10 点钟准时上床睡觉,而且真正睡着,这种高枕无忧的福气也正是其部下最羡慕的。

兴登堡的确有所谓"大人者不失其赤子之心",他非常慈祥而富幽默感。每当星期六获得胜利时,他会延到星期天再公布,好让学童在星期日有一天假。有一位雕塑家表示非常羡慕他的"头",愿意把它当作模型,他含笑回答说:在坦能堡会战之前从来没有人注意它。日后有人问他究竟是谁赢得坦能堡会战,他说他真的不知道,不过假使那场会战输掉了,他却知道是谁输掉的。

兴登堡临危受命

当第一次世界大战在1914年8月揭开序幕时,德国依照史里芬计划的战略构想,兵力集中在西线上,而在东线则只留下一个第八军团,共有5个军,1个骑兵师,8个国民兵旅,以及若干要塞守备部队,总数约为20万人,其任务为暂时阻止俄军的进攻,并希望在西线彻底击败法军之后,再转移兵力,一举歼灭入侵的东方俄军。

俄国早已向法国承诺尽量提早发动攻势以牵制德军的西进。俄军分为两个集团军:西北集团军,下辖两个军团,目标为东普鲁士;西南集团军,下辖四个军团,目标为奥匈帝国。西北集团军的总司令为吉林斯基(Gen. Jilinski),其所辖第一和第二两个军团的司令分别为伦能可夫(Gen. Rennen Kampf)和萨姆索诺夫(Gen. Samsonov)。前者准备展开在维纳(Vilna)河上,后者则在纳流(Nareu)河上,前者兵力约20万人,后者约25万人,总兵力为45万人,所以就数量而言,实比德军远占优势,但素质则远较低劣。

俄军计划用第一军团在东普鲁士东端吸引德军,第二军团则从南面到达德军后方,截断其补给线。就战略而言,并无不妥,但问题是如何执行。俄军将领缺乏指挥能力,其参谋军官水准更差,而指挥工具更是只有罗盘而无地图。俄军各个单位之间缺乏合

第十六章 兴登堡与坦能堡会战

作,尤其是两个军团几乎是各自为战。据德国资料,这两位俄军军团司令彼此感情极差,以至不能互相支援。尽管这一点并无确证,但他们缺乏合作则为事实。尤其不可解者是从一切记录上看,其所谓集团军总司令,对于这次会战几乎完全置身事外。

尽管俄军有如此之多的弱点(在下文中还要详述),但俄军最初还是能照计划行动。8月12日拂晓,由第一军团的1个骑兵师和1个步兵师组成的前卫部队,开始进入东普鲁士,于是到处都传出"哥萨克来了!"的呼声,引起一片惊慌。8月17日,伦能可夫亲统大军,在斯塔鲁普仑(Stallulpoonen)逐退德军的前卫,又在贡比涅(Gumbinnen)击退德国第八军团的左翼。俄军虽付出重大代价,但却已深入东普鲁士80公里,迫使位置在马苏里亚恩湖(Masurian Lakes)与波罗的海海岸之间的德军全面撤退(参阅图1)。不过,到8月20日,俄军的补给支援即感不济,进展开始缓慢。

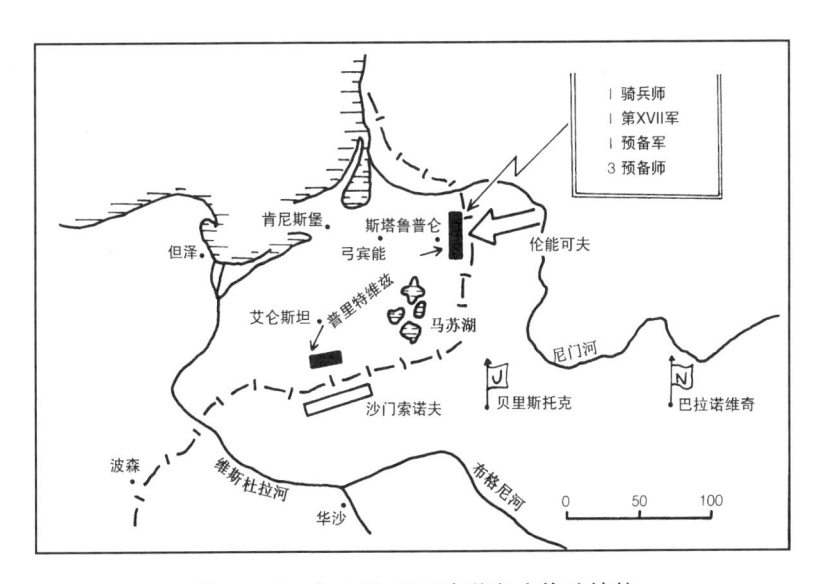

图1　1914年8月17日东普鲁士战略情势

萨姆索诺夫的第二军团集中较慢,到 20 日才进入东普鲁士。部队前进时非常混乱而迟缓,因为只有一条较好的前进路线。随着该军团前进的英国武官诺克斯(Major Knox)少校曾在其回忆录中记载:"甚至尚未达到纳流河,行军纪律即已坏到极点……高级指挥官对于敌情几乎毫无所知,各军长所知的情报最多只限于邻近目标。对于第一军团的任务,他们一点都不了解。"

德军在弓宾能的挫败虽只是战术性事件,但却产生下述的战略后果:

(1) 伦能可夫因胜而骄,遂徘徊不进,未能及时行战略追击。

(2) 萨姆索诺夫以为德军已全被击溃,遂盲目地向德意志-埃劳(Deutsch Eylails)推进,一心只想截断德军补给线。

(3) 德军军团司令普里特维兹(Von Prittwitz)中将大感震惊,遂命令全军向维斯图拉河(Vistula)后方退却。

在此必须对普里特维兹略作介绍。他绰号"胖子"(Der Dick),懦弱无能,因为会讲笑话,深获德皇宠信,所以才荣任军团司令,连小毛奇(参谋总长)对他也奈何不得。

普里特维兹的参谋长为瓦德西(Von Waldersee),是前参谋总长的侄子,也是一位庸才。当前线败讯传来时,普里特维兹立即决定撤退,而他也表同意。但副参谋长格流尼特(Gen. Gruinert)少将和作战处长霍夫曼(Lt. Col. Hoffmann)中校都力表反对,普里特维兹不为所动,但他们终于说服瓦德西同意采取较勇敢的措施,那就是应向俄军第二军团的左(西)侧发动攻击,利用铁路从弓宾能地区迅速运回三个师,增强第二十军(那是惟一面对俄国第二军团的德军),至于其他兵力则利用道路向西撤退。这也就构成尔后坦能堡会战的兵力部署基础。

第十六章 兴登堡与坦能堡会战

最后,普里特维兹同意接受此项建议,不再谈向维斯图拉河后方撤退,而使战局得以稳定。但到了8月22日,普里特维兹和瓦德西却都奉令免职,遗缺由兴登堡和鲁登道夫继任。当时所有的幕僚都感到莫名其妙,后来才发现其真正原因。原来在8月20日,普里特维兹曾与小毛奇通电话,小毛奇问他是否还能守得住维斯图拉河之线,他回答说:"以我现在所有的少数兵力,如何能够防守一条随处都可以徒涉的河川?"于是参谋本部遂决定换人,等到他接受幕僚建议,决定不继续后退时,却又不曾把这个决定告诉参谋本部,所以,最终还是被免职。

由于东线军情紧急,鲁登道夫遂被派扮演救火队的角色,他早被认定为一流人才。在德国的军事制度中,军团参谋长的地位非常重要,甚至比司令还重要。所以,德国统帅都是先决定参谋长的人选,然后再去找一位司令和他配合。鲁登道夫于8月22日接到命令,下午6时到达设在科布伦茨的统帅部,在略事了解东线情况之后,即于晚上9时乘专车赶往东普鲁士,并预定在途中和新任司令会合。启程之前,他曾利用统帅部通信系统向格流尼特和霍夫曼下达若干有关紧急措施的命令。似乎非常巧合,这些命令与霍夫曼已采取的措施大致不谋而合。这也可以证明德国参谋教育的成功,因为受过同样战略教育的精英分子,的确能做到"思想一致"。

从会战的经过看兴登堡的将道

当兴登堡和鲁登道夫还在前往东普鲁士的途中时,第八军团的北面兵力(第一预备军,第十七军,第一军,第三预备军和第一骑兵师)都在向柯尼斯堡(Konipberg)的外围防线撤退,伦能可夫并未尾随追击,因为他在绪战中损失很大,而补给也已感困难。萨姆索诺夫的先头部队正在与德国第二十军激战,后者在艾仑斯坦(Allenstein)以南约32公里处据守良好的防御阵地。在第二十军与第八军团主力之间为马苏里亚恩湖,构成东普鲁士天然防线的一部分。

就全盘战略态势看来,德军的战略态势虽极为不利,但这却是当年拿破仑最喜欢的战略状况:两支享有全面数量优势的敌方部队,彼此之间不但距离较远,而且被一个战略性天然障碍物所隔离,无法相互支援。在德国参谋本部中受过严格战略教育的指挥参谋人员,当然不可能忽视俄军这项弱点,他们会利用其中央位置及有利的交通网,各个击灭俄军。

事实上,俄军的弱点尚不止于此,其西北集团军总部设在比亚韦斯托克(Bialystok),缺乏适当的电报通信系统,根本不能协调其所辖两个军团的行动。同时,俄军军团部惯于使用明码无线电报向其所属单位发布命令,这些命令均为德军所窃听获悉,所以俄军的战略部署和意图,德军均了如指掌。

当兴、鲁二人在8月23日到达马林堡(Marienburg)与其司令部人员会合时,他们才知道"情况已经变化,退向维斯图拉河后方的决定已经改变"。他们同时也知道第二十军左翼上的第三十七师正受到猛烈攻击并在退却中。萨姆索诺夫的追击命令,亦因用明码无线电发送,已被截获。此外更重要的是俄军整个作战计划也在一名被俘的俄国军官身上搜获。兴登堡在回忆录中说:"它告诉我们伦能可夫的军团将通过马苏里亚恩湖的北面向因斯特堡-安格堡(Insterburg-Angerburg)之线前进,准备攻击被假定留在安

第十六章 兴登堡与坦能堡会战

格拉普（Angerap）河后面的德军，而纳流河军团（即第二军团）将越过赖登-普特斯堡（Lootzen-Prtelsburg）之线攻击德军的侧面。"

但直到8月24日夜间，也就是兴、鲁二人已经接管第八军团24小时之后，他们尚未决定是否应命令麦根森（Von Mackensen）的第十七军和贝洛的第一预备军兼程南下以对抗萨姆索诺夫的右翼。至于第一军和第三预备军则早已由铁路运送来以增援第二十军。霍夫曼在其回忆录中曾指出那是整个会战中最艰难的一夜。

当时，俄国第二军团正以大约96公里宽的正面缓缓向西前进，而其与第一军团之间的空隙则逐渐增大。鲁登道夫的慧眼立即注意到这一空隙，他遂决定只留下一点薄弱兵力来作为对伦能可夫的拘束，而集中全力去打击萨姆索诺夫。于是第十七军和第一预备军奉命向南加速前进。鲁登道夫在其回忆录中这样写着："在8月24日到26日之间，会战计划逐渐形成。最大的问题还是能否把第一预备军和第十七军从其面对伦能可夫的位置上抽出，然后与第八军团其余兵力会合用来对纳流河军团发动攻击。这完全取决于伦能可夫本人，因为假使他知道如何利用弓宾能的成功并迅速前进，则我的计划也就不可想象……"

鲁登道夫的计划非常果敢，同时是以周密的判断为基础。他只留下一个骑兵师去监视伦能可夫，于是遂可以集中5个军（共约15万人）来包围萨姆索诺夫的5个军（共约20万人）。而在整个会战过程中，与俄军伦能可夫军团的距离大致只有一天的行程。其计划是先用第一军牵制俄军的左翼，再用第二十军在中央挡着俄军的进攻，最后，第十七军和第一预备军通过俄方两个军团之间的空隙，迂回第二军团的右翼而达到其后方，这样就能造成合围之势而获得一个真正的"坎尼"式的决定性胜利。全部计划固然是由鲁登道夫拟定,但最终仍要经过兴登堡的批准。当兴登堡把计划内容向参谋本部提出报告时,他特别说明:"士气高昂,虽然失败的可能并非没有。"由此可知他并非盲目地听从部下的意见而不知道危险的存在。反而言之,这种态度正表示其勇于负责的精神。

所有一切命令都已在8月25日午夜之前下达,但到次日上午,由于侦察机报告伦能可夫的兵力已在移动,鲁登道夫遂不免神经紧张,此时兴登堡的安详态度开始产生镇静作用。他认为既已作决定,即无犹豫之必要。但是鲁登道夫还是放心不下,他在回忆录中对自己当时的心情曾作生动描述:"当会战在8月27日激烈展开后,伦能可夫的强大兵力始终像一片即将来临的雷雨浓云悬挂在东北的天边。他只要向我们逼近,我们就会被击败。"

甚至有一段时间,伦能可夫的前卫骑兵已经进到与德军距离仅50多公里远的地方,鲁登道夫彻夜徘徊,不能入睡,而兴登堡则依然准时就寝,鼾声如雷。鲁登道夫几次曾因状况紧急沉不住气,考虑与敌军摆脱接触,而兴登堡却毅然决定冒险到底,决不中途改变决心与计划。

这场以"坦能堡"命名的大会战从8月26日正式展开,到8月31日结束,前后共达6天之久。最初,由于知道伦能可夫的兵力尾追在德军的后面,所以鲁登道夫急于迅速解决萨姆索诺夫军团。因此,他决定会战的第一阶段必须在8月25日开始,由法兰西斯(Von Francis)将军指挥的第一军首先向乌斯道(Usdau)进攻,以包围萨姆索诺夫的左翼。

法兰西斯一向桀骜不驯,不太服从指挥,他对鲁登道夫的命令拒绝接受,其理由为他的重炮兵和一部分步兵尚未到达,这使鲁登道夫也无可奈何。事实上,直到8月26日,德军才完成一切准备行动,于是到 8 月 27 日上午 4 时,德军全面发动攻击:第一军、第二十军、第三预备军从西面进攻,第十七军和第一预备军从北面进攻;此外,还有一个国民兵(Landwehr)旅夹在这两支兵力之间向正南方攻击,另有一个国民兵旅则支援第一军的右翼。在德军围攻地区内则为萨姆索诺夫的 5 个军(第一、第二十三、第十五、第十三和第六军)。

在 27 日这一天,德军第二十军和第三预备军对俄军第十五军和第二十三军的攻击几乎毫无进展。但萨姆索诺夫的注意力却全部放在这个区域(中央)的战斗上,因为他本人恰好位于第十五军军部中。他与其军团的其他部队完全丧失接触,甚至不知道德军第一军已经在其左翼上击败俄军第一军。

在等到其炮兵到齐之后,法兰西斯终于发动攻击。8 月 27 日黎明之前(凌晨 4 时),他的重炮兵像狂风暴雨一样向俄军第一军在乌斯道的阵地猛轰,立即产生重大的冲击。到上午 11 时,素以悍勇闻名的俄国第一军已经放弃阵地逃走,这场战斗完全靠炮兵取胜,很有讽刺意味,假使法兰西斯服从鲁登道夫的命令,过早发动不成熟的攻击,则他可能会失败。

在右翼方面,德军第十七军也同样击败了俄军第六军,后者的一个师完全被德军炮火所击溃。在左右两翼都已崩溃之后,萨姆索诺夫的其余 3 个军(第二十三、第十五、第十三军)就开始陷于包围圈内,情况岌岌可危。

8 月 28 日,左右两翼上的德军继续向已被围困的俄军后方前进。当包围圈逐渐缩紧时,德军的炮兵开始发挥惊人的威力,在包围圈内的俄军被打得无路可逃,死伤枕藉。8 月 29 日,德军已经完全合围。在圈外的俄军第一军曾从南面发动攻击,以图援救被围的部队,但未成功。8月30日,被围的俄军企图向南面突围,也未成功。于是到30日黄昏,战斗结束,被围的俄军遂向德军投降(参阅图2)。

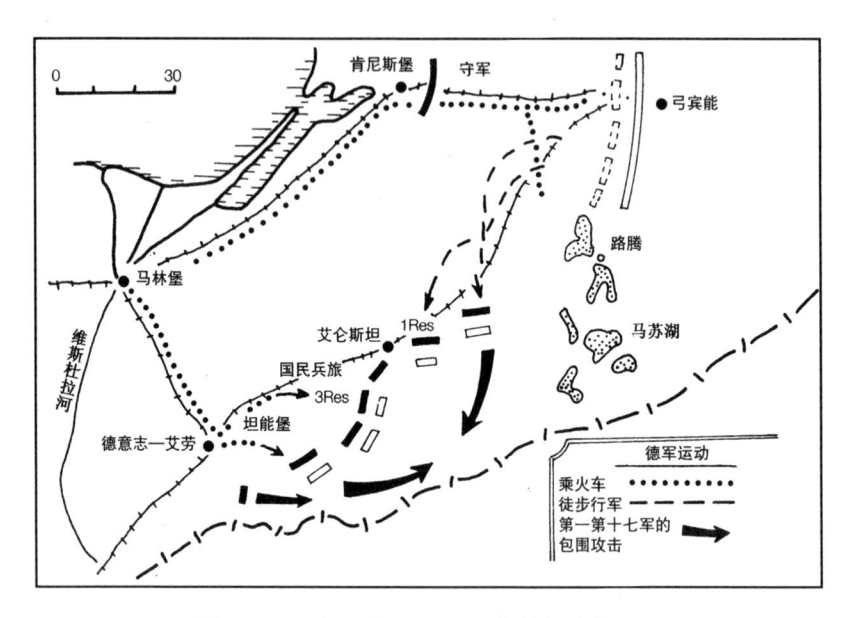

图 2　1914 年 8 月 27—30 日坦能堡会战要图

8月30日是兴登堡所谓的"收获之日",他向德皇发出下述捷报,"臣诚惶诚恐报告陛下:昨天对俄军大部分均已完成合围。敌方第十三、第十五、第十八(实应为第二十三)3个军均已被歼灭。已收容战俘6万人以上,包括两名军长在内。战利品极多尚无法清理。敌军残部正向南溃逃……"

事实上,俄军第二军团已经不存在。据德国方面发表的数字,在此次会战中,俄军死亡和被俘人数共为17万人,而德军方面的损失则为1.5万人。萨姆索诺夫战败后羞愧自杀。

会战之前,兴登堡将其司令部设在"第一次坦能堡会战"纪念

第十六章 兴登堡与坦能堡会战

碑附近的地方,坦能堡是一个小村,位置在乌斯道的北面。1410年维托弗特(Vitovt)率领的波兰人曾在此击败条顿骑士团(Toutonic Knights),东普鲁士被斯拉夫人征服,此即所谓第一次坦能堡会战。500年后,条顿骑士团的后裔终于在同一地方赢得了一次伟大的胜利。所以,鲁登道夫遂把此次会战定名为"坦能堡会战",这也具有复"九世之仇"的含义。

坦能堡会战后曾引起很多神话,最好笑的莫过于有关湖沼的故事。流行的传说是兴登堡过去在东普鲁士任职时(或是退休之后),经常一个人在沼泽地中徘徊,设计捕捉俄军的陷阱,并且亲自测量水深,结果战争爆发遂使其梦想得以实现。流传最广的故事是俄军被赶入那些沼泽地,然后被坑陷和淹死在那里。事实上,这完全是虚构。鲁登道夫曾指出,在坦能堡战场附近根本没有沼泽的存在。

德军在歼灭俄国第二军团之后,遂又移师北上去攻击伦能可夫的第一军团,并将其逐出东普鲁士。因为那不属于坦能堡会战的范围,所以不拟细述。

综 合 评 述

坦能堡胜利的功劳当然首推鲁登道夫,他自己也感到很骄傲。他在回忆录中曾这样说:"将军要能负重,要有坚强精神。文人们往往以为战争好像数学问题,不过是由已知求未知而已,实际上完全不对。在战争中物质和心理力量交织在一起,双方搏斗而数量劣势的方面尤为困难。战争包括许多人,其个性和观点都不一致,其中惟一已知常数即为将军的意志。"

富勒对他的这段话非常欣赏,在其所著《西洋世界军事史》中曾赞曰:"这些话都是真话并且代表伟大的真理,那就是**在其最高形式中,将道是意志和理想的结合,而不仅是一种计算的问题**。"

不过,鲁登道夫虽自命意志坚强,但事实上,在会战期间他有几次几乎支持不住,若非兴登堡的志凝神定,临危不乱,坚定贯彻决心,其后果不堪设想。至于说到事前的计划和兵力的部署,则霍夫曼的功劳也似乎不在鲁登道夫之下,而且还应该包括副参谋长格流尼特在内,8月20日,若非他们力阻普里特维兹向维斯图拉河后方撤退,并主动地把兵力开始向南调动,则根本不可能有坦能堡会战。

霍夫曼当时虽然只是一位中校,却是德国参谋本部中公认的一流俄国通,在日俄战争时,他曾前往观战,颇有心得,他也被称为具有一流的战略头脑,所以他的意见常为上级所尊重。到战争后期,霍夫曼已升任东线总司令部参谋长,他常带人去参观坦能堡旧战场,总是刻薄地向人说:"这里是元帅会战前睡觉的地方,这里是元帅会战中睡觉的地方,这里是元帅会战后睡觉的地方。"好像兴登堡对于这次会战的惟一贡献就是"睡觉"。此虽为戏谑之言,却更能彰显兴登堡不平凡的哲学修养,当时假使兴登堡不能安然入睡,坦能堡会战很可能会半途而废,甚至会带来一场惨败。所以真正意志坚强的人不是鲁登道夫而应是兴登堡。鲁登道夫是一个心胸狭窄的人,不善与人相处,若非兴登堡大度包容,则德军指挥系统中就会丧失"人和",那对于会战结果也会产生严重的影响。

战争永远是一个相对的问题,诚如史里芬所云,"想完成一个'坎尼',则一方面需要一个汉尼拔,另一方面还需要一个法罗。"因此,要了解兴登堡制胜的原因,亦可从其对手之战略修养与作为分

第十六章 兴登堡与坦能堡会战

析而得。

首先应提出一个问题,那就是伦能可夫为什么对萨姆索诺夫的败亡坐视不救呢?过去的解释大都是说他们二人有宿怨。实际上,霍夫曼就是坚持此种观念的人,其观念是否正确姑置不论,但这的确能够帮助鲁登道夫坚定信心。事后看来,主要原因似乎是俄方西北集团军总部对于两个军团的行动根本不曾作有效的协调,而其指挥系统之间的通信条件又极为恶劣,再加上伦能可夫在绪战时已受相当损失而其后勤补给又接济不上。所以,应该认为其原因是多方面的,个人的恩怨最多只是其中的一个因素而已,此外还有兵力数量、兵力运用、地形特性,以及情报作为等因素。

就兵力数量而言,俄军似乎确实享有巨大数量之优势,但实际上,由于兵力分散和消耗,其第一军团最后只有 5 个半步兵师(并非如鲁登道夫在回忆录中所说的 24 个师)。第二军团原有 13 个步兵师,以后由于掩护侧面,又减到 9 个师。因此,在会战时双方步兵数量相差极为有限,且由于德军火力较为优越,更使得两个德军师可以抵得上俄军 3 个师的战斗力。

就兵力运用而言,俄国当局对其优势骑兵一向充满信心,在他们的想象中,俄国骑兵可以横扫东普鲁士。因此,第一军团有 6 个半骑兵师,第二军团也有 3 个,而德国第八军团则仅有 1 个骑兵师。假使在俄国境内作战,骑兵也许能够发挥其威力,因其缺乏铁路和公路,所以步兵在机动上居于劣势。但在东普鲁士情况就不一样,骑兵的动员、运输和补给也远较困难,这形成俄军的一种沉重负荷,1 个骑兵师只有 12 门炮,4 000 支枪,而一个步兵师则有 44 门炮,1.6 万支枪,由此可知俄军的失败亦非偶然。

就地形而言,东普鲁士的运输情况远比俄国所占有的波兰西部为佳。俄国人因为害怕德军入侵,在其边疆上采取坚壁清野政策,使那个地带几乎像沙漠一样,现在自己要前进时同样感到极大的不便。尤其是俄国的铁路使用宽轨,其车厢不能用在德国的铁路上。因此,德军可以利用铁路调动,俄军则必须徒步行军。

最后,诚如霍夫曼所云:"我们有一个同盟者,那就是敌人自身,我们知道敌人的一切计划。"几乎令人难以置信,俄国人始终用明码的无线电通信而完全不考虑有被窃听的可能。

结　　语

兴登堡赢得了坦能堡会战的辉煌胜利,只是俄国东线未造成全面崩溃,致其在坦能堡失败后,仍能继续苦战达三年之久。但如果德军输掉这场会战,则对其战争的前途却可能完全改观。因为几乎是同时(但略后),德军在马恩河上进攻受挫,如果德军在东西两线同时挫败,则第一次世界大战即可能迅速结束。所以坦能堡的胜利,不但冲淡了马恩河失败的心理阴影,鼓舞了德国人继续再战的精神,而且使第一次世界大战变成有史以来最大的一次消耗战,德国失败延后三年之久,兴登堡也被尊为东普鲁士的救星、德意志的民族英雄,并能完成其尔后的辉煌伟业。

战略思想丛书

战略,就是为未来的不确定性寻求更多的确定性。仿佛下棋,不能只看一步两步,要看到三步及三步之外。战略思考或战略研究,小到个人人生规划,中到企业运营发展,大到国家未来,无不重要而迫切。由于种种原因,很多人、很多企业、至很多国家,只顾着眼前、只看到一步、两步,而不能看到第三步及三步以外,落得败笔、乃至败局,甚是惋惜。

中国正处于 5 000 年未有之变局,正处于改革开放以来的前 40 年转向未来 30 年的关键节点……转型,转折,转变,你——准备好了吗?!

大时代需要大战略,大时代应用大战略!

人人需要战略修养!

人人需要提升战略修养!

"战略思想丛书"应运而生,助您战略成功一臂之力。

《教育的目的》

〔英〕怀特海 著 庄莲平 王立中 译注
文汇出版社,2012年12月,定价:20元

学生是有血有肉的人,教育的目的是为了激发和引导他们的自我发展之路——本书的主要侧重点在于智力的教育,并从多个视角进行说明。从这个意义上也得出结论:老师也必须有活跃的思想。

本书断然反对灌输生硬的知识,反对没有火花的使人呆滞的思想。本书内容都是有实践证明的经验之谈,或是教育实践后的反思。

这是一本奇书,值得所有对教育有兴趣人的阅读。

《战略研究入门》

钮先钟 著
文汇出版社,2019年6月,定价:55元

本书内容包括三个问题及其答案:(1)什么是战略和战略研究;(2)怎样从事战略研究;(3)为什么要研究战略。读了这本书,至少应能了解上述三个问题的正确答案,也就可以无忧无惧地进入战略天地,学习做一位战略家。这本书可以充任向导;带着你顺利地达到理想的目标。所以,本书能够帮助你学会如何研究战略,至少能够引导你入门。

《历史与战略》

钮先钟　著
文汇出版社,2019年6月,定价:55元

　　战略研究必须以历史经验为基础,尤其是历史中有关战争的部分。这是古今战略家的共同意见。本书梳理了十六则历史上的战略案例,让人体会到历史的教训是如此地深远,人类从历史教训中学习是何等地重要,值得深思。

《战略家:思想与著作》

钮先钟　著
文汇出版社,2019年6月,定价:50元

　　战略是一种思想、一种计划、一种行动,也可以说战略是始于思想,而终于行动,在思想与行动之间构成联系者则为计划。所以,凡是在战略思想、战略计划、战略行动三方面的任一方面能有相当成就或贡献的人,就都可以算是"战略家"。

　　有哪些称得上"战略家"的人？他们在思想和著作如何？了解这些,我们方可在战略方面有所师法、借鉴。

《孙子三论：从古兵法到新战略》

钮先钟　著

文汇出版社，2019年6月，定价：50元

　　本书所研究的固然是古兵法，但又非仅以研究古兵法为惟一目的，所真正希望的是此种研究能够有助于新战略的思考，真正目的是试图透过此种研究来寻求能够适应新战略环境的新战略思想，试图从古兵法走到新战略。

《历史的性质》

〔法〕安德烈·博弗尔　著　李心茹　译

文汇出版社，2019年6月，定价：32元

　　我们在历史中活着，我们或多或少自由地或是有意识地创造着历史，历史既可以告诉我们来自哪里，又可以指导我们该向何处走去。因此，历史对于人类来说，是一门重要的知识。

　　历史是以将事件的重大路线联结起来的全局视野为准则选取它的方向的，而这些事件被解释为完整的人的冲动和无理性的需求。从这一观点出发，我在接下来的几卷中展示了由此引发的一定数量的观察和思考。

《领导者的规则与工具》

佩里·M. 史密斯　杰弗里·W. 弗利　著
庄莲平　王立中　译注
文汇出版社,2019年6月,定价:58元

如何把自己塑造成一名领导者,如何提高领导他人的技巧,以及如何领导一个组织。

这是一本翔实的书,深入探讨了领导者在现实生活中所面临的真正问题、困境以及许多其他可能的情况。两位作者以其丰富的组织管理经验、在领导力和管理方面的教学和研究心得,完成了这个很多人想做(却始终没人做成)的事情:他们写出了一本对领导者和下属者的职业生涯都极有帮助的指南。

在你一生的职业生涯中,这是一本值得反复温习并详加体会的书。

图书在版编目(CIP)数据

历史与战略：新版 / 钮先钟著. —上海：文汇出版社，2018.9
（战略思想丛书）
ISBN 978-7-5496-2716-5

Ⅰ.①历… Ⅱ.①钮… Ⅲ.①军事战略-史料-世界 Ⅳ.①E81

中国版本图书馆 CIP 数据核字(2018)第 209247 号

・战略思想丛书・

历史与战略(新版)

丛书主编 / 王立中

著　　者 / 钮先钟
责任编辑 / 黄　勇
特约编辑 / 建　华
封面装帧 / 王　翔

出版发行 / 文汇出版社
　　　　　上海市威海路 755 号
　　　　　（邮政编码 200041）
经　　销 / 全国新华书店
排　　版 / 南京展望文化发展有限公司
印刷装订 / 启东市人民印刷有限公司
版　　次 / 2018 年 9 月第 1 版
印　　次 / 2024 年 11 月第 7 次印刷
开　　本 / 710×1000　1/16
字　　数 / 360 千字
印　　张 / 22.75

ISBN 978-7-5496-2716-5
定　　价 / 55.00 元

《历史与战略》经城邦文化事业股份有限公司麦田出版事业部授权出版
中文简体字版本，非经书面同意，不得以任何形式任意重制、转载。